# O Capital

*O livro é a porta que se abre para a realização do homem.*

Jair Lot Vieira

# KARL MARX

# O Capital

3ª Edição

**EDIÇÃO CONDENSADA
por
GABRIEL DEVILLE**
Formado em Direito, em Paris,
foi membro do Partido Operário Francês,
e divulgador das ideias socialistas
na França do século XIX.
Produziu a única versão condensada
autorizada de *O Capital*.

Copyright desta edição © 2008 by Edipro Edições Profissionais Ltda.

Todos os direitos reservados. Nenhuma parte deste livro poderá ser reproduzida ou transmitida de qualquer forma ou por quaisquer meios, eletrônicos ou mecânicos, incluindo fotocópia, gravação ou qualquer sistema de armazenamento e recuperação de informações, sem permissão por escrito do editor.

Grafia conforme o novo Acordo Ortográfico da Língua Portuguesa.

3ª edição, 5ª reimpressão 2019.

**Editores:** Jair Lot Vieira e Mariana Lot Vieira
**Produção editorial:** Murilo Oliveira de Castro Coelho
**Produção gráfica e editorial:** Alexandre Rudyard Benevides ME
**Tradução:** Albano de Moraes
**Revisão da tradução:** Gesner de Wilton Morgado
**Adaptação à nova ortografia:** Equipe Edipro
**Revisão:** José Benedicto Pinto e Júlia Carolina de Lucca
**Capa:** Rodrigo Ramos

Dados Internacionais de Catalogação na Publicação (CIP)
(Câmara Brasileira do Livro, SP, Brasil)

---

Marx, Karl, 1818-1883

    O capital / Karl Marx / condensação de Gabriel Deville ; tradução de Albano de Moraes / Bauru, SP: EDIPRO, 3. ed., 2008. (Série Clássicos Edipro)

    ISBN 978-85-7283-597-8

    1. Capital (Economia) 2. Economia I. Vieira, Jair Lot, 1946- II. Deville, Gabriel III. Título IV. Série.

95-0209                                 CDU-335.412

---

Índices para catálogo sistemático:
1. Capital : Conceitos marxistas : 335.412
2. Karl Marx 1818-1883 : Conceitos econômicos : 335.412

São Paulo: (11) 3107-4788 • Bauru: (14) 3234-4121
www.edipro.com.br • edipro@edipro.com.br
@editoraedipro    @editoraedipro

# SUMÁRIO

PREFÁCIO .................................................................. 13

ESTUDO SOBRE O SOCIALISMO CIENTÍFICO ................ 19

   I – Coletivismo ou comunismo .................................... 19
   II – A transformação social e seus elementos ................. 20
   III – O partido operário e a luta de classes .................... 27
   IV – A supressão de classes e o modo de realizá-la .......... 32
   V – Ineficácia de todos os meios pacíficos ..................... 38
   VI – A nossa revolução ................................................ 47

## O CAPITAL
**Desenvolvimento da produção capitalista** .................... 53

SEÇÃO PRIMEIRA – MERCADORIA E MOEDA ............... 55

   **Capítulo I** – A mercadoria .......................................... 55
      I – Valor de uso e valor de troca ............................... 55
         Valor, sua substância ............................................. 56
         Magnitude do valor, tempo de trabalho socialmente necessário ... 57
      II – Duplo aspecto do trabalho .................................. 58
         Duplo caráter social do trabalho privado ................. 58
         Redução de toda a classe de trabalho a certa quantidade de trabalho simples .................................................. 59
      III – O valor, realidade social, só aparece na troca ....... 60
         Forma do valor .................................................... 61
      IV – Aparência material do caráter social do trabalho ... 63

**Capítulo II** – Das trocas ............................................................ 64
　Relações dos possuidores das mercadorias – Condições dessas relações ... 64
　A relação da troca dá lugar à forma monetária ............................ 65
　A forma monetária está ligada aos metais preciosos ...................... 65

**Capítulo III** – A moeda ou a circulação das mercadorias ............ 66
　I – Medida dos valores .......................................................... 66
　　A forma de preço ............................................................... 67
　II – Circulação das mercadorias .............................................. 69
　　Curso da moeda .................................................................. 70
　　O numerário ou as espécies e o papel-moeda ......................... 72
　III – Reservas de ouro e de prata ou tesouros ............................ 73
　　O dinheiro como meio de pagamento .................................... 74
　　A moeda universal ............................................................. 75

**SEÇÃO SEGUNDA – TRANSFORMAÇÃO DO DINHEIRO EM CAPITAL** ...... 77

**Capítulo IV** – Fórmula geral do capital ................................... 77
　Circulação simples das mercadorias e circulação do dinheiro como capital ...... 77
　A mais-valia ...................................................................... 78

**Capítulo V** – Contradição da fórmula geral do capital ................ 80
　A circulação das mercadorias tem por base a troca de valores equivalentes ...... 80
　Ainda, admitindo a troca de valores desiguais, a circulação das mercadorias não cria mais-valia ou aumento do valor .......... 81

**Capítulo VI** – Compra e venda da força de trabalho .................. 83
　A origem da mais-valia é a força de trabalho ............................ 83
　Valor da força de trabalho .................................................... 84

**SEÇÃO TERCEIRA – PRODUÇÃO DA MAIS-VALIA ABSOLUTA** ........ 87

**Capítulo VII** – Produção de valores de uso e da mais-valia ......... 87
　I – O trabalho em geral e seus elementos ................................ 87
　　O trabalho executado por conta do capitalista ....................... 90
　II – Análises do valor do produto ........................................... 90
　　Diferença entre o valor da força de trabalho e o valor que pode criar ............. 92

O problema da transformação do dinheiro em capital está resolvido .......... 93

**Capítulo VIII** – Capital constante e capital variável .......... 94
    Propriedade do trabalho de conservar valor criando valor .......... 94
    Valor simplesmente conservado e valor reproduzido e aumentado .......... 97

**Capítulo IX** – Taxa de mais-valia .......... 98
    I – Trabalho necessário e trabalho extraordinário .......... 98
        Grau de exploração da força de trabalho .......... 99
    II – Os elementos de valor do produto expressos em partes desse produto e em frações da jornada de trabalho .......... 100
    III – A "última hora" .......... 102
    IV – O produto líquido .......... 104

**Capítulo X** – A jornada de trabalho .......... 104
    I – Limites da jornada de trabalho .......... 104
    II – O capital faminto de trabalho extraordinário .......... 105
    III – A exploração do trabalhador livre, na forma e na realidade .......... 106
        Trabalho diurno e trabalho noturno .......... 107
    IV – Regulamentação da jornada de trabalho .......... 108
    V – Luta pela limitação da jornada de trabalho .......... 109

**Capítulo XI** – Taxa e massa da mais-valia .......... 109
    Compensação do número de operários por um prolongamento da jornada de trabalho .......... 109
    Necessidade de quantia mínima de dinheiro para a transformação do dinheiro em capital .......... 111

**SEÇÃO QUARTA – PRODUÇÃO DA MAIS-VALIA RELATIVA** .......... 113

**Capítulo XII** – Mais-valia relativa .......... 113
    Diminuição do tempo de trabalho necessário .......... 113
    Aumento da produtividade do trabalho e da mais-valia .......... 114

**Capítulo XIII** – Cooperação .......... 116
    Força coletiva do trabalho .......... 116
    Resultados e condições do trabalho coletivo .......... 117
    A gestão da indústria pertence ao capital .......... 118
    A força coletiva do trabalho aparece como uma força própria do capital .......... 119

**Capítulo XIV** – Divisão do trabalho e manufatura ............... 120
   I   – Dupla origem da manufatura ............................. 120
   II  – O trabalhador fracionário e sua utilidade ............... 122
   III – As duas formas fundamentais da manufatura ............. 123
        Mecanismo geral da manufatura .......................... 124
        Ação da manufatura sobre o trabalho .................... 125
   IV – Divisão do trabalho na manufatura e na sociedade ........ 127
   V  – Caráter capitalista da manufatura ..................... 128

**Capítulo XV** – Maquinaria e indústria moderna ................ 130
   I   – Desenvolvimento da maquinaria ......................... 130
        Desenvolvimento da indústria moderna ................... 133
   II  – Valor transmitido pela máquina ao produto ............. 134
   III – Trabalho das mulheres e dos menores ..................... 136
        Prolongamento da jornada de trabalho ................... 136
        O trabalho mais intensificado ........................... 138
   IV – A fábrica ............................................... 139
   V  – Luta entre o trabalhador e a máquina .................... 141
   VI – A teoria da compensação ................................ 142
   VII – Os operários alternadamente deslocados da fábrica e atraídos por ela ................................................ 143
   VIII – Supressão da cooperação fundamentada no ofício e na divisão do trabalho ........................................ 144
        Reação da fábrica sobre a manufatura e o trabalho domiciliar ... 144
        Da manufatura e do trabalho domiciliar à indústria moderna ... 145
   IX – Contradição entre a natureza da indústria moderna e a sua forma capitalista ...................................... 146
        A fábrica e a instrução ................................. 147
        A fábrica e a família ................................... 148
        Consequências revolucionárias da legislação da fábrica ....... 149
   X  – Indústria moderna e agricultura ....................... 149

## SEÇÃO QUINTA – NOVAS CONSIDERAÇÕES DA PRODUÇÃO DA MAIS-VALIA ............................ 151

**Capítulo XVI** – Mais-valia absoluta e mais-valia relativa ....... 151
   O que caracteriza o trabalho produtivo ..................... 151
   A produtividade do trabalho e a mais-valia ................. 152

**Capítulo XVII** – Variações na relação de intensidade entre a mais-valia e o valor da força de trabalho ......... 154

I – A duração e a intensidade do trabalho não mudam, a sua produtividade muda ......... 155

II – A duração e a produtividade do trabalho não mudam, a sua intensidade muda ......... 157

III – A intensidade e a produtividade do trabalho não mudam, a sua duração muda ......... 157

IV – Mudanças simultâneas na duração, na intensidade e na produtividade do trabalho ......... 158

**Capítulo XVIII** – Expressões da taxa de mais-valia ......... 159

Fórmulas diversas que explicam essa taxa ......... 159

A mais-valia provém do trabalho não pago ......... 160

# SEÇÃO SEXTA – O SALÁRIO ......... 161

**Capítulo XIX** – Transformação do valor da força de trabalho em salário ... 161

O salário é o preço, não do trabalho, mas sim da força de trabalho ......... 161

A forma-salário oculta e a relação verdadeira entre capital e trabalho ... 162

**Capítulo XX** – O salário por jornada ......... 164

O preço do trabalho ......... 164

Paragens parciais e redução geral da jornada de trabalho ......... 165

O preço inferior do trabalho e a prolongação da jornada ......... 166

**Capítulo XXI** – O salário por empreitada ......... 167

Essa forma do salário não altera em nada a sua natureza ......... 167

Particularidades que fazem dessa forma do salário a mais conveniente para a produção capitalista ......... 168

**Capítulo XXII** – Diferença na taxa dos salários nacionais ......... 170

Como podem comparar-se as diferentes taxas nacionais do salário ......... 170

Modificações da lei do valor na sua aplicação internacional ......... 170

# SEÇÃO SÉTIMA – ACUMULAÇÃO DO CAPITAL ......... 173

**Introdução** ......... 173

Circulação do capital ......... 173

Do estudo do mecanismo fundamental da acumulação ......... 173

**Capítulo XXIII** – Reprodução simples .................................................. 174
    A parte do capital adiantada em salários é só uma parte do trabalho efetuado pelo trabalhador ........................................................ 175
    Todo o capital adiantado se transforma com mais ou menos rapidez em capital acumulado ................................................................. 176
    Consumo produtivo e consumo individual do trabalhador ............... 177
    A simples reprodução mantém o trabalhador na situação de assalariado ... 178

**Capítulo XXIV** – Transformação da mais-valia em capital .................... 179
   I – Reprodução em maior escala .................................................. 179
      Quanto mais acumula o capitalista, mais pode acumular ........... 181
      A apropriação capitalista não é mais que a aplicação das leis da produção mercantil ................................................................. 182
   II – Ideias falsas acerca da acumulação ....................................... 183
   III – Divisão da mais-valia em capital e em renda ............................ 184
      Teoria da abstinência ........................................................... 185
   IV – Circunstâncias que influem na extensão da acumulação ............ 186
      Grau de exploração da força operária ..................................... 186
      Produtividade do trabalho .................................................... 187
      Diferença crescente entre o capital empregado e o capital consumido ............................................................................ 188
      Quantidade do capital adiantado ........................................... 188
   V – O fundo de trabalho ............................................................. 189

**Capítulo XXV** – Lei geral da acumulação capitalista ............................ 190
   I – A composição do capital ....................................................... 190
      Circunstâncias em que a acumulação do capital pode provocar uma alta dos salários ............................................................ 191
      A magnitude do capital não depende do número da população operária ............................................................................... 192
   II – A parte variável do capital diminui relativamente à sua parte constante .............................................................................. 193
      Concentração e centralização ................................................ 195
   III – Procura de trabalho relativa e procura de trabalho efetiva ......... 198
      A lei de população adequada à época capitalista ..................... 200
      Formação de um exército industrial de reserva ........................ 201
      O que determina a taxa geral de salários ................................ 202
      A lei de oferta e procura é um engano ................................... 203

IV – Formas diversas do excesso relativo de população ............. 204
    O pauperismo é a consequência fatal do sistema capitalista ....... 206

## SEÇÃO OITAVA – ACUMULAÇÃO PRIMITIVA ................. 209

**Capítulo XXVI** – O segredo da acumulação primitiva .................. 209
  I – Separação do produtor e dos meios de produção ............. 209
    Explicação do movimento histórico que substituiu o regime feudal pelo regime capitalista ............................................. 210
  II – Depois de ter sido submetido à exploração pela força bruta, o trabalhador acaba por se submeter a ela voluntariamente ......... 211
  III – Estabelecimento do mercado interior para o capital industrial .... 212

**Capítulo XXVII** – Origem do capitalista industrial ...................... 213
  A acumulação primitiva efetuou-se pela força ......................... 213
  Regime colonial, dívidas públicas, sistema protecionista ........... 214

**Capítulo XXVIII** – Tendência histórica da acumulação capitalista ......... 216
  Supressão, pela propriedade capitalista, da propriedade privada baseada no trabalho pessoal .................................................. 216
  A transformação da propriedade capitalista em propriedade social ...... 217

**Capítulo XXIX** – Teoria moderna da colonização ........................ 218
  A necessidade das condições reconhecidas como indispensáveis à exploração capitalista aparece claramente nas colônias .......... 218
  Confissões da economia política ............................................ 220

# PREFÁCIO

É pelo estudo, pela observação da natureza das coisas e dos seres, que o homem, consciente dos seus efeitos, pode tornar-se, cada vez mais, senhor do seu próprio movimento.

Antes de coordenar ideias e de conhecer as suas diversas relações, o homem exerce uma ação, isto é, considera-se então a infância do indivíduo ou da espécie. Porém, só a partir do momento em que esta fica subordinada ao pensamento reflexivo a ação deixa de ser incoerente para se tornar real e rapidamente eficaz. Sucede com a ação revolucionária o mesmo que com qualquer outro gênero de ação, que deve ter por base a ciência se não se quer que ela se esterilize em esforços pueris.

Sustentar, seja qual for a matéria de que se trate, que a ciência é inútil, ou que o estudo perdeu a sua razão de ser, não é mais que um mau pretexto para se dispensar de estudar ou para intentar desculpar-se com uma obstinada ignorância.

O estudo da vida social não modificará, evidentemente, por si só a forma social, tampouco proporcionará, com todos os seus detalhes, os planos, perfis e elevação de uma nova sociedade. Porém, descobrir-se-ão os elementos constitutivos da sociedade presente, suas combinações íntimas e, juntamente com as suas tendências, a lei que preside sua evolução. Esse conhecimento permitirá não "abolir por decretos as fases do desenvolvimento natural da sociedade moderna; mas, abranger o período da gestação e aliviar as dores do seu parto".

Ao levar a cabo o estudo da sociedade, Karl Marx não teve a pretensão de ser o criador de uma ciência desconhecida antes dele. Pelo contrário, e assim o provam as numerosas notas da sua obra, apoiando-se nos estudos dos economistas que o precederam, e tendo o máximo cuidado de recordar em cada citação o primeiro que a formulou. Porém, ninguém mais do que ele contribuiu para extrair de suas análises a verdadeira significação dos fenômenos sociais. Ninguém, por consequência, fez mais para a emancipação operária e para a emancipação humana.

Sem dúvida que outros, antes dele, tinham sentido as injustiças sociais e se tinham indignado ante essas injustiças. Muitos são os que, sonhando em remediar a tantas iniquidades, têm escrito admiráveis projetos de reformas. Movidos por uma louvável generosidade, tendo quase sempre uma percepção muito clara dos sofrimentos das massas, eles criticavam, tanto com justiça como com eloquência a ordem social existente. Mas, como não tinham uma noção precisa das suas causas e do seu desenvolvimento, criavam sociedades modelos cujo caráter quimérico procuravam atenuar por meio de alguma rara intuição exata. Se a felicidade universal era o seu móbil, a realidade não era o seu guia.

Nos seus projetos de renovação social não tinham em conta os fatos. Pretendiam guiar-se só pelas luzes da razão, como se a razão, que não é outra coisa senão a coordenação e a generalização das ideias providas pela experiência pudesse por si mesma ser origem de conhecimentos exteriores e superiores às modificações cerebrais das impressões externas. Em suma: eram metafísicos, assim como hoje os anarquistas. Em vez de raciocinar tomando a realidade por ponto de partida, atribuem todos eles a realidade às ficções nascidas do seu ideal particular de justiça absoluta.

Parecendo-lhes, do ponto de vista especulativo, que o mais agradável de todos os sistemas sociais seria aquele onde se alargaria a difusão sem limites, das vontades individuais, sendo para eles a sua única lei, os anarquistas falam em realizá-lo sem tratarem de averiguar se as necessidades econômicas permitiriam estabelecê-lo. Não duvidam do caráter retrógrado do individualismo levado até ao último extremo; da autonomia ilimitada, que é o fundo do anarquismo.

Nas diferentes ordens de fatos, a evolução opera-se invariavelmente passando de uma forma incoerente a outra forma cada vez mais coerente, de um estado difuso a outro concentrado; e à medida que aumenta a concentração das partes aumenta também a sua dependência recíproca; isto é, quanto maior é a sua coesão, menos podem umas estender a sua atividade sem ajuda das outras. É uma verdade geral de que os anarquistas sequer suspeitam. Pobre gente que tem a pretensão de ver mais que todos os outros, mas que não compreende que assim andam para trás, como os caranguejos.

Todas estas concepções fantasiosas, ainda que, mais ou menos bem intencionadas, foram substituídas por Marx, antes de tudo, com o estudo dos fenômenos sociais, baseando-se na única concepção real: na concepção materialista. Não preconizou um sistema mais ou menos perfeito do ponto de vista subjetivo, examinou escrupulosamente as causas, agrupando os resultados das suas investigações e tirando delas a conclusão, que tem sido a explicação científica da marcha histórica da humanidade, e em particular do período capitalista que atravessamos.

A História, afirmou Marx, é apenas uma história da guerra de classes. A divisão da sociedade em classes, que aparece com a vida social do homem, assentada em relações econômicas, mantidas pela força, e segundo as quais uns conseguem descarregar-se sobre os outros da necessidade natural do trabalho. Os interesses materiais têm sido sempre a causa da luta incessante das classes privilegiadas, quer seja entre si próprias, quer seja entre as classes inferiores, à custa de quem elas vivem. São as condições da vida material que dominam o homem. Essas condições, e por consequência o modo de produção, são as que têm determinado e determinarão os costumes e as instituições sociais, econômicas, políticas, jurídicas etc.

Desde que uma parte da sociedade monopolizou os meios de produção, a outra parte, em que recai o peso do trabalho, vê-se obrigada a acrescentar, ao tempo de trabalho exigido para o seu próprio sustento, um excesso, pelo qual não recebe contraprestação alguma, e está destinado a sustentar e enriquecer os possuidores dos meios de produção. Como monopolizador de trabalho não pago, que por meio da mais-valia crescente da qual é a fonte, acumula cada vez mais nas mãos da classe proprietária os instrumentos de domínio, o regime capitalista supera, em poderio, todos os sistemas anteriores de trabalhos forçados.

Mas, hoje em dia as condições econômicas que esse regime cria, embaraçadas na sua evolução natural pelo próprio regime, tendem fatalmente a romper a forma capitalista que não pode mais contê-las, e esses princípios destruidores são os elementos da nova sociedade. A missão histórica da classe atualmente explorada, do proletariado, que organiza e disciplina o próprio mecanismo da produção capitalista, é acabar a obra de destruição já começada pelo desenvolvimento dos antagonismos sociais. É preciso, antes, que o proletariado arranque, revolucionariamente, de seus adversários de classe, como poder político, a força consagrada por eles de conservar intactos os seus monopólios econômicos.

Com a posse do poder político ele poderá, então, procedendo à socialização dos meios de produção, pela expropriação dos usurpadores do trabalho alheio, suprimir a contradição hoje existente entre a produção coletiva e a apropriação privada capitalista e realizar a universalização do trabalho e a supressão de classes.

Tal é a súmula da teoria irrefutavelmente ensinada por Marx, e cuja solidez bem provada pode ser apreciada por todos, estudando atentamente a sua obra. Sendo o pensamento apenas o reflexo intelectual do movimento real das coisas, não se aparta um só momento da base material, do fenômeno exterior; não separa o homem das condições da sua existência. Marx observou, compulsou, e a profundidade da sua análise completou a sua concepção positiva da ordem atual com o conhecimento da dissolução fatal dessa ordem.

Procurei pôr ao alcance de todos, ao resumir esta obra magistral, infelizmente pouco conhecida até hoje, na França, se não desfigurada. E, uma vez que o público francês, como observa o próprio Marx, está "sempre desejoso de tirar conclusões, ávido por conhecer a relação dos princípios gerais com as questões imediatas pelas quais se apaixonou", julgo útil preceder o meu resumo de um estudo sobre o socialismo científico.

Quanto ao resumo empreendido em consequência de cortes inevitáveis e das benévolas excitações de Karl Marx, foi feito em harmonia com a edição francesa, recentemente revista pelo autor e mais completa, pois a morte o impediu de preparar a terceira edição alemã, que ele queria publicar, ficando autorizado a fazê-lo o seu infatigável amigo, o seu digno colaborador, a quem ele havia encarregado de publicar as suas obras – Friedrich Engels.

G. D.
Paris, 10 de outubro de 1883.

## *Postscriptum*

Nesta nova edição, teria sido possível fazer as mudanças, e também as correções que de uma forma ou de outra qualquer obra necessita, e que sugere hoje aos autores um estudo mais aprofundado do assunto. Ao contrário, fiz questão, embora seja o primeiro conhecendo as suas imperfeições, de não mudar uma palavra sequer do meu Estudo sobre o socialismo científico, cujo texto permanece tal como o escrevi quando foi publicado 14 anos atrás, e foi, por sua vez, o resumo dos meus artigos de propaganda socialista durante seis anos.

Não renego nem o que escrevi em outras condições de idade e após aprendizado, nem hesito, seja a declarar que não o escreveria mais da mesma forma, seja a escrever diferentemente. Na era em que o espírito de imitação predomina, pude, eu também, incorporar bastante dos acontecimentos que estavam por vir aos já passados e acreditar na necessidade da violência, e é verdade que, notadamente neste ponto, modifiquei minha maneira inicial de ver.

Mas o que ignora a maioria daqueles que me culpam por essa mudança é que, se não tivesse mudado de opinião sobre este ponto, o marxista que sou poderia ter sido, e com razão, acusado de infidelidade à ortodoxia marxista tal como se apresenta, em especial, a partir do prefácio de Engels à obra de Marx, a *Luta das Classes na França*.

A realidade é que não me preocupei nem com ortodoxia a respeitar, nem com o cuidado de evitar a mudança de ideia. Não me preocupei com o respeito à ortodoxia, porque o fato de ser marxista, ou seja, pelo fato de pensar que é Marx que deu ao socialismo moderno sua base científica, não implica a aceitação de modelos imutáveis: a única preocupação deve ser adaptar-se o máximo possível à realidade mutante, após ter absorvido o sentido das suas transformações.

Não me preocupei em evitar uma mudança, pois a mudança de ideia em si não tem nada de repreensível, e todos buscamos estimulá-la nos outros por meio de nossa propaganda: é apenas um resultado, cuja causa é boa ou ruim, conforme esta causa seja a adesão ao que parece verdadeiro ou ao interesse pessoal. Aliás, aqueles que me acusam de ter mudado, desejo que eles nunca tenham mudado mais do que eu.

Republicano, sempre fui, o era na época do Império, eu sou, diria, de nascença, se não fossem as risadas daqueles que acham natural ser católicos ou monarquistas de nascença. Não satisfeito de ser vagamente socialista, denominava-me de coletivista, desde 1872, e garanto que o termo não era de uso comum na época; membro da Internacional que devia desaparecer naquele mesmo ano, pertencia à parcela marxista da célebre associação de trabalhadores.

É sem nenhuma dificuldade que reconheço que, não somente então, mas até em 1877, quando fui um daqueles que começaram a propagar pelo jornal a teoria coletivista e marxista, conhecia dela apenas alguns rudimentos: como já tive a oportunidade de dizer, aprendíamos o socialismo ao mesmo tempo em que o ensinávamos aos nossos leitores, e não podemos contestar o fato de que, por vezes, nos enganamos. Ora, teria pena de quem, após estar convicto de que sua opinião estivera errada, persistiria na mesma ideia por conta de uma vaidade pueril de não mostrar que mudou.

Jamais deixei de ser, continuo sendo republicano, coletivista e marxista; só que creio saber melhor hoje como se deve ser coletivista e marxista do que quando escrevia meu Estudo. No fim, a tendência geral permaneceu igual, tanto que posso considerar com certo orgulho a força atual desse movimento socialista do qual eu fui, na França, um dos primeiríssimos iniciadores.

Mas, já que utilizam meu Estudo para demonstrar que mudei com relação à necessidade do chamado à violência, deveriam valer-se dele, em compensação, para constatar que – ao contrário da opinião de que nossos adversários gostam de acreditar – nós não mudamos acerca da pequena propriedade e que, desde o início, temos, conforme nossa regra geral de embasar-se nos fatos, feito a distinção entre nossas previsões sobre o avanço da evolução econômica e nossas realizações, sempre desejadas conforme a evolução anteriormente conquistada. Neste, como em muitos outros casos, nossos adversários que, para conosco tem pouca preocupação com a verdade, veem mudanças do nosso feitio onde existe apenas diferença entre o que realmente falamos e as palavras que nos emprestavam.

De qualquer forma, existem mudanças que não posso negar, muito pelo contrário; essas mudanças interessam-me tão pouco escondê-las que me nego a modificar o texto daquilo que escrevera outrora. Aos leitores curiosos em saber de que forma meu Estudo deveria ser corrigido para estar em concordância com o meu pensamento atual, permito-me apenas sinalizar a obra que publiquei com o título: *Princípios socialistas*.

Gabriel Deville
Paris, 4 de junho de 1897.

# ESTUDO SOBRE O SOCIALISMO CIENTÍFICO

## I – COLETIVISMO OU COMUNISMO

Há anos, a classe operária não esquecida ainda da espantosa sangria de 1871, havia abandonado a tradição revolucionária e só confiava a sua emancipação na generalização das associações cooperativas. As palavras "partido operário" e "coletivismo", hoje já antigas na nossa linguagem política, eram então assunto menos que desconhecido. As ideias que representam só contavam na França com um reduzido número de partidários, sem possibilidade de ação comum. O periódico *A Igualdade*, fundado em fins de 1877, por iniciativa de Júlio Guesde e dirigido por ele, foi o único que deu impulso ao movimento socialista revolucionário atual. É um fato que as personalidades invejosas interessadas em desvirtuá-lo não lograram apagar, as quais cuidam, em suas pretendidas histórias, de ocultar de longa data o que não deixa lugar a dúvidas nessa questão.

Naquele tempo, era conveniente distinguir o comunismo científico, nascido da douta crítica de Karl Marx, do antigo comunismo utópico e sentimental francês. A mesma denominação para duas teorias diferentes havia favorecido uma confusão de ideias que era muito importante evitar: por isso, empregamos, então, exclusivamente a palavra "*coletivismo*". Agora, escrevemos coletivismo ou comunismo indiferentemente. Do ponto de vista da sua origem, esses dois fins são exatamente iguais. Do ponto de vista usual, tem os mesmos inconvenientes. Se houve um comunismo de que devemos diferenciar-nos, há também formas de coletivismo, por exemplo, as diversas falsificações belgas, que combatemos. O importante é conhecer não o título que cada um toma, mas o que esconde debaixo desse título.

## II – A TRANSFORMAÇÃO SOCIAL E SEUS ELEMENTOS

Depois de uma aventura galante que, segundo parece, ocorreu alguns dias depois da criação do mundo, o homem foi condenado por Deus a ganhar o pão com o suor do seu rosto. Hoje, que Deus está em vésperas de morrer sem posteridade sem nunca ter podido assegurar a execução do seu mandamento, o socialismo propõe-se a compelir à observância da sentença divina aos que, desde há muito, ganham o pão e mais do que o pão com o suor do rosto dos outros. Pode isso conseguir-se? Sim, pela socialização dos meios de produção, a que tende o nosso sistema econômico.

Aí onde o trabalho proporciona escassamente o que é indispensável para a vida de todos. Aí onde, por consequência, aquele se absorve quase todo o tempo de cada um, a divisão da sociedade em classes mais ou menos subdivididas é fatal. Uma minoria consegue, pela violência e pela fraude, eximir-se do trabalho diretamente produtivo, para dedicar-se à direção dos negócios, isto é, à exploração da maioria, consagrada ao trabalho. Graças ao costume, à tradição, essa maioria chega a suportar sem resistência uma organização que considera essa finalidade natural, até o dia em que essa mesma organização, já não correspondendo mais às necessidades da sociedade, se vê substituída por uma combinação mais em harmonia com a nova forma de ser da produção material.

A escravatura e a servidão têm existido em conformidade com a índole da produção e têm desaparecido quando o grau de desenvolvimento dessa torna mais útil o trabalho do homem livre que o do escravo ou do servo. A justiça e a fraternidade não têm intervindo em nada nesse desaparecimento. Qualquer que seja o valor subjetivo da moral, do progresso e outros grandes princípios do pensamento, essa bela retórica não influi para nada nas flutuações das sociedades humanas. Por si só é impotente para efetuar a menor mudança.

As evoluções sociais lhes determinam outras considerações menos sentimentais. As suas causas encontram-se na estrutura econômica, no modo de produção e da troca, que preside a distribuição das riquezas e, por conseguinte, a formação das classes e a hierarquia.

Quando essas evoluções se efetuam, não é porque obedeçam a um ideal elevado de justiça, mas sim porque se ajustam à ordem econômica do momento. Não obstante, esses movimentos sociais jamais se efetuam pacificamente. Os novos elementos têm que trabalhar violentamente contra o estado de coisas que os formulou, e que devem destruir para poder continuar a sua evolução, do mesmo modo que o pinto tem que romper a casca em cujo interior acaba de formar-se. Se o advento da burguesia trouxe a destruição dos privilégios nobiliárquicos e a abolição do regime corporativo, é porque o trabalho livre era necessário à produção capitalista. A necessidade de instituir a liberdade do trabalho determinou a emancipação do trabalhador da dependência feudal e da hierarquia corporativa. Além disso, a burguesia necessitava monopolizar as fontes de riqueza, abolindo as velhas prerrogativas dos nobres, entrando na posse da terra que estes ostentavam e do poder que também monopolizavam.

O trabalhador livre, podendo de direito dispor da sua pessoa viu-se obrigado de fato a dispor dela para viver, não tendo outra coisa que vender. Desde então foi condenado ao papel de assalariado durante toda a sua vida.

O desmoronamento da ordem feudal não se assinalou pela supressão das classes, mas sim pela substituição de um novo jugo em lugar do antigo, pelo estabelecimento de condições que reduzem à luta os dois campos opostos que pouco a pouco absorvem toda a sociedade: a burguesia capitalista e o proletariado.

Em resumo, o que tem sido organizado até agora de diferentes maneiras, exclusivamente conformes com a diversa situação econômica dos meios e das épocas, é a satisfação das necessidades de uma parte da coletividade mediante o trabalho da outra parte. Uns consomem superfluamente o que os outros produzem obrigados pela necessidade, recebendo para si apenas o estritamente necessário.

O sistema do salário, substituindo as diversas formas de trabalhos forçados, aliviou o capitalista da manutenção dos produtores. O escravo tinha assegurada a sua alimentação cotidiana, quer fosse obrigado a trabalhar quer não. O assalariado não pode comprar a sua senão com a condição de que o capitalista necessite do seu trabalho. A incerteza disto para o verdadeiro produtor é tal que a caridade pública se encarrega de alimentar aqueles a quem incumbe, segundo a presente organização social, a tarefa de alimentar a sociedade, e que por essa mesma organização se veem frequentemente impossibilitados de cumprir a sua missão.

O socialismo luta pelo desaparecimento do salário. Certamente, a nossa teoria é adequada a uma ideia de justiça, como o exigem no nosso estado econômico os interesses humanos que há que satisfazer igualmente. Porém, para que não seja ela infalível, é que tratamos de pô-la em prática, pois sabemos, com efeito, que as mais generosas reivindicações formuladas pela razão pura não podem suprir os resultados da experiência.

Para que uma teoria seja aplicável, por legítima que pareça, é preciso que o seu fundamento se encontre nos fatos antes que no cérebro. Assim, os primeiros socialistas teóricos não puderam tirar o Socialismo do domínio da utopia, em uma época em que ainda não existiam as condições econômicas que permitem que se imponha a sua realização, não bastando a experiência por eles adquirida para dar-lhe uma base material, que estas irão aumentando. A escravidão de uns às razões filantrópicas, às suas justas recriminações, os agudos sofrimentos a que queiram remediar, não bastavam para tornar o Socialismo praticável. Se na atualidade o pode ser, é porque a solução comunista, adequada à forma de ser das forças produtivas, não é outra coisa que o *terminus* natural da fase social que atravessamos.

Apoiada na insuficiência da produção, a divisão em classes já não tem mais razão de ser. A indústria mecânica desenvolveu prodigiosamente a potência produtiva do homem, diminuindo assim o tempo de trabalho necessário para a satisfação das necessidades gerais. Pela primeira vez se apresenta a possibilidade de procurar para cada um, mediante um curto tempo de trabalho, grandes facilidades de existência material, que irão aumentando. A escravidão de uns tem sido a condição do bem-estar de outros, com as máquinas, escravos de ferro, o bem-estar de todos é possível.

Quem diz maquinaria, quem diz vapor, diz necessariamente concentração econômica, e o coletivismo não é mais que o complemento dessa concentração, que procede não da nossa imaginação, mas sim do estado de coisas. É verdade que do ponto de vista agrícola, a concentração está pouco adiantada no nosso país, que o nosso solo está muito dividido, e o nosso regime de pequenos proprietários lavradores impede a divisão do trabalho, o maquinaria, a exploração metódica. Porém, esse regime contém os elementos de uma dissolução mais próxima do que se crê.

O lavrador não pode contentar-se com a produção só para seu uso pessoal, a fim de comprar o pouco que necessita, e pagar os impostos e os encargos de suas dívidas. Tem que produzir para trocar, isto é, entrar em concorrência com os demais produtores. Dada essa situação, em qualquer parte que a concentração se efetue, os pequenos proprietários sentirão os seus efeitos.

Pois bem, a concorrência americana, todavia em seu início, traz aos nossos mercados produtos por preço mais baixo que os nossos agricultores. Para lutar contra os produtores americanos é preciso diminuir rapidamente as despesas de produção e recorrer ao maquinaria, incompatível com a pequena propriedade e com o cultivo em curta escala. Sem dúvida, se não se modificam os métodos de produção, a luta será dentro em pouco impossível. Os nossos proprietários acham-se reduzidos a buscar os melhores meios de se salvarem da ruína.

Notaremos de perto que a pequena propriedade rural, tão pouco remuneradora, é uma das principais causas, pela esterilidade premeditada de pessoas que não querem que o seu pequeno patrimônio se desmorone, da estagnação do crescimento da população na França. Nas regiões em que a terra está mais dividida, em que os pequenos proprietários são mais numerosos, é onde há menos nascimentos.

A pequena propriedade rural está condenada a desaparecer; porém, o seu fim irremediável será tão menos ruinoso para os interessados diretamente, como para a nação, quanto mais de pronto se preveja o que não se pode evitar.

Do ponto de vista comercial, a concentração começou e está em bom caminho. As vantagens que dela resultam no conceito da variedade e dos preços baixos asseguram ao comércio em grande escala uma rápida extensão.

Do ponto de vista industrial, que afeta especialmente a classe operária, a concentração está em grande parte realizada. A propriedade industrial reveste cada vez mais a forma societária e anônima. Toda a ideia de voltar à forma individual primitiva é quimérica, dado o desenvolvimento da produção.

Do ponto de vista financeiro, a concentração está feita, e o crédito é o motor mais poderoso da concentração econômica. A bolsa de valores é o que rege a produção e a troca, atraindo o dinheiro dos pequenos capitalistas e aglomerando os capitais, que maneja como soberana. Ela é quem preside à política interna e externa, aos diversos movimentos da sociedade moderna.

De todos os pontos de vista, a grande apropriação coletiva sucede progressivamente à pequena apropriação privada.

As pontes, os canais, que antes eram propriedade individual, são hoje, quase sem exceção, propriedade nacional ou coletiva. Propriedade nacional são também os correios e telégrafos. Nacionalizadas estão, em parte, as estradas de ferro. Não porque isso seja um argumento que prove que a evolução econômica tende, em todos os sentidos, para a centralização das forças produtivas. Tem de deduzir-se, à imitação dos partidários do socialismo ou do comunismo do Estado, que essa centralização tende para a forma especial de centralização representada pelo serviço público.

O fenômeno importante, incontestável, é que a centralização econômica se efetua; pois bem, que esta se efetue nas mãos de individualidades da classe dominante ou entre as do Estado, à ordem desta, para o resultado final é indiferente: em si própria, a absorção pelo Estado das empresas particulares não faria dar um passo para a solução da questão social.

Não é necessário refletir muito tempo para que se compreenda que a maior parte dos ramos da produção, se bem que tendem a centralizar-se, de nenhum modo tendem a constituir-se em serviços públicos. Desde o momento em que essa forma especial de centralização não resulta da natureza das coisas, torna-se preciso examinar se deveríamos favorecê-la quando se apresentar o caso para a solução.

O Estado não deve, como diz certo burguês que entrou no Partido Socialista, como o guloso da fruta, para contentar os seus miseráveis apetites, desorganizar "o conjunto dos serviços públicos já constituídos", isto é, uma coisa que tem necessidade apenas de algumas correções e adições. Não se trata de aperfeiçoar, mas sim de suprimir o Estado, que não é mais do que a organização da classe exploradora para garantir a sua exploração e manter na submissão os explorados. Logo, é mau sistema para destruir uma coisa começar por fortificá-la. Assim aumentavam a força de resistência do Estado, favorecendo o seu monopólio dos meios de produção, isto é, de domínio. Não vemos nós os operários das indústrias do Estado submetidos, comparativamente com os demais, a um jugo mais difícil de sacudir?

Posto que, dessa sorte, seria prejudicial aos operários, a transformação em serviços públicos, pelos resgates que daria lugar; seria uma nova fonte de especulações financeiras que apenas beneficiaria os capitalistas. Por outro lado, essa transformação não facilitaria em nada a obra do Socialismo. Não será mais difícil apoderar-se do Banco de França ou das estradas de ferro que dos correios e telégrafos; a tomada da posse dos grandes organismos de produção pertencentes às sociedades capitalistas será tão cômoda como se pertencessem ao Estado.

A centralização econômica realiza-se; tal é o fato. Em toda a parte a pequena propriedade de um só vai cedendo o posto à grande propriedade de diversos. A comunidade das coisas e dos homens é cada vez mais geral. Acaso não é uma aplicação diária do regime comunista a organização do trabalho nas oficinas importantes e nas fábricas?

Ao mesmo tempo em que a aglomeração de produtos regularmente organizados tem coincidido com a comunidade das coisas, as capacidades diretivas e administrativas que reclama toda a produção em grande escala têm-se constituído fora da minoria privilegiada. À medida que o instrumento de trabalho alcançava as proporções gigantescas que hoje possui, escapava à intervenção e ao impulso do seu possuidor, que gradualmente ia deixando nas mãos de gerentes ou empregados a vigilância e administração daquele.

Anteriormente, o êxito da sua pequena indústria dependia da atividade do patrão, da sua inteligência, da sua economia; êxito que estava intimamente ligado à pessoa do dono, que desempenhava desse modo uma função social.

Hoje, destronado o patronato individual pela forma societária, o possuidor do capital não se ocupa mais do que perceber, ou, ainda melhor, de comer os seus lucros, sem necessidade de conhecimentos especiais. Que papel desempenha o acionista, o proprietário atual? Que seja idiota ou dissipador, que morra ou que se arruine, que importa para a prosperidade da empresa a qual monopoliza, em forma de ações, uma parte mais ou menos considerável da propriedade?

Os que hoje desempenham as antigas funções do proprietário, onde a forma coletiva da propriedade sucedeu à individual, são assalariados; engenheiros ou administradores mais ou menos retribuídos, porém no fim assalariados. Independentemente do feudalismo capitalista formou-se o pessoal inteligente, dotado da aptidão necessária para pôr em atividade as forças produtivas. Por consequência, a supressão dos acionistas, isto é, do proprietário convertido em roda inútil, não ocasionaria a menor desordem na produção.

Como o capitalista não intervém no ato da produção mais que para apropriar-se do benefício obtido, só vê naquela o lucro que tem de perceber, e por isso a empresa não tem para ele mais que um fim, um objetivo: a realização do maior benefício possível.

Para conseguir isso, em primeiro lugar extenua, esgota o produtor e depois altera o produto. Os produtos não têm em si mais do que a aparência; em tudo e em toda a parte a falsificação é a regra estabelecida. Pouco importa que economias sórdidas produzam a degeneração da raça pela debilitação crônica do produtor; o envenenamento do consumidor pela adulteração dos alimentos; a morte ou a mutilação por acidentes nas vias férreas etc.; o principal é encher a "burra". O reinado grosseiro da burguesia tem feito de tudo questão de dinheiro, artigo de comércio, e deste uma estafa legalizada.

Por outro lado, como quanto mais se vende mais se ganha, cada empresa ou sociedade pensa em monopolizar todas as vendas para si, e para esse efeito produz tanto quanto pode, vendo-se obrigada a produzir sem cessar pelo interesse que tem em não deixar descansar um momento os custosos instrumentos de produção. Deste modo o mercado enche-se; as mercadorias amontoam-se, abundantes e invendáveis; estalam crises, que se renovam periodicamente, e então os operários deixam de trabalhar e morrem de fome porque foram obrigados a produzir demasiados artigos de consumo.

De tudo isso se depreende que as exigências da produção introduzem uma aplicação cada dia mais ampla da divisão do trabalho e do maquinaria; o produto é cada vez menos obra individual; o instrumento de trabalho, colossal, necessita, para se pôr em movimento, uma coletividade de operários; o proprietário não só perde toda a função útil, como passa a ser prejudicial, sendo, por consequência, necessária sua eliminação; as forças produtivas caminham fatalmente para a destruição dos obstáculos que impedem a sua evolução normal, e que provêm do modo de apropriação.

Tal como sucedeu com a revolução do século XVIII, a preparação preliminar de toda a transformação social se efetua a favor do coletivismo; os elementos materiais e intelectuais da renovação que prosseguimos, filhos do meio atual, estão suficientemente desenvolvidos.

Os progressos da indústria mecânica permitem reduzir consideravelmente o tempo de trabalho indispensável para a produção, aumentando esta em proporções enormes; o modo de apropriação conclui por se ajustar com o modo de produção, mas como este é coletivo, a apropriação estritamente individual vai sem cessar diminuindo, a organização do trabalho correspondente a esse estado de coisas tem eliminado a casta proprietária, independente da qual se recrutam as capacidades dirigentes; a posse pela burguesia trouxe como consequência a mais funesta derrota de produtores, de meios de produção e de produtos.

Tais são os fatos já determinados pela força dos sucessos, fatos que conduzem a uma organização econômica em que a produção, socialmente regulamentada, terá em vista as necessidades de uma sociedade que só considerará os produtos com relação à sua utilidade respectiva; em que ao governo desordenado dos homens substituirá a administração consciente das coisas submetidas ao poder do homem, em vez de pesar tiranicamente sobre eles; em que, ao mesmo tempo em que o proprietário privado, haverá desaparecido o sistema de trabalhar para outros, ou seja, o salário.

Essa supressão da propriedade individual e, portanto, do salário e de toda a classe de males que aquela introduz não é uma fatalidade que a justiça prescreve, mas sim que a evolução do organismo produtor lhe impõe imperiosamente. "O socialismo", escreveu Engels, "não é mais que o reflexo no pensamento do conflito que existe nos atos entre as forças produtivas e a forma de produção".

Como teoria cientificamente deduzida, o nosso coletivismo ou comunismo apoia-se na observação, comprova as tendências e conclui afirmando que os meios de produção, uma vez efectuada a sua evolução atual, sejam socializados.

Dizemos socializados e não "comunalizados", como alguns queriam, porque os inconvenientes da propriedade individual reapareciam na propriedade comunal ou municipal, e também na corporativa, principalmente por causa das participações desiguais que seriam o seu resultado, da produtividade de diferentes meios de produção etc. Que a luta se empenhe entre municípios e municípios, corporações e corporações, ou patrões e patrões, sempre haverá desigualdade entre trabalhadores que proporcionam uma mesma quantidade de trabalho e concorrência ruinosa; isso seria, ainda sob outra forma, a continuação da sociedade presente.

Atendendo-se aos atos, o Socialismo científico não pode precisar experimentalmente senão o modo de apropriação para que caminham as forças produtivas, o qual rege o modo de repartição dos produtos. É evidente que uma vez socializados os meios de produção, isto é, quando estes hajam revestido como apropriação a forma comunista que já têm como ação, seguirá como consequência uma distribuição comunista dos produtos. Só o que não se operará com respeito à antiga fórmula tão querida dos anarquistas e possibilistas[1] é o que estabelece que "dando cada um o que permitam as suas forças, receberá conforme as suas necessidades".

Porém, quem mediria as forças de cada um? Por muito bom que fosse o mesmo indivíduo ou qualquer outro, sempre se tocaria no arbitrário. Além disso, não é nossa tendência exigir do homem o máximo de esforços que é capaz de produzir; pelo contrário, tratamos de diminuir o esforço humano, de abreviar tanto quanto possível o tempo de trabalho a fim de aumentar o consagrado às distrações físicas e intelectuais e ao prazer.

Quem seria capaz de medir as necessidades de cada um? Se o organismo produtor é tal que os produtos estão em quantidade suficiente para que cada um possa consumir à sua vontade sem limitar o consumo dos outros, por que não dizem aqueles: dar a cada um segundo a sua vontade e não segundo as suas necessidades? Se os produtos são insuficientes para satisfazer por completo todas as necessidades de todos, como proclamar o direito de cada um a consumir proporcionalmente para atender às necessidades por ele mesmo apreciadas? Não se pode negar que, nesta última hipótese, se impunha uma limitação do consumo individual, baseada nas condições de existência material realizadas, e que limitação concordaria melhor com o novo modelo econômico, que aquela cuja medida fosse não a produtividade individual, que favorecia aos indivíduos dotados de vantagens naturais, em detrimento dos menos dotados, mas sim o tempo de trabalho que, igual para todos, garantiria a todos os trabalhadores uma possibilidade de consumo igual?

## III – O PARTIDO OPERÁRIO E A LUTA DE CLASSES

Se o rígido salário já atingiu o seu fim, se o período de sua duração está destinado a ser muito mais curto que os da escravatura e servidão, é porque as condições exteriores que tornam inevitável a sua eliminação se têm produzido

---

1. O Possibilismo é um conceito que teve origem na França, no movimento socialista. Defendido principalmente por Paul Brousse e Benoît Malon, a tendência foi introduzida no movimento socialista europeu, e considerava a obtenção apenas do que era possível, não incluindo uma revolução proletária.

mais rapidamente. Não surpreende esse fato quando se reflete que as combinações sociais da época burguesa, perturbadas a cada instante por modificações fundamentais das força produtivas, estão muito longe de ter o caráter eminentemente conservador dos sistemas de produção que nos têm precedido, e são, por consequência, mais aptos que estes últimos para criar rapidamente uma situação revolucionária.

Um proletariado, conjunto de desditosos sem independência, sem vontade, sem consciência da possibilidade de emancipar-se, seria incapaz de se aproveitar dessa situação; para obviar esse inconveniente formou-se o partido operário.

Com efeito, para uma classe que só deverá a sua emancipação ao seu próprio esforço, o primeiro passo para consegui-la é a sua formação em partido conscientemente hostil aos seus opressores. Organização, independentemente de todos os partidos burgueses, qualquer que seja a divisa destes, de todos os condenados ao salário; de todos os que veem a sua atividade subordinada no seu exercício a um capital monopolizado pela minoria burguesa; organização da força interessada em acabar com a sociedade capitalista; separação de classes em todos os terrenos e guerra de classes para chegar à sua supressão; tal é a razão de ser do partido operário.

É necessário que os que empreendem uma guerra de classe tenham um mesmo grito de combate, uma bandeira idêntica que simbolize a união em prol da ideia comum. É preciso que tenham, além disso, um programa de classe, compêndio de reivindicações que, sendo coletivas, estejam ao abrigo dos caprichos individuais. A amplitude de se deixar a cada agrupação o redigir de seu programa daria lugar a programas contraditórios e seria origem de divisões dando lugar a toda a intriga e a baixas especulações pessoais. Fundando-se nessas razões, os congressos operários nacionais do Havre e de Roanne deram ao partido o seu programa único de combate.

O partido operário, constituído e armado, não tende só a recrutar os seus defensores entre os proletários das cidades. Se estes são "a força motriz histórica da sociedade", nem por isso exclui os do campo e os pequenos burgueses. Trata, pelo contrário, de fazer-lhes compreender a sua posição de classe inferior, cujos interesses são diametralmente opostos aos da burguesia capitalista, aos interesses da classe que vive da exploração do trabalho alheio.

Assim, é inegável que o mesmo antagonismo que existe entre o proletariado das cidades e a burguesia existe também entre esta e os camponeses, pequenos proprietários, pequenos comerciantes e artífices ou trabalhadores independentes. Esse antagonismo, que no primeiro caso provém do monopólio já efetuado dos meios de produção, surge, no segundo, da ameaça de uma próxima acumulação.

Os comerciantes em pequena escala e os artífices que trabalham por sua conta consomem-se em vãos esforços na luta contra os grandes armazéns e as grandes fábricas, contra as quais a concorrência é cada dia mais difícil, o mesmo que a dos nossos agricultores contra os produtos estrangeiros. Tratam aqueles, portanto, de compensar, mediante a depreciação da mão de obra, os encargos que sobre eles pesam. Ainda que os animassem as melhores intenções em favor de seus colaboradores assalariados, a necessidade de viver obriga-os a explorar o seu trabalho. A nossa organização econômica não permite, com efeito, deixar de ser explorador sem se converter imediatamente em explorado, aniquilando assim a boa vontade individual.

Aqueles cuja expropriação é iminente devem fazer, portanto, causa comum com os que já estão sendo expropriados. Em pleno regime capitalista, essa expropriação inevitável os deixará sem recursos, enquanto no regime comunista continuarão dispondo livremente dos seus meios de trabalho. Se os proletários combatem para obter a livre disposição desses meios, os pequenos burgueses têm que combater para conservá-la. Da parte dos primeiros, essa é uma guerra ofensiva; da parte dos segundos, deve ser uma guerra defensiva; porém, sempre contra o mesmo adversário, que encerra uns no inferno do proletariado e que pouco a pouco vai arrojando nele os outros.

Nós divulgamos essa guerra franca e consciente de classe, conforme as doutrinas ministradas pelo estudo do modo de evolução da humanidade. A luta pela existência aparece, na sociedade humana, sob a forma de guerra de classes entre si, e guerra de indivíduos entre eles próprios no seio da classe dominante, guerras suscitadas por interesses materiais. A guerra das classes criadas pelas relações econômicas das diversas épocas é a que domina todo o movimento histórico e explica as diferentes fases da civilização. Guerra de classe e nada mais era o que escondiam o sentimentalismo oco, as fórmulas pomposas, as majestosas aparências e os imortais princípios dos constituintes e dos convencionais. Assim, portanto, nós, ao divulgá-la, longe de desconhecer a história, somos fiéis às suas lições.

Tem-se tratado de legitimar cientificamente a existência das classes e de justificar as desigualdades sociais, tomando-se por base a teoria de Darwin, na seleção natural que resulta da concorrência vital da luta pela vida.

E como essa maneira de ser da matéria que se chama a vida passou da humanidade-célula às formas complicadas dos organismos superiores, àquela causa mecânica deve atribuir-se a transformação gradual dos organismos e seu desenvolvimento progressivo, isto é o que investigou o ilustre naturalista. A teoria darwinista é a indicação de um procedimento da constituição das espécies. Porém, ao lado da seleção natural, e mais eficazes ou mais gerais que ela, podem existir outras causas da produção das espécies, algumas de cujas causas se começa já a vislumbrar, podendo haver outras que ainda não se tenha descoberto.

Em todo o caso, longe de ser um manancial constante de progresso, a competência vital é, particularmente, quando se exerce entre os homens, causa de extenuação. O que é preciso que haja entre os homens é a ação comum, a solidariedade na luta contra o resto da natureza, devendo ser esta tanto mais fecunda quanto todos os esforços se concentrem nesse ponto, não se desperdiçando uma parte de atividade em uma luta interna.

Admitindo que a luta entre organismos semelhantes se impõe aos animais distintos do homem, encontra-se a razão dessa luta de que, consumindo o animal sem produzir, a parte consumida por uns pode reduzir a possibilidade de consumo dos outros; enquanto o homem, capaz de produzir e produzindo mais do que consome, pode viver e desenvolver-se sem limitar por isto o consumo de seu semelhante.

Por outro lado, o trabalho humano é bem mais produtivo quanto está baseado em uma combinação mais organizada de trabalhadores que funcionam juntos com um mesmo objetivo: a utilidade de semelhante modo de execução do trabalho tende a excluir a luta e a divisão entre os homens. Além disso, a luta entre os homens civilizados, a guerra, implica não a supressão, mas sim a permanência dos mais débeis; pois os mais robustos, os mais fortes, são arrebatados pelo serviço militar. A seleção sexual, favorável entre os animais aos mais belos, aos mais vigorosos ou aos mais inteligentes, produz no homem um efeito contrário: homens e mulheres são geralmente atraídos só pela riqueza, sendo esta unida com frequência à inferioridade intelectual e física.

Finalmente, se é certo que o progresso nasce às vezes da luta pela existência, é porque, ao porem os seres em luta as suas qualidades intrínsecas, a vitória pertence incontestavelmente ao que é superior. Os que nas sociedades humanas combatem pela vida, acham-se em condições de desigualdade estranhas à sua natureza, pois uns recebem a instrução de que os outros estão privados, e aproveitam os capitais de que estes se acham desprovidos. Desde esse momento, o resultado da luta não indica qual seja realmente o melhor, mas sim o que está socialmente mais bem armado.

É, não obstante, dentro da nossa civilização, o homem reduzido às suas forças orgânicas quase incultas. O homem sem armas tem na vida por adversário o homem completamente armado, que tem tido meios de desenvolver-se e os tem de obrar, pois nem ainda lhe é permitido a esse pária usar das únicas forças de que dispõe, suas forças naturais mais que nos limites estreitos em que o encerra uma legislação destinada unicamente a proteger os fortes contra os fracos. Não contente em não armar os seus adversários e colocá-los em condições de desigualdade artificial, a lei burguesa manieta-os e arroja-os assim manietados no combate da vida.

Há tempos que a luta perdeu o seu caráter individual ao passar das sociedades animais às sociedades humanas. Os animais lutam com as suas armas naturais incorporadas ao seu organismo, enquanto o homem luta com armas artificialmente unidas ao seu ser; e sucede precisamente que os possuidores dessas armas não são, salvo excepcionalmente, criadores delas. Em consequência dessa particularidade, a luta toma nas sociedades humanas o caráter de luta de classe, luta que, longe de consolidá-la, a evolução humana trata de eliminar com a contradição que lhe serve de base.

Para oferecer um derivativo às paixões populares ameaçadoras, Napoleão III, Bismarck e Alexandre da Rússia imaginaram substituir com as guerras de raças as lutas nacionais interiores. Esses passatempos, que podem ter para os seus autores uma utilidade momentânea, serão no futuro impotentes para ressuscitar o patriotismo, para dar o estrangeiro como alimento aos ódios internos desviados do seu objetivo.

O capital não tem pátria, vai aonde encontra boas colocações. Se a exploração burguesa se converteu necessariamente, pelo fato do desenvolvimento econômico, em exploração internacional, se não conhece raças nem fronteiras, exercendo-se indiferentemente onde quer que haja que roubar, ao mesmo tempo em que a intervenção governamental se declara em seu favor, em frente do cosmopolitismo financeiro, da Internacional amarela, o internacionalismo operário se levanta, correspondendo ao verdadeiro antagonismo dos interesses que estão em jogo.

Hoje as forças econômicas, ao encontrarem-se, acentuam, sem distinção de fronteiras, a separação da sociedade em duas classes, obrigando uns que são a maioria, cada dia mais numerosa, a vender a sua faculdade de trabalho para viver, e permitindo aos outros, a minoria, cada vez mais reduzida, que a compre para se enriquecer. Com efeito, o que obriga a classe operária a vender a sua faculdade de trabalho é a falta de possibilidade direta de colocá-la em atividade, isto é, os meios de trabalho. Quanto mais vezes a vende, mais enriquece os capitalistas e, por conseguinte, lhes proporciona mais meios de monopolizar os instrumentos de trabalho que, assim desprovida deles, perpetua a sua vassalagem.

A classe média, guiada por seus instintos conservadores, porém pouco perspicazes, interpunha-se entre a classe capitalista e o proletariado, em benefício da primeira; mas já tende a desaparecer, porque a centralização econômica aumenta, a expensas suas, pela absorção constante dos meios de produção pertencentes aos pequenos comerciantes, que se acham na impossibilidade de sustentar a concorrência com os grandes capitais.

# IV – A SUPRESSÃO DE CLASSES E O MODO DE REALIZÁ-LA

A distinção de classe que existe e a luta que dela se origina não mais desaparecerão salvo pela supressão das desigualdades artificiais e mediante o reconhecimento da igualdade social de todos, ante os meios de desenvolvimento e de ação das faculdades musculares e cerebrais.

A igualdade ante os meios de ação será a consequência da socialização das forças produtivas que prepara, como já temos visto, a centralização econômica atual. A igualdade ante os meios de ação será a consequência da admissão de todos – não direi (empregando a fórmula usada, a qual, não podendo tomar-se ao pé da letra, é má) à instrução integral – mas sim à instrução científica e tecnológica, geral e profissional.

O que é necessário procurar para todos, e o reclama o sistema moderno de produção, é uma instrução que, por meio de noções universais, permita aos indivíduos empreender tudo, conhecer as relações gerais provenientes dos resultados empíricos das ciências particulares, fazendo-lhes, não obstante, adquirir conhecimentos especiais em harmonia com as suas aptidões e inclinações, em suma, uma instrução que adapte o trabalhador às múltiplas exigências do trabalho.

Só com essa igualdade ante os meios de desenvolvimento e de ação – cuja garantia social esteja assegurada a todo o ser humano sem distinção de gênero, conforme com as várias necessidades da produção moderna – poderá efetuar-se a emancipação da mulher, assim como a do homem. A mulher é, hoje, quase exclusivamente um animal de luxo ou uma besta de carga. Mantida pelo homem quando não trabalha, está ainda obrigada a sê-lo – ainda quando se mate trabalhando.

Em quantidade e qualidade iguais, o trabalho da mulher está menos retribuído que o do homem. Porém, esteja ou não sob a dependência patronal, não escapa à dependência masculina, e de todos os modos se vê obrigada a buscar no seu sexo, transformando-o, de maneira mais ou menos aparente, em mercadoria, um suplemento aos seus recursos insuficientes. Se durante muito tempo permaneceu pela sua própria natureza colocada em uma situação inferior, presentemente existem já as condições que lhe abrem as diversas espécies de atividade. O desenvolvimento da indústria mecânica abriu a estreita esfera em que a mulher se encontra; libertou-a das antigas funções domésticas e, ao suprimir o esforço muscular, tornou-a apta para os afazeres industriais. Assim, pois, arrancada do lar e lançada na fábrica, posta no nível do homem ante a produção, só lhe falta emancipar-se como operária para se igualar socialmente com aquele e para ser dona de si própria.

Não sendo a sua inferioridade legal outra coisa senão o reflexo da servidão econômica particular de que é vítima, a sua igualdade civil e política não se poderá conseguir eficazmente se não se alcança a emancipação econômica, pela qual, tanto para ela como para o homem, se acha subordinada ao desaparecimento de todas as servidões.

Porque o socialismo fala de igualdade, sem se cuidar de examinar o que se entende por igualdade, acusam-no de sonhar com uma nivelação tão quimérica como universal e de tender para uma mediania uniforme.

Do que precede, resulta que o socialismo quer a igualdade ante os meios de desenvolvimento e de ação, isto é, a igualdade do ponto de partida. Mas essa igualdade não implica, em nenhum caso, nem a igualdade de movimentos, nem a igualdade no ponto de chegada.

Ao assegurar a todos os organismos humanos uma parte igual das possibilidades de educação e de exercício, longe de realizar a uniformidade, o socialismo fará brotar e acentuará as desigualdades naturais musculares ou cerebrais. Ainda quando fosse possível, o socialismo científico abster-se-ia muito bem de apagar essas diferenças, pois não ignora que semelhante heterogeneidade é uma das condições essenciais ao aperfeiçoamento da espécie.

Enquanto se não estabeleça a igualdade social ante os meios de desenvolvimento e de ação, a qual se deduz das tendências íntimas da produção moderna, o proclamar o direito ao homem a ser livre equivaleria a conceder generosamente a um paralítico licença para andar. Só mediante essa igualdade chegará a ser um fato a liberdade, que é o jogo de todos os organismos humanos segundo a sua vontade consciente.

O socialismo quer a liberdade completa do homem, sem que isso se interprete tortuosamente, pois não há palavra mais elástica que "liberdade"; é um pavilhão que cobre todo o gênero de mercadorias.

Os campeões do mais radical dos liberalismos, sob pretexto de liberdade de cultos, tolerariam, sob qualquer regime, as práticas religiosas, isto é, o perigo segundo o atestado intelectual das crenças, pondo-as assim, graças ao seu deformado cérebro, na impossibilidade moral de exercer conscientemente a sua faculdade de iniciativa.

Outros há que defendam uma liberdade especial do chefe de família, que não pode ser outra coisa que um atentado legítimo contra a criança, que não pode chegar a ser, por esse motivo, o que a sua natureza lhe exige. Em nome da liberdade do trabalho, se outorga ao capitalista a liberdade de explorar à sua vontade o trabalhador e a este a obrigação de se submeter.

Essas liberdades, tão prodigiosamente concedidas a alguns, têm o mesmo fundamento que teria a liberdade do dedal de as manejar e fazer as trocas de linhas à medida do seu capricho. A liberdade é para cada um não o direito, que nada significa, mas sim o poder moral e material de satisfazer as suas necessidades naturais ou adquiridas. Derivada da igualdade ante os meios de desenvolvimento e de aplicação das faculdades orgânicas, ou em outros termos, da universalização da instrução e da socialização das forças produtivas, a liberdade implica a ação comum, a solidariedade.

O homem isolado não reconheceria outros limites para a sua ação a não ser os da sua própria força, e a sua ação ver-se-ia, desde logo, singularmente limitada. Por essa razão, e a impulsos de interesse pessoal, a ação comum substitui dia a dia em maior escala a ação puramente pessoal. O homem é para o homem um auxiliar necessário; a comunidade de ação que tende por meio de funções diferentes, porém respectivamente indispensáveis, à realização de um fim comum, o bem-estar, deve completar-se evidentemente com a comunidade de vantagens.

A solidariedade, que tem sido sucessivamente familiar, comunal, nacional, tende a ser internacional. Desde esse momento, a faculdade que possui o homem de operar só, de ser em absoluto independente da ação dos demais, em suma, a autonomia tão obstinadamente glorificada, se não fosse irrealizável, mercê da evolução econômica que domina todas as relações humanas, seria um retrocesso, uma diminuição de força, isto é, de liberdade, para o indivíduo, em lugar de ser um adicionamento.

Sendo a liberdade tanto maior quanto menos subordinada está em seu exercício a circunstâncias estranhas à vontade, e sendo tão mais fáceis de vencer os obstáculos contra os quais tropeça a vontade quanto menos disseminadas se achem as forças que os combatem, a centralização mercê da qual se pode conseguir o máximo de resultados com o mínimo de esforços impõe-se como garantia de expansão para a liberdade individual.

Por outro lado, a atividade corporal e intelectual só fora da oficina poderá revestir-se do caráter de liberdade, que é o seu atrativo. Com efeito, uma organização mecânica não permite o desenvolvimento espontâneo das faculdades humanas; o homem, em tal caso, é apenas uma engrenagem do mecanismo, reduzido a adaptar-se aos movimentos automáticos do conjunto. Quanto mais se aperfeiçoa e universaliza a máquina, menos trabalho terá de executar o homem, porém, menos também o trabalho, tomado em conjunto, será resultado da livre iniciativa humana convertendo-se em tarefa enfadonha para um grande número de trabalhadores. Com a curta duração do trabalho, a diversidade sana o aborrecimento inevitável, e fará com que se possa realizar facilmente.

Haverá, portanto, dirão alguns, obrigação de trabalhar.

A liberdade será em matéria de trabalho tudo quanto esta possa ser em qualquer outra matéria, isto é, o exercício da atividade humana não embargado socialmente e limitado só pelas fatalidades orgânicas exteriores. Suponhamos que se permita a todas as pessoas andarem nuas; as pessoas, dada a temperatura dos nossos invernos, continuariam vestindo-se, não obrigadas por vontade alheia, mas sim por uma necessidade inerente ao seu organismo. É livre o homem cuja vontade não se acha determinada a não ser por atos nascidos de si próprio, os quais pode acomodar ao seu desejo, às condições necessárias da sua vida; é, portanto, livre o homem cuja vontade de trabalhar provenha somente, assim como a sua vontade de comer, das necessidades pessoais que tenha que satisfazer, e só trabalhe no que lhe convenha, sabendo que trabalha exclusivamente para si próprio e tendo a consciência de que trabalha por sua vontade.

Não será provavelmente por distração que se trabalhará, dada a maneira de ser do trabalho, ainda que este melhore quanto seja possível; o único móbil para isso será o interesse, que é o ponto de partida real de todos os atos do homem e o que rege todas as relações do indivíduo com o meio ambiente.

Portanto, existindo o interesse, conseguir-se-á a execução dos trabalhos particularmente perigosos ou repugnantes graças a uma elevação no preço da hora de trabalho. Por exemplo, estabelecendo-se que quatro horas dedicadas a uma dessas especialidades ingratas sejam equivalentes a seis ou sete de trabalho simples. Além do que, não haverá nisso determinação arbitrária; a diferença que exista para um mesmo lucro, entre o tempo empregado em obras ordinárias ou trabalhos penosos, variará segundo a oferta e a procura destas últimas obras.

Não se condenará uma categoria de trabalhadores a executá-las exclusivamente. Nessa maneira não haverá obrigação direta emanada de uma lei especial, nem obrigação direta em consequência da impossibilidade de não poder subsistir fazendo outra coisa. Os que executam as ditas obras serão absolutamente livres de se dedicarem a outra ocupação.

De forma alguma se especulará como hoje com a sua miséria, mas sim com o desejo natural de alguns, já de maior interesse em um mesmo tempo de trabalho, ou ainda de um descanso mais prolongado pelo mesmo interesse. Notemos ainda que o espírito abnegado inato no homem como no cão, por exemplo, poderá então exercitar-se, e se exercitará tanto quanto o entusiasmo e a imolação, não praticados hoje pelos que sabem que trabalham para outros, chegarão por fim ao seu apogeu. Uma vez nessas condições, e não trabalhando já o homem obrigado por uma força estranha ao seu organismo, o trabalho, segundo a engenhosa expressão de um dos mais eruditos pensadores socialistas, Paulo Lafargue, será para todos tão somente "o condimento dos prazeres da preguiça".

Já na posse da sua individualidade, anulada pela tarefa mecânica, que os progressos da máquina abreviaram e simplificaram cada vez mais, poderá o homem, terminado o seu trabalho, desfrutar amplamente os gozos físicos resultantes do completo exercício dos seus órgãos, assim como dos prazeres intelectuais que procura o cultivo da ciência e da arte. O prazer, objeto final de todo o organismo vivente, se realizará então para cada um, conforme a sua natureza.

Porém, essa liberdade encontra-se subordinada à socialização dos meios de produção; a coletividade não poderá desfrutar deles enquanto não possua os meios econômicos de aproveitá-los. Pois bem, os detentores privilegiados desses meios, condição *sine qua non* da liberdade, os abandonarão desde o momento em que eles, por sua vez, sejam livres de não os abandonar?

Achando-se unida à possibilidade de ter cada qual à sua disposição o instrumento e a matéria de trabalho, a liberdade apenas surgirá de uma pressão exercida sobre os seus proprietários atuais, sobre os que são demasiado livres enquanto a maioria trabalhadora não é. Nós somos revolucionários porque sabemos, pela experiência de toda a história, que as classes dominantes só se suicidam – se porventura se suicidam – quando julgam ver que as vão matar, sabendo também que, lógica e cronologicamente, a noite de 4 de agosto vem depois das jornadas do 14 de julho.

Somos partidários de recorrer à força para alcançar a liberdade, do mesmo modo que em certos casos patológicos há que se recorrer ao engessamento para conseguir a cura; uma vez conseguida, e recuperada completamente a saúde, goza-se a liberdade completa nos movimentos, porém, enquanto dura a enfermidade, proíbe-se mover a parte do corpo cujos movimentos comprometeriam a saúde em geral. Se é ser autoritário negar a liberdade, durante o período de tratamento que exija a modificação da ordem social, àqueles cuja ação poderia pôr em perigo a nossa reorganização, então somos autoritários. Queremos proceder autoritariamente contra a classe inimiga, e queremos suprimir as liberdades capitalistas, que impedem a expansão das liberdades operárias.

Expliquemos isto, a fim de que os burgueses roxos ou tricolores não deformem o nosso pensamento; a autoridade que proclamamos útil não é, de modo nenhum, a autoridade cesárea das individualidades, qualquer que sejam, sobre a massa, mas ao contrário, proclamamos a autoridade da massa sobre as individualidades que ela emprega, a ação direta dos interessados, a autoridade do proletariado e não sobre o proletariado. Essa autoridade resultante do conjunto dos interessados em serem livres não será opressiva para eles, a menos que se admita a opressão dos povos por si mesmos. A ditadura de classe deverá reinar até o dia em que a liberdade, possível para todos, possa, sem inconvenientes, ser exercida por todos.

O recurso à força, à revolução, pela classe que, se tem de ser livre, necessita conquistar os meios de sê-lo, não será outra coisa que não a força empregada somente pelos explorados contra os exploradores. A minoria possuidora colocou os seus monopólios sob a proteção de uma força capaz de refrear as tentativas de rebelião da maioria deserdada; na existência de classes antagônicas encontra-se a razão de ser dos exércitos permanentes, que representam a força necessária para a defesa da classe privilegiada – na Bélgica, por exemplo, existe um exército permanente, por mais que as potências europeias tenham estabelecido a sua neutralidade – os quais não desaparecerão senão com a sua causa.

Se o exército permanente é, com toda a sua brutalidade, a organização da força, pelo que não vacilam nunca em se lhes dirigir os aproveitadores da classe proprietária em perigo, a legalidade é tão somente a força sistemática coordenada em sentenças.

Entre o emprego da força bruta e o da força metódica não existe mais que uma simples questão de forma, o resultado é o mesmo. Que golpeiem a alguém barbaramente ou com todas as regras do pugilato, nem por isso ficará menos maltratado. A lei não é outra coisa senão a consagração da força encarregada de manter intactos os privilégios da classe possuidora e governante, e só opondo vitoriosamente à força a força e, por consequência, destruindo violentamente essa forma da força que é a legalidade, uma classe inferior pode chegar à sua emancipação.

Se o nosso fim, a socialização das forças produtivas, é uma necessidade econômica, o nosso auxiliar, a força, é uma necessidade histórica.

Todos os progressos humanos, todas as transformações sociais e políticas da nossa espécie têm sido obra da força. Examinando a história moderna do nosso país vê-se que a abolição da monarquia de direito divino e da ordem feudal se deve à revolução de 1789; que a desaparição de uma religião do Estado resultou da revolução de 1820; que o estabelecimento do sufrágio universal se deve à revolução de 1848 e a proclamação da República à revolução de 1870.

Também houve um direito, mais ainda, um dever de insurreição inscrito no evangelho burguês, na declaração dos direitos do homem e do cidadão. Deste direito, de que ela fazia um dever para a massa a seu serviço, a burguesia usou amplamente, emancipando-se por meio da insurreição, e mercê da insurreição chegou gradualmente à onipotência. Desde o momento que alcançou o seu máximo de dominação, esse direito, esse dever não mais existe, e a burguesia condena agora que se empregue contra ela essa mesma força que utilizou em proveito próprio: o direito à insurreição deve abolir-se, posto que ela não o necessita. Por essa razão trata de convencer o proletariado da ineficácia do método revolucionário. Que lhe oferece em troca?

## V – INEFICÁCIA DE TODOS OS MEIOS PACÍFICOS

O argumento favorito dos nossos reformistas platônicos consiste em assegurar que é preciso antes de tudo modificar as ideias e os sentidos da nação. "Instruir o povo", exclamam, "esta é a chave da questão social; nos espíritos é onde se deve efetuar a revolução".

A instrução é incapaz de atenuar no mínimo a exploração da classe trabalhadora. Por grandes que fossem os progressos da sua educação, a maioria não possuidora, obrigada a vender, para poder subsistir, a sua força muscular ou cerebral, nem por isso deixaria de estar sob a dependência da minoria possuidora.

A universalização da instrução sem a universalização da propriedade não modificaria em nada a situação material em que se encontra hoje o assalariado, porque ainda que fosse mais instruído nem por isso teria meios de trabalho em maior produção, nem deixaria de ser sempre despossuído.

Se nos vemos obrigados a declarar que a instrução não aliviaria nem mesmo levemente a sorte do proletariado, nem por isso fazemos caso omisso dela. Reconhecemos em alto grau a sua utilidade, posto que, difundida pela massa, exercerá proveitosa influência do ponto de vista revolucionário.

Quanto mais instruída estiver a massa, mais depressa dará conta da sua posição de explorada, e menos disposta se encontrará a sofrer em silêncio; todo o assalariado instruído se acha próximo a sublevar-se. Porém, se a educação da classe operária pode impedi-la de empregar a força para apressar a necessária solução, ela é incapaz de supri-la.

Quanto à ideia de modificar diretamente o estado mental da nação, considerada em conjunto, é uma utopia. Determinando o meio econômico, juntamente com as condições de existência, as ideias do homem, para trocar estas entre todas, seria preciso começar modificando os fenômenos exteriores de que aquelas não são mais que a representação cerebral. A única transformação que se deve propor é a transformação do regime da propriedade, qualquer que seja o ponto de vista sob que se considere a questão, religiosa, moral, política ou econômica.

Do ponto de vista religioso há simplesmente projeção de fenômenos naturais por fora e por cima do mundo real. Subjugados por forças exteriores, os homens encarnaram personagens místicos nessas forças. Hoje em dia as forças naturais, quase dominadas pelo homem, que cada vez se dá conta mais exata dos seus efeitos e as refere às suas verdadeiras causas, não dão já motivo à personificação, à divinização.

Só as forças sociais, juntamente com as da natureza, pesam sobre a existência do homem, dominando-a cada dia de uma maneira mais preponderante. Para se buscar hoje em dia a origem das ideias religiosas há que volver-se ao passado, à origem não explicada das dores sofridas e à sua aparência inevitável metamorfoseada em instituição sobrenatural. Ainda que a massa seja o joguete do modo de produção, as misérias que o regime capitalista cria e aquela sofre conservarão a seus olhos um caráter sobre-humano, e, portanto, persistirá esse terror do desconhecido que a apavora, isto é, o sentimento religioso.

A religião não é outra coisa senão o refluxo das forças sociais na mente, as últimas forças externas cuja maneira de ser faz crer ao homem que dimanam de uma força superior. A emancipação do pensamento está, portanto, unida à emancipação do trabalho, à vida prática. O déspota terrestre, o capitalista, arrastará na sua queda o fantasma celeste; regendo o homem a produção em lugar de ser regido por ela; encontrando enfim o bem-estar sobre a terra; tendo noção clara e precisa de sua situação no universo em geral e na sociedade em particular, desaparecerá universalmente a necessidade desse gênero de esperanças e consolos, que são a consequência da tirania hoje misteriosa para as massas, assim como a crença em um ser supremo, dispensador soberano dos gozos e dos sofrimentos.

Nós, fogosos anticatólicos, ridículos afeiçoados a batismos civis e outros ritos, que imaginamos libertar a sociedade civil de toda a ligação mística e mistificadora, porque comemos carne em sexta-feira santa, fazemos do livre pensamento a primeira condição da regeneração social; e não vemos, ou não queremos ver, que as religiões não são organismos independentes do meio econômico em que se movimentam. Os grupos livre-pensadores, assim como as lojas maçônicas, são excelentes viveiros de candidatos, embusteiros que o uso tem demonstrado serem úteis para saltar nas assembleias eletivas, e nada mais. Não pedirão sequer a supressão do orçamento de cultos, pois como serviço público ou um instrumento de dominação, que vem a ser o mesmo, a religião é um expediente utilíssimo para todo o governo de classe.

Do ponto de vista moral, e sem tratar de atos repreensíveis ou criminosos, os quais, quando não são produtos orgânicos de um gênero particular da competência das casas de saúde, provêm das condições sociais nascidas de uma ordem econômica baseada na persecução desenfreada dos meios de gozo sem o esforço correspondente, consideremos a mancha que a opinião pública lança sobre a maternidade fora do matrimônio e sobre o nascimento ilegítimo. De que provém esta mancha?

Os costumes são as relações que os interesses em contato estabelecem entre os homens. Até hoje só se têm presenciado interesses antagônicos, tendo-se sacrificado sempre uns pela prosperidade de outros. É evidente desde logo que os interesses dos mais fortes têm por si mesmo determinado o sistema de relações entre os homens e imposto as apreciações relativas ao que havia de considerar-se como o bem e ao que devia de ser considerado como o mal. Os costumes preponderantes de uma época são os costumes da classe dominante, e a moral vulgar é sempre a que se conforma com os seus interesses.

Se não se menosprezassem aos jovens que têm um filho, e se se tratasse o filho natural como filho legítimo, a liberdade das relações sexuais estender-se-ia em detrimento do matrimônio. E precisamente o matrimônio é o que imprime à classe possuidora o seu caráter hereditário e desenvolve os seus instintos conservadores.

Assim, portanto, segundo a moral vigente, a honradez para a mulher não casada se estriba na continência: e quando "sucumbe", com que dureza os libertinos lhe lançam ao rosto o insulto, zombando do que chamam a sua desonra! Poucos são os que não seguem a corrente geral. Ainda entre os escritores que têm tratado, porém sem resultado, de o idealizar, o fato de a mulher se entregar ao homem que ama e a deseja, sem que haja sido previamente firmado, publicado e legalizado, é um ato dos mais trágicos.

A utilidade do matrimônio, que é uma escritura de propriedade, um contrato mercantil, antes de ser a união de duas pessoas, deriva da estrutura econômica de uma sociedade baseada na apropriação individual. Ao oferecer garantias para os filhos legítimos e ao assegurar-lhes os capitais paternos, o matrimônio perpetua a dominação da casta detentora das forças produtivas. E notaremos também que, apesar do divórcio, as considerações pecuniárias que presidem à conclusão do matrimônio e representam o papel mais importante, quando muito, manterão de pé, salvo raras exceções, sua indissolubilidade. As suscetibilidades morais cederão ante os interesses materiais procurando evitar toda a irregularidade na conduta de ambos, a fim de não desmanchar um bom negócio.

Transformado o modo de propriedade, e só depois dessa transformação, perderá o matrimônio a sua razão de ser, e então, sem terror do menosprezo, mulheres e homens poderão escutar livremente a voz da sua natureza, satisfazer as suas necessidades amorosas e exercitar todos os órgãos cujo funcionamento regular a higiene exige.

Realizada em favor de todos a igualdade dos meios de ação e desenvolvimento, e convertendo em encargo social a manutenção das crianças, assim como a sua instrução, e livres já da diferença de nascimento, não haverá lugar para a prostituição nem para o matrimônio, que no seu conjunto, não é mais que a prostituição (moralizada) em presença da autoridade. Com efeito, a prostituição consiste na subordinação das relações sexuais a considerações econômicas; e de qualquer modo que se considere, a mulher é hoje a manceba do homem. As que não podem achar um marido encarregado de satisfazer a todas as despesas, vendem-se temporariamente para viver; casadas ou não, em geral vivem do homem e para o homem. Os mais virtuosos protestos em nada modificarão esse costume, o qual se praticará até que a mulher seja emancipada do ponto de vista econômico. Não estando então dominadas as relações sexuais por móbil estranho ao seu fim natural, serão relações essencialmente privadas, e se vazarão unicamente no que as torna dignas, no amor, no desejo mútuo, e serão tão mutáveis como o desejo que as provoca.

Do ponto de vista político, a burguesia afaga os operários dizendo-lhes que, se desejam reformas, são senhores de impô-las, pois possuem o sufrágio universal, que obra nas condições que ela se tem servido indicar, e no momento escolhido também por ela. Seriam, portanto, muito difíceis de contentar se não aceitassem essa arma de papel, com a qual não podem fazer dano algum aos seus adversários.

A minoria detentora dos meios de produção é senhora absoluta da existência de uma maioria que só pode satisfazer as suas mais urgentes necessidades orgânicas com o auxílio do salário. Para obter esse salário indispensável tem que dobrar-se à vontade dos únicos que podem proporcioná-lo, os quais dispõem a seu talante da vida e da liberdade de todos.

A soberania sem a propriedade não só é inútil como o mais pérfido dos laços. Antes do estabelecimento do sufrágio universal, o censo servia de barreira entre possuidores e despossuídos; isentos esses últimos do governo e da propriedade, a sua organização em classe distinta – que ameaçava as prerrogativas capitalistas no dia em que tivessem a consciência clara da inferioridade sistemática em que os mantinham – resultava do ostracismo legal a que estavam condenados.

Do resultado de haver outorgado a todos o direito de participação intermitente nos negócios públicos, sobreveio uma confusão funesta. Os explorados, a quem até então se havia considerado tão somente como assalariados, soldados e contribuintes, foram vítimas de uma ilusão, de que se aproveitou a casta governante: soberanos principalmente, acreditaram os senhores. Obedecendo cada qual à sua educação, às suas preocupações ou ao seu temperamento, se alistaram nos diferentes partidos burgueses, engrossaram as fileiras dos seus inimigos de classe, e deixaram que tal ou qual fração da burguesia, com o auxílio seu, se impusesse às demais.

O operário já não é operário exclusivamente. Querendo votar por correligionários políticos, entrega o poder a homens cujos interesses econômicos se opõem abertamente aos seus; com efeito, não pode haver comunidade de interesse entre o que pode explorar à sua vontade e o que se vê obrigado a aceitar as condições de exploração que se lhe imponham. Os que se achavam sob a dependência econômica da classe burguesa converteram-se, mercê ao sufrágio universal, em fatores da sua própria dominação política. Os governantes burgueses, qualquer que seja a cor da sua bandeira, estão todos de acordo em se oporem a tudo que signifique algum atentado contra a sua propriedade e diminua os seus monopólios de casta. Por isso, se a forma governamental tem avançado um passo com o estabelecimento da República, último termo da evolução puramente política, a organização social, causa inevitável da miséria, não tem variado nem variará enquanto não se modifique a forma da propriedade.

O sufrágio universal encobre, em benefício da burguesia, a verdadeira luta que se deve empreender. Entretém-se o povo com os insucessos políticos, tratando de interessá-lo na modificação de tal ou qual roda da máquina governamental: mas, na realidade, que importa uma modificação, se o objeto da máquina é sempre o mesmo, e sê-lo-á enquanto haja privilégios econômicos que proteger, e que importa muito pouco aos que ela triturará, enquanto exista uma troca de forma no modo de triturá-los?

O pretender conseguir por meio do sufrágio universal uma reforma social, e o querer chegar por esse expediente à destruição da tirania da fábrica, da mais iníqua das monarquias, a monarquia patronal é formar-se uma ideia singularmente falsa do poder de tal sufrágio. Os fatos são incontestáveis; examinem-se os dois países em que o sufrágio se acha estabelecido há mais tempo e favorecido o seu exercício por uma amplitude de liberdade de que todavia não gozamos na França.

Quando a Suíça quis livrar-se da invasão clerical, quando os Estados Unidos quiseram suprimir a escravatura, não puderam conseguir essas duas reformas em nenhum dos dois países em que existia o direito eleitoral, senão empregando a força; a guerra do Sonderbund e a guerra separatista são prova eloquente disso.

Não obstante, como em tudo e para tudo há que se adaptar às condições do meio em que se tem de viver, desde o momento em que o sufrágio universal existe, é preciso atender-se a ele, ajustar-se à situação criada pelo seu estabelecimento e tratar de se utilizar o melhor que se possa de um estado de coisas que não se provocou, mas que nem por isso se deve menos acatar.

O sistema abstencionista não conduziria a coisa alguma. As abstenções aumentam devido a que, não votando em coisa alguma pelo simples desejo de exercer o ato de soberania que consiste em depositar um papel em uma urna, se demonstra cada dia mais a esterilidade do sufrágio universal como instrumento de reformas. Porém, se a ação eleitoral é estéril, a abstenção não o é menos.

As abstenções não interrompem de modo algum a máquina eleitoral, e, ainda que não se tenha participação alguma na fabricação de deputados, estes não deixam de ser eleitos, e assim uns têm que submeter-se às leis confeccionadas por outros. Negando-se a tomar parte nas eleições não se põe nenhum obstáculo à política burguesa.

Deve aproveitar-se o sufrágio universal, posto que existe, mas não se deve exigir o que não pode conceder. O sufrágio deve servir para reparar o mal causado pela fusão política do proletariado e da burguesia, e para formar, independentemente de todos os partidos burgueses, o exército da revolução social. Ao que há que aspirar, especialmente, não é a entrada de alguns socialistas no parlamento, tampouco uma ação parlamentar qualquer, o que se deve procurar é reunir a classe operária disseminada nos diversos partidos republicanos burgueses e separá-la daqueles cujos interesses econômicos são opostos aos seus. Como meio de agrupar o proletário para a luta, o sufrágio universal pode contribuir em acentuar a divisão entre as classes confundidas politicamente por este; porém, isto é tudo o que ele pode realizar.

O meio de apressar, com auxílio do sufrágio universal, essa formação do exército trabalhador é a candidatura de classe, que continua, na política, a luta de classe que rege o nosso estado social, acentuando no terreno eleitoral o antagonismo entre aqueles que, quaisquer que sejam as suas opiniões políticas, detenham os meios de produção, e os que não possuindo mais que a sua força de trabalho têm que se adaptar, para viver, às exigências dos primeiros.

Porém, não devem confundir-se a candidatura de classe e a candidatura operária. Como essa última não é outra coisa senão a candidatura de um operário de ideias mais ou menos radicais, longe de ter para a burguesia uma significação hostil, será pouco a pouco abraçada e sustentada por ela; este é um novo laço armado à simplicidade de um proletariado que começa a desconfiar dos políticos de profissão, a compreender que foi burlado por eles e que, se legalmente foi proclamado soberano, na realidade continua sendo escravo.

Dever-se-á conservar a confiança do proletariado, que diminui, propondo aos seus sufrágios um dos seus. Com a candidatura operária se tratará de impedir que a guerra entre operários e burgueses suceda às inocentes escaramuças entre republicanos de diversos matizes. Quer seja um burguês, quer seja um operário alistado sob qualquer bandeira da burguesia, o que saia eleito, o resultado será o mesmo. A candidatura operária, quando não é outra coisa que a candidatura de um operário, é uma farsa; é necessário que a candidatura de classe leve à esfera política a guerra de classe que enche as páginas da história, e para efetuar isso deve eleger-se o candidato em virtude dos serviços que pode prestar e não do estado que exerça.

Com efeito: se assim como o enfermo tem uma noção mais precisa da sua dor do que o médico que lhe assiste, o operário tem mais que ninguém uma ideia exata das privações que sofre; assim também, ao tratar-se do remédio conveniente, os operários considerados unicamente como operários não são mais aptos para indicar a solução da questão social que os enfermos para descobrir o tratamento que convém. Quando a sua competição nessa matéria existe, provém de estudos especiais e não da sua posição de operários. Depois disso: é necessário acrescentar que não empreendemos campanha alguma para obter na atualidade os direitos políticos da mulher, e que desde logo a quimera da candidatura feminina não nos conta no número dos seus partidários, por mais que, nos grupos do partido operário, a mulher seja considerada como inteiramente igual ao homem.

Convencidos de que o direito do sufrágio é importante para conseguir a emancipação humana, não cometeremos a falta de perder um tempo precioso em perseguir um fim que, ainda que se alcançasse, seria incapaz de melhorar a situação da mulher. Isso seria, para ela e para aqueles cujos esforços houvessem sido estéreis, um engano mais que teriam que juntar aos já causados pelo sufrágio universal; somente que dessa vez a responsabilidade cairia por completo sobre os que se deixaram levar por um sentimentalismo demasiado irreflexivo. A emancipação feminina está subordinada à transformação econômica, e unicamente trabalhando em prol desta se fará alguma coisa na realidade pela primeira vez; o operar de outro modo é tornar-se cúmplice, consciente ou inconscientemente, de extravios prejudiciais aos interesses que se aparenta defender.

Do ponto de vista econômico tem-se falado de associação. Porém, associação operária é quimérica para tudo o que é indústria moderna, posto que esta absorve cada vez mais a maioria dos operários, dada a forma gigantesca que reveste o instrumento de trabalho e o acréscimo de antecipações necessárias para a criação de uma empresa.

Que significaria a economia operária, ainda supondo que fosse praticável comparada com a indispensável acumulação dos capitais? Além do que, se por um caso excepcional pudesse estender-se a economia, seria um novo engano. Quem diz economia generalizada diz diminuição de consumo, isto é, diminuição da procura de produtos; é, portanto, diminuição da produção e aumento das crises forçadas, em prejuízo dos que não podem viver a não ser com a condição de estarem ocupados.

Com respeito à intervenção do Estado, ao conceder créditos às associações operárias possibilitando fazer à burguesia uma guerra com êxito, e tendendo, por conseguinte, a diminuir os seus benefícios, como a burguesia é que dirige o Estado, ela terá o cuidado – digam o que quiserem alguns hábeis que aspiram a tornar-se populares, reclamando com estrondo o que sabem que não se pode obter – de não proporcionar ao proletariado a possibilidade de arruiná-la em um prazo mais ou menos remoto. Quanto à pequena indústria, em que o instrumento de trabalho, de pouco valor, torna mais exequível a possibilidade da associação, semelhantes associações tropeçam na prática com obstáculos difíceis senão impossíveis de vencer.

Impedindo o modesto capital às fábricas cooperativas o acometer empresas importantes, e não lhes permitindo tampouco fornecer a prazo aos seus clientes, coloca-as, com respeito aos patrões, na posição desfavorável do pequeno produtor em frente do produtor em grande escala, com outra desvantagem sobre os donos de pequenas fábricas, a quem nada impede, quando escasseia o trabalho, despedir todo ou parte do pessoal assalariado, pois não lhes preocupa sequer o saber como viverão os seus operários quando não trabalham, ocupando-se somente em diminuir as suas despesas; enquanto a fábrica cooperativa, não podendo despedir os seus associados, os quais ainda que não trabalhem têm necessidade de subsistir, se veria obrigada a gastar os seus fundos ou a contrair dívidas. Os períodos de prosperidade, longe de aproveitar ao operário, haveriam de consagrar-se a cobrir o *déficit* produzido na caixa durante a paralisação dos negócios; o operário trabalharia, o mesmo que anteriormente, para o capitalista, que então se chamaria credor em vez de se chamar patrão, e considerar-se-ia afortunado se não consumasse a sua ruína.

A maior parte das vezes, essas associações cooperativas só tendem à emancipação de uns quantos, e, quando por acaso prosperam, convertem-se em patronos coletivos que se aproveitam do trabalho de simples assalariados e repartem os benefícios entre vários acionistas, sem lembrarem dos antigos companheiros de miséria mais que para explorá-los.

Quando se pondera que, em uma indústria privilegiada como a tipografia, muitos milhares de operários se encontram impossibilitados de intentar a sua emancipação, por incompleta que seja, mediante a associação operária, é preciso convir que esse exemplo, panaceia favorita dos reformadores charlatões, só prova uma coisa: a impotência da sociedade cooperativa e a impossibilidade de generalizá-la. Outro remédio dos mais cacarejados consiste na participação dos benefícios; e explica-se o interesse com que se aconselha este modo particular de retribuição, pois hoje está já demonstrado que unicamente beneficia aos capitalistas, os quais, graças a esse sistema, recolhem por um lado mais do que aparentam prodigalizar por outro.

A participação nos benefícios, fazendo crer ao operário que trabalha para si e que logrará maior produto quanto mais trabalhe, sujeita o operário à fábrica, suprime as greves, assegura a diminuição das despesas gerais pela economia das matérias-primas e obriga o operário a produzir a maior quantidade possível de trabalho, precipitando-se assim, pelo excesso de produção que disto resulta, o advento da paralisação e o das crises periódicas. A participação nos benefícios não é, portanto, senão um meio de aumentar o grau de exploração.

Há a acrescentar que a esfera em que é aplicável, isto é, útil aos patrões, é limitada. Onde os movimentos do operário têm que se adaptar forçosamente aos movimentos não interrompidos da máquina, onde o emprego da matéria-prima pode calcular-se exatamente, onde a vigilância é fácil, a participação, sendo improdutiva para o capitalista, não é nem nunca será aplicável. Há quem fale de transformar a sorte da classe operária por um aperfeiçoamento do nosso sistema de impostos, e sobretudo pela abolição dos direitos de consumo.

O nosso sistema fiscal prejudica extraordinariamente os artigos de primeira necessidade; a modificação desse sistema melhoraria imediatamente a posição do operário, porém só seria uma melhoria passageira. O salário tende a reger-se pelo preço das subsistências indispensáveis do trabalhador, e, supondo que se diminui o seu preço pelo rebaixamento dos arbítrios, o salário concluiria enfim por baixar. Quanto mais barata é a vida, menor é o salário, e a situação real seria a mesma que antes dessa reforma improvável. Em definitivo, uma diminuição no preço das suas subsistências não aproveitaria mais ao assalariado que a diminuição no preço da paga ao animal que a come.

Por outro lado, a experiência já se realizou. Na Bélgica suprimiram-se os direitos de consumo em 1860; o operário belga paga, anualmente, uma quantidade média de impostos muito menor que o operário parisiense; está por isso menos explorado? Em que é preferível a sua existência a dos nossos proletários? A sujeição operária é independente do sistema de contribuições.

Com respeito ao livre câmbio e à proteção, panaceias exaltadas por alguns são simplesmente disputas entre capitalistas, que não interessam absolutamente nada à classe operária. Uns necessitando proteger o seu campo de exploração nacional, ameaçado pela competição estrangeira, reclamam gravames sobre os produtos estrangeiros; outros, necessitando o livre acesso do mercado universal, para poderem estender a sua exploração, aspiram à liberdade de câmbio. Todos pensam unicamente na sua manutenção proveitosa de uma potência que nasce exclusivamente do modo de apropriação, e que dá origem às desordens econômicas e às misérias proletárias.

Seria uma ingenuidade pensar em persuadir os capitalistas a que renunciem à ordem de coisas de que desfrutam. Uma melhoria, nociva para eles, e efetuada, sem dúvida, por eles próprios, na sorte do trabalhador, é tão inverossímil como a intervenção do Espírito Santo. Não acertaremos nunca em figurá-los no interessante papel de empobrecidos por persuasão. Crê-se, não obstante, que essa problemática ação voluntária será substituída pela ação legislativa? Porém, como esperar dos homens da burguesia, como deputados, o que não se pode esperar deles como patrões, o que recusam individualmente quando os seus operários solicitam um ligeiro aumento de salário ou uma redução de trabalho?

Para modificar o homem e as suas instituições é necessário primeiro modificar o meio econômico que as produz. Uma transformação social como a abolição da escravatura nos Estados Unidos e a abolição do regime do salário atualmente entre nós, se bem conforme com as condições econômicas do momento, não se efetua sem uma perturbação violenta. A antiga ordem de coisas, matriz do organismo superior chamado a suceder-lhe não sofre sem resistência a aparição dos elementos novos que ela própria criou: todo o parto vai acompanhado de efusão de sangue. E não seria apenas por se falar em nome do direito que se evitaria o recorrer à força. Passaram os tempos em que os hebreus, fazendo ressoar as suas trombetas, derrubavam as muralhas de Jericó; as frases mais retumbantes sobre o direito e a justiça não arrancariam nem uma pedra da fortaleza capitalista. Se do ponto de vista subjetivo é certo que a força não pode constituir direito, na realidade sucede o contrário: a força constitui o direito no sentido de que todo o direito não sancionado pela força é limitado no domínio especulativo.

## VI – A NOSSA REVOLUÇÃO

A experiência da história demonstra-nos que uma classe não abdica; uma casta proprietária não se desapossa espontaneamente. Pôr o interesse geral sobre o interesse particular, quando entre si são antagônicos, é um ato de generosidade que só podem efetuar isoladamente certos indivíduos. E assim: com a competição que rege a produção, um patrão não pode pagar aos seus operários um salário maior que os seus competidores, sem correr o risco de se arruinar e expor-se assim a não lhes poder pagar nem pouco nem muito; porém, este é um sacrifício de que não é capaz uma classe considerada como tal. O grande revolucionário Augusto Blanqui, na França, e Marx, na Alemanha, foram os primeiros que afirmaram que não havia convenção possível e que a transformação social se levaria a cabo, não com a burguesia ou pela burguesia, mas sim contra a burguesia. Apertada nas suas últimas trincheiras, o mais que fará será conceder algumas reformas, a fim de calar reivindicações alarmantes. Certamente, os socialistas não veriam com desgosto que a burguesia entrasse nesse caminho.

Por exemplo, acolheriam com entusiasmo a limitação das horas de trabalho. As horas extenuantes empregadas em enriquecer os capitalistas poderiam utilizar-se então em benefício da ação política e da propaganda socialista, a que é fisicamente refratário o operário que passa doze ou quinze horas nos presídios industriais. A desdita, a penúria, a grande miséria, o padecimento constante, longe de excitar os ânimos e reanimar os espíritos, deprimem as inteligências e abatem o valor, criam a prostração e não a fogosidade.

Conceder reformas equivale a proporcionar-nos armas, a tornar-nos mais fortes contra os nossos adversários, os quais se debilitam à medida que nos fortalecemos. O apetite abre-se comendo. Quanto mais se obtém, mais se exige; assim, as reformas efetuadas, em vez de conter o movimento revolucionário, excitarão à luta, tornando ao mesmo tempo, essas reformas, os homens mais aptos para lutar. Os socialistas tirarão, portanto, vantagem de todas as reformas. Mas essas reformas, conquistadas por partes, não evitarão de nenhum modo o combate final, posto que, por muitas que sejam as concessões de privilégios que faça a burguesia sob a pressão dos acontecimentos, essa classe quererá sempre conservar alguns.

Deplorável ou não, a força é o único meio de proceder à renovação econômica da sociedade. Ainda que os interesses que representa o partido operário são os da maioria, só milita nele a minoria consciente do proletariado, e, sem dúvida, chama em seu auxílio a força. Que cegueira! dirão alguns. Ao criticar-se sobre esse ponto, não se tem em conta que a maior parte das revoluções são obra de minorias, cuja vontade tenaz e decidida foi auxiliada pela apatia de maiorias menos enérgicas. Estaríamos em plena república se, para estabelecê-la, se houvesse esperado a adesão da maioria do país à ideia republicana?

O número é uma força, porém não constitui exclusivamente a força; pode ser tão somente um dos elementos dela e ter igual valor que o grau de desenvolvimento, a energia, a organização, as armas de que se dispõe. Além disso, o número não basta para economizar o emprego da força. O terceiro estado estava em 1789 em maioria na nação e nos Estados Gerais; apesar dessa posição, sucumbiria sem o 14 de julho: "aquela escaramuça – declarava a 29 de junho de 1880 na tribuna do Senado um historiador burguês M. Henri Martin – salvou o futuro da França".

Em matéria de revolução, não preguemos a arte pela arte, tal como essas pessoas sem caráter como Pyat[2], revolucionários de ópera-cômica, bajulando o povo, falando da pólvora num estilo ambíguo, mas apenas fugindo do con-

---

2. Félix Pyat foi um político, jornalista e autor que se destacou por ter desafiado Proudhon em duelo (1848) e incentivado vários movimentos incitando o povo para a luta durante os anos 1848 a 1880, mas sempre fugindo ou se exilando quando a situação ficava 'quente' demais.

fronto, brindando às balas, mas com o cuidado "de se retirar antes de os fuzis atirarem". A revolução não é nosso objetivo, apenas o meio que as circunstâncias nos impõem para alcançá-lo.

Ao que nos propomos não é a instauração, por meio de um ato de violência, de uma forma social cujo plano tenhamos na mente; mas a substituição da ordem capitalista pela ordem dos elementos, como antes se viu, se desenvolvem cada dia mais no próprio seio da atual ordem de coisas. Essa transformação acha-se subordinada ao prévio advento do poder político. A classe operária deve apoderar-se do governo pela força, que em suas mãos será o instrumento com que se levará a cabo a expropriação econômica da burguesia e a apropriação coletiva dos meios de produção. A primeira coisa que se deve fazer é despojar a burguesia do governo, assim como esta despojou dele a nobreza. Com efeito, o Estado não é outra coisa senão o aparelho governamental que permite manter sob o domínio dos possuidores a classe despossuída, e se a burguesia consolida esse instrumento de dominação, é para se servir dele de uma maneira legal ou ilegal no dia em que se vir em perigo. É necessário, portanto, tirar-lhe em primeiro lugar toda a possibilidade de resistência.

É assim que a lógica ensina a proceder, e é assim que procedeu o terceiro estado. A primeira coisa que fez foi apoderar-se do governo, e depois atacou a propriedade. A revolução burguesa foi tão duradoura que os representantes da sociedade aristocrática foram impotentes em 1815, ainda com o auxílio do estrangeiro, para ressuscitar a antiga ordem de coisas, a qual, entre parênteses, demonstra a eficácia desse método revolucionário. A carta bourbonista viu-se obrigada a consagrar a irrevogabilidade das aquisições feitas pelos detentores dos bens nacionais; a questão de propriedade, base do edifício social, tal como havia sido regulamentada, ficou a salvo.

Como uma revolução social não é um fenômeno espontâneo nem local, não podemos declarar-nos partidários dos movimentos parciais devidos à iniciativa de individualidades, de grupos, nem de cidades, pois semelhantes movimentos diminuem as filas dos revolucionários sem nenhuma compensação. A *comuna*, cujo aniversário celebramos como o de uma etapa da evolução socialista, não triunfou por haver cometido a falta gravíssima de limitar a sua ação a Paris. A emancipação de Paris vai unida à emancipação da França operária; quase todos os parisienses que se bateram em 1871 o fizeram pelas ideias burguesas de federalismo e de comunismo, quando haveria sido mister sublevar, ou, pelo menos, tratar de sublevar, toda a massa operária do país, interessando-a diretamente na luta.

A tarefa dos revolucionários não consiste em determinar o momento dessa revolução, que surgirá fatalmente das complicações econômicas e políticas de que a Europa será o seu teatro. Uma vez demonstrada a tendência dos fenômenos econômicos, uma vez analisados e conhecidos os elementos materiais da transformação que se prepara, os revolucionários nada terão a fazer senão organizar os elementos intelectuais, recrutar o exército capaz de fazer redundar em seu proveito os sucessos que se elaboram, e ter a força operária disposta para as lutas que provocará necessariamente o desenfrear dos antagonismos sociais.

Os revolucionários não hão de escolher as suas armas como tampouco o dia da revolução. Neste ponto, só terão que se preocupar com uma coisa: a eficácia das suas armas, sem se inquietarem com sua natureza. Não há dúvida de que, a fim de assegurar as probabilidades de vitória, deverão ser aquelas superiores às dos seus adversários, e, por consequência, haverão de utilizar todos os recursos que a ciência põe à disposição dos que têm alguma coisa que destruir.

Em resumo, o proletariado deve recorrer à força para conquistar o poder político, cuja posse é indispensável para chegar à sua emancipação. À força burguesa, à legalidade burguesa, à sistematização da força posta continuamente ao serviço dos privilégios econômicos da burguesia, é necessário opor a força operária, a qual, uma vez senhora do poder político, criará por sua vez uma nova legalidade, e procederá legalmente à expropriação econômica daqueles a quem derrubou violentamente do poder. Esse modo de ação está prescrito pelos fatos: os que empregam a força só podem ser vencidos pela força.

Quanto à transformação econômica, que tem de se efetuar legalmente, são igualmente os fatos os que formarão os elementos diretivos das modificações sucessivas que haverão de levar-se a cabo.

O fim do socialismo é proporcionar a cada um os meios de pôr em atividade as suas faculdades desenvolvidas, enquanto hoje a ação da maioria se acha subordinada a um capital de que carece, e nós outros sabemos que esse fim não se pode conseguir senão pela socialização das forças produtivas.

Onde os meios de trabalho se encontrem em mãos de quem os põe em movimento, ainda que afetem a forma de apropriação individual, o partido operário deixará livre a ação dos acontecimentos, que eliminam dia a dia essa forma de apropriação.

Por exemplo, no caso do lavrador que cultiva, ele próprio, o pedaço de terra que possui; do pequeno industrial que maneja o mesmo e modesto instrumento de trabalho que lhe pertence, há esforço pessoal, não existe exploração. Longe de serem exploradores, são também, por sua vez, explorados e vítimas do intermediários financeiros e comerciais aos quais necessitam recorrer forçosamente. Não há em tal caso lugar para confiscação; a única coisa que lhes arrebatará a sua pequena propriedade serão as necessidades da produção, a que tarde ou cedo terão que submeter-se.

Não obstante, enquanto os fatos tenham efetuado essa expropriação inevitável e tenham obrigado o lavrador a ser, em vez de proprietário nominal de uma porção de terra gravada com hipotecas, e que só lhe proporcionava uma vida enfadonha e penosa, coproprietário do solo nacional com remuneração equivalente ao tempo de trabalho, o partido operário o interessará na ordem comunista.

Tão depressa tenha alcançado o poder, o proletariado anunciará aos lavradores a anulação de todas as dívidas não hipotecárias, a supressão do imposto territorial em particular, a faculdade de pagar em espécie todas as coisas e a confiscação em benefício da coletividade das dívidas hipotecárias, reduzidas a 50%, pondo além disso, gratuitamente à sua disposição: pastos, sementes e máquinas agrícolas. O lavrador proprietário individual da terra que ele próprio cultiva acharia assim benéfico para si o novo regime, até o dia em que a necessidade resultante da competição das grandes propriedades atuais socializadas, ou as vantagens reais que verá dimanar da exploração do solo, o fizesse renunciar à propriedade exclusiva do seu pedaço de terra.

A modificação econômica da ordem social é imediatamente possível em tudo o que seja indústria moderna e comércio, em grande escala, desde que se haja efetuado a concentração dos capitais. No tocante ao que se encontre em poder do Estado, não haverá a menor dificuldade.

É preciso juntar à posse dos serviços públicos a supressão dessa espantosa dívida de um bilhão e duzentos milhões de francos de juros que a França paga anualmente, ou seja, 32 francos por cabeça, 160 francos, termo médio, por família de cinco pessoas.

Com respeito ao que se ache constituído sob a forma societária, tampouco ocorrerá dificuldade de gênero algum; a única coisa que haverá que fazer será anular os títulos; ações ou obrigações, reduzindo todos esses papéis pintados ao seu valor de peso. Uma vez realizada, a apropriação coletiva dos capitais reverterá assim, em lugar da forma societária que só beneficia a alguns e a quase todos prejudica, a forma social em benefício de todos.

Isto será pura e simplesmente uma recuperação. Porém, a ideia de expropriação sem nenhuma indenização faz com que os defensores da burguesia deem o grito de alarme.

De onde saiu essa propriedade, que ainda não conta um século de existência? De uma expropriação parecida como a que tanto lhes repugna. A nobreza e o clero foram expropriados sem nenhuma indenização, assim como os seus bens, e, o que é mais grave, uma parte dos bens comunais foram transformados em domínios privados. A venda desses bens, pura e simplesmente confiscados, dos quais, apesar de solenes promessas, os proletários não perceberam nem um só átomo que fosse, segundo um dos homens que mais conscienciosamente têm estudado o período revolucionário, Jorge Avenel, "uma espécie de orgia territorial, em que todos os capitalistas fizeram o seu gosto".

Não se vê, nos nossos dias, que as fábricas de tecidos mecânicos têm expropriado do seu instrumento de trabalho os proprietários de teares de mão? Tem-se, acaso, indenizado por aqueles teares, que tiveram de queimar? As estradas de ferro, em cada nova linha inutilizam um serviço de diligências; indenizam acaso os empresários dela? Pois bem: o interesse público é que exige igualmente a expropriação da burguesia, do mesmo modo, sem indenização de espécie alguma.

Em oposição de que fez o terceiro estado, praticando o que se chama "tira-te tu que me quero eu pôr", a expropriação socialista será uma expropriação em benefício de todos. Havendo ingressado todos os capitais na coletividade, o capitalista haverá desaparecido como capitalista; como homem, os meios de produção socializados estarão à disposição da sua atividade em igualdade de condições como para todos, e, o mesmo que todos, perceberá a retribuição correspondente ao tempo que trabalhe. Se é velho ou está impossibilitado, a coletividade atenderá à sua subsistência, como atenderá também amplamente a de todos os velhos e enfermos.

Em definitivo, a evolução do meio econômico tende fatalmente a fazer desaparecer a apropriação estritamente individual. Tal é o fato contra o qual nada podem as nossas preferências pessoais. Porém, se a centralização das forças econômicas, que é cada dia mais completa, tem por termo necessário a apropriação coletiva, só no momento em que, em consequência da ação revolucionária da classe produtora e não proprietária, haja aquela entrado no seu período socialista, essa evolução inevitável não se duplicará, como no regime capitalista, com a miséria dos trabalhadores e a ruína dos proprietários expropriados.

# O Capital

DESENVOLVIMENTO
DA PRODUÇÃO CAPITALISTA

# Seção Primeira
# MERCADORIA E MOEDA

## Capítulo I
## A MERCADORIA

I. Valor de uso e valor de troca. Valor, sua substância. Magnitude do valor, tempo de trabalho socialmente necessário. II. Duplo aspecto do trabalho. Duplo caráter social do trabalho privado. Redução de toda a classe de trabalho a certa quantidade de trabalho simples. III. O valor, realidade social, só aparece na troca. Forma do valor. IV. Aparência material do caráter social do trabalho.

A mercadoria, isto é, o objeto que, em vez de ser consumido por quem o produz, está destinado à troca e à venda, é a forma elementar da riqueza das sociedades em que impera o regime da produção capitalista. O ponto de partida do nosso estudo deve ser, por conseguinte, a análise da mercadoria.

I – Valor de uso e valor de troca

Consideremos dois objetos, por exemplo, uma mesa e uma quantidade de trigo. Em virtude das suas qualidades particulares, cada um desses objetos serve para satisfazer necessidades distintas; ambos são, portanto, úteis ao homem que faz uso deles.

Para se converter em mercadoria um objeto deve ser, antes de tudo, uma coisa útil, uma coisa que ajude a satisfazer necessidades humanas dessa ou de outra espécie. A utilidade de uma coisa, utilidade que depende das suas qualidades naturais, aparece no seu uso ou consumo, e faz dela um *valor de uso*.

Destinado por quem os confecciona a satisfazer as necessidades ou as conveniências de outros indivíduos, um objeto é entregue pelo produtor àquela pessoa a quem é útil, a quem quer usá-lo, em troca de outro objeto, e por esse ato se converte em mercadoria. A proporção variável, em que umas mercadorias de espécie diferente se trocam entre si, constitui o seu *valor de troca*.

### Valor, sua substância

Consideremos a relação de troca de duas mercadorias: 75 quilogramas de trigo, por exemplo, igualam a 100 quilogramas de ferro. Que quer isto dizer? Que nesses dois objetos diferentes, trigo e ferro, há alguma coisa de comum.

O que existe de comum não pode ser uma propriedade natural das mercadorias: pois não se têm em conta as suas qualidades naturais, mas sim porque essas qualidades lhes dão uma utilidade que as constitui em valores de uso.

Na sua troca, e isto é o que caracteriza a relação da mesma, não se atende à sua utilidade respectiva, e só se considera se se encontram respectivamente em quantidade suficiente. Como valores de uso, as mercadorias são, antes de tudo, de qualidade distinta; como valores de troca, só podem ser diferentes em quantidade.

Prescindindo das propriedades naturais, do valor de uso das mercadorias, só fica a estas uma qualidade: a de serem produtos do trabalho. Nesse conceito, posto que em uma mesa, em uma casa, em um saco de trigo etc., devemos fazer caso omisso da utilidade desses objetos, da sua forma útil particular, não temos que nos preocupar com o trabalho produtivo especial do marceneiro, do pedreiro, do lavrador etc., que lhes dão aquela forma particular.

Desfigurando assim nesses trabalhos a sua própria fisionomia, só nos resta o seu caráter comum; desde cujo momento todos eles ficam reduzidos a um gasto de força humana de trabalho, isto é, a um desgaste do organismo do homem, sem consideração pela forma particular em que se gastou essa força.

Resultantes de um gasto de força humana em geral, amostras do mesmo trabalho indistinto, as mercadorias manifestam unicamente que, na sua produção, se gastou uma força de trabalho; ou, de outro modo, que nelas se acumulou trabalho.

As mercadorias são valores, pelo que são a materialização desse trabalho, sem examinar a sua forma. O que de comum se observa na relação da troca ou no valor da troca das mercadorias é o seu valor.

## MAGNITUDE DO VALOR,
### TEMPO DE TRABALHO SOCIALMENTE NECESSÁRIO

A substância do valor é o trabalho; a medida da quantidade de valor é a quantidade de trabalho, que por sua vez se mede pela duração, pelo tempo de trabalho.

O tempo de trabalho que determina o valor de um produto é o tempo socialmente necessário não em um caso particular, mas sim por termo médio, isto é, o tempo que requer todo o trabalho executado com o grau médio de habilidade e de intensidade e nas condições ordinárias com relação ao meio social convencionado.

A magnitude do valor de uma mercadoria não sofreria alteração se o tempo necessário para a sua produção continuasse sendo o mesmo; porém, este varia cada vez que se modifica a produtividade do trabalho, isto é, com cada modificação que se introduz na atividade dos processos ou das condições exteriores, mediante as quais se manifesta a força do trabalho; a produtividade do trabalho depende, portanto, entre outras coisas, da habilidade média dos trabalhadores, da extensão e eficácia dos meios de produzir e de circunstâncias puramente naturais: a mesma quantidade de trabalho está representada, por exemplo, por oito fangas[3] de trigo, se a estação for favorável, e por quatro no caso contrário.

Em regra geral, a produtividade do trabalho aumenta; diminuindo o tempo necessário para a produção de um artigo o valor deste diminui, e ao inverso, se a produtividade diminui, o valor aumenta. Porém, quaisquer que sejam as variações da sua produtividade, o mesmo trabalho, funcionando durante igual tempo, cria sempre o mesmo valor, único que prové em um tempo determinado uma quantidade maior ou menor de valores de uso ou objetos úteis, segundo aumente ou diminua a sua produtividade.

Ainda quando, graças a um aumento de produtividade, produzam-se, ao mesmo tempo, duas roupas, em vez de uma, cada roupa continuará tendo a mesma utilidade que tinha antes de se duplicar a produção; porém, com as duas roupas podem vestir-se dois homens em lugar de um; portanto, há um aumento de riqueza material. Não obstante, o valor do conjunto de objetos úteis segue sendo o mesmo: duas roupas feitas, em um tempo igual ao empregado anteriormente em fazer uma, não valem mais do que antes valia uma só.

Uma modificação na produtividade que torne mais fecundo o trabalho aumenta a quantidade de artigos que esse trabalho proporciona, e por conseguinte, a riqueza material; porém, não modifica o valor dessa quantidade assim

---
3. Antiga medida de capacidade para secos e líquidos.

materialmente aumentada, se continua sendo igual o tempo total de trabalho empregado na sua fabricação.

Sabemos que a substância do valor é o trabalho. Sabemos também que a sua medida é a duração do trabalho.

Uma coisa pode ser valor de uso, sem ser um valor; basta para isso que seja útil ao homem, sem que provenha do seu trabalho. Assim sucede com o ar, as florestas naturais, uma terra virgem etc. Um valor de uso só tem valor quando haja nele acumulada uma certa soma de trabalho humano.

Por exemplo, a água que corre em um rio, ainda que útil para muitas necessidades do homem, não tem, sem dúvida, valor algum; porém, se por meio de cântaros ou tubos se transporta a água a um quinto andar, adquire imediatamente valor porque, para fazê-la chegar até àquele ponto, se gastou certa quantidade de força humana.

Uma coisa pode ser útil e ser produto do trabalho sem ser mercadoria. Todo aquele que, com o seu produto, satisfaz as suas próprias necessidades, só cria um valor de uso por sua conta pessoal. Para produzir mercadorias, há que produzir valores de uso, com o fim de os entregar ao consumo geral por meio da troca.

Por último, nenhum objeto pode ter valor se não for útil; se um objeto for inútil, como se gastou inutilmente o trabalho que contém, não cria o valor.

## II – Duplo aspecto do trabalho

O trabalho do marceneiro, o do pedreiro, do lavrador etc. criam valor pela sua condição comum de trabalho humano; porém, não formam uma mesa, uma casa, certa quantidade de trigo etc., em suma, diferentes valores de uso, mas sim porque possuem qualidades diferentes.

Toda classe de trabalho supõe, por um lado, gasto físico de força humana, sendo sob esse conceito de igual natureza e formando o valor das mercadorias. Por outro lado, todo o trabalho implica gasto da força humana, sob uma ou outra forma produtiva determinada por um fim particular, e nesse conceito de trabalho útil diferente produz valores de uso ou coisas úteis.

### Duplo caráter social do trabalho privado

Ao conjunto de objetos úteis de toda espécie, exigidos pela variedade das necessidades humanas, corresponde um conjunto de obras ou trabalhos igualmente variados. Para satisfazer as diversas necessidades do homem, o trabalho apresenta-se, portanto, sob formas úteis distintas, do qual resulta uma multidão inumerável de indústrias.

Ainda que executadas independentemente uma das outras, segundo a vontade e desígnio particular de seus produtores, sem relação aparente, as diversas especialidades de trabalhos úteis manifestam-se como partes, que se completam entre si, do trabalho geral destinado a satisfazer a soma de necessidades sociais.

Os ofícios individuais, cada um dos quais corresponde quando mais a uma ordem de necessidades, cuja variedade indispensável não resulta de nenhum convênio prévio, formam na sua totalidade como os elos do sistema social de divisão do trabalho, que se adapta à diversidade infinita das necessidades.

Dessa maneira, trabalhando os homens uns para os outros, as suas obras privadas revestem, por essa única razão, um caráter social; porém, essas obras têm também um caráter social pela sua semelhança no conceito do trabalho humano em geral, não aparecendo essa semelhança mais que na troca, isto é, em uma relação social que os coloca frente a frente, sob uma base de equivalência, não obstante a sua diferença natural.

## REDUÇÃO DE TODA A CLASSE DE TRABALHO A CERTA QUANTIDADE DE TRABALHO SIMPLES

As diversas transformações da matéria natural e a sua adaptação às distintas necessidades humanas, que constituem toda a tarefa do homem, são mais ou menos penosas de efetuar, e por consequência os diferentes gêneros de trabalho de que resultam são mais ou menos complicados.

Porém, quando falamos do trabalho humano do ponto de vista do valor, consideramos tão somente o trabalho simples, isto é, o gasto da simples força que todo o homem, sem educação especial, possui no seu organismo. É certo que o trabalho simples, médio, varia segundo os países e as épocas, porém sempre se acha determinado em uma dada sociedade, isto é, em cada sociedade.

O trabalho superior não é outra coisa que trabalho simples multiplicado, podendo ser sempre reduzido a uma quantidade maior de trabalho simples: um dia ou jornada de trabalho, superior ao complicado, pode equivaler, por exemplo, a dois dias ou jornadas de trabalho simples.

A experiência ensina que essa redução de todo o trabalho a determinada quantidade de uma só espécie de trabalho se faz diariamente em toda a parte. As mercadorias mais diversas acham a sua expressão uniforme em moeda, isto é, em uma massa determinada de ouro ou de prata. E só por esse fato, ou diferentes gêneros de trabalho, cujo produto são as mercadorias, por complicados que sejam, reduzem-se em uma dada proporção, ao produto de um trabalho único, o que prove o ouro ou a prata. Cada gênero de trabalho representa somente uma quantidade deste último.

## III – O VALOR, REALIDADE SOCIAL, SÓ APARECE NA TROCA

As mercadorias são tais mercadorias por serem ao mesmo tempo objetos de utilidade e porta-voz. Por conseguinte, só podem entrar na circulação caso se apresentem sob uma dupla forma: a sua forma natural e a sua forma de valor. Considerada isoladamente uma mercadoria, como objeto de valor, não pode ser apreciada. Em vão diremos, com efeito, que a mercadoria é trabalho humano materializado; o reduzimos à abstração do valor sem que a mais leve partícula de matéria constitua esse valor, e em um ou outro caso só haverá uma forma palpável – a sua forma natural de objeto útil.

Se recordarmos que a realidade das mercadorias, no conceito de valores, consiste em que são a expressão diversa da mesma unidade social, do trabalho humano, parece evidente que essa realidade, puramente social, só pode manifestar-se nas transações sociais; o caráter de valor manifesta-se nas relações das mercadorias umas com outras e só nessas relações.

Os produtores do trabalho revelam na troca, como valores, uma existência social sob idêntica forma, distinta da sua existência material, e sob formas diversas, como objetos de utilidade. Uma mercadoria expressa o seu valor pelo fato de poder trocar-se por outra; em uma, pelo fato de se apresentar como valor de troca, e só desse modo.

Se o valor se manifesta na relação de troca, a troca não cria o valor, antes pelo contrário, o valor da mercadoria é o que rege as suas relações de troca e determina as suas relações com as demais. Para melhor compreensão faremos a seguinte comparação:

Pesado uma saca de açúcar, só a sua aparência, porém, não o indica, e menos ainda qual seja o seu peso. Consideremos diferentes pedaços de ferro de peso conhecido. A forma material do ferro, como a do açúcar, não é, por si mesma, uma indicação da pesagem; os pedaços de ferro, postos em relação com a saca de açúcar, nos darão a conhecer o peso deste. Assim, portanto, a magnitude de seu peso que não aparecia, considerado sob a saca isoladamente, manifesta-se quando se põe em relação com o ferro; porém, a relação de peso entre o ferro e o açúcar não é a causa da existência do peso do açúcar, antes pelo contrário, esse peso determina a relação.

A relação do ferro com o açúcar é possível porque esses dois objetos tão diferentes pelo seu uso têm uma propriedade comum, a pesagem, e nesta relação o ferro só se considera como um corpo que representa peso: não se têm em conta as suas outras propriedades e serve unicamente como medida de peso. De igual modo, ao expressar um valor qualquer – por exemplo, vinte metros de tecido valem um vestido –, a segunda mercadoria não representa mais que valor; a utilidade particular do vestido não se tem em conta nesse caso, e só serve como medida de valor de tecido.

Porém, aqui acaba a semelhança. Na expressão de peso da saca de açúcar, o ferro representa uma qualidade comum a ambos os corpos, porém, é uma qualidade natural, a sua pesagem; na expressão de valor do tecido com o vestido, este representa seguramente uma qualidade comum a ambos os objetos, porém, já não é uma qualidade natural, mas sim uma qualidade de origem exclusivamente social, qual é o seu valor. A mercadoria, que tem um duplo aspecto, objeto de utilidade e valor, não aparece, portanto, tal como é, mas sim quando se deixa considerá-la isoladamente, quando, pela sua relação com outra mercadoria, pela possibilidade de ser trocada, adquire o seu valor uma forma apreciável, a forma de valor de troca, distinta da sua forma natural.

## FORMA DO VALOR

No conceito de valores, todas as mercadorias são expressões da mesma unidade, trabalho humano, substituíveis mutuamente. Uma mercadoria pode, por consequência, trocar-se por outra mercadoria. Em realidade há impossibilidade de troca imediata entre as mercadorias. Uma só mercadoria reveste a forma suscetível de troca imediata em todas as outras, sabendo-se que as mercadorias possuem uma forma especial de valor: a forma monetária. Essa forma monetária tem o seu fundamento na simples forma da relação de troca que é: 20 metros de tecido valem um vestido ou 75 quilogramas de trigo valem 100 quilogramas de ferro etc.

Primeiramente, qualquer mercadoria se troca, com respeito a essa fórmula, por outra mercadoria diferente de qualquer classe que seja. Isso é o que ocorre nas trocas isoladas, em que uma só mercadoria expressa acidentalmente o seu valor em outra também única mercadoria. Em segundo lugar, uma mesma mercadoria se troca, não já ao acaso, com outra, mas sim regularmente com várias outras: 20 metros de tecido, por exemplo, valem alternativamente um vestido, 75 quilogramas de trigo, 100 quilogramas de ferro etc., em cujo caso uma mercadoria expressa o seu valor em uma série de mercadorias, enquanto, no caso anterior, o expressava em uma só.

Até agora não há mais que uma mercadoria que expressa o seu valor, primeiramente em outra mercadoria e depois em várias. Cada mercadoria tem que buscar a sua forma ou formas de valor, não existindo uma forma de valor comum para todas as mercadorias.

Na fórmula que precede vemos que 20 metros de tecido valem um vestido ou 75 quilogramas de trigo, ou 100 quilogramas de ferro etc. Não trocando a mercadoria, cujo valor se quer expressar, e que é o tecido, variam as que expressam o seu valor, sendo ora um vestido, ora o trigo, ou ainda o ferro etc. A mesma mercadoria, o tecido, pode ter tantas representações do seu valor quantas são as diferentes mercadorias.

E como, pelo contrário, quisemos que uma só representação refletisse o valor de todas as mercadorias, invertamos o nosso exemplo deste modo, um vestido vale 20 metros de tecido, 75 quilogramas de trigo valem 20 metros de tecido e 100 quilogramas de ferro valem 20 metros de tecido etc. Essa fórmula, que é a precedente invertida, a qual era por sua vez o desenvolvimento da forma simples da relação de troca, dá-nos, por último, uma expressão uniforme de valor para o conjunto das mercadorias. Todas têm já uma medida comum de valor, o tecido, que, sendo suscetível de troca imediata com elas, é, para todas, a forma de existência do seu valor.

Desde o ponto de vista do valor, as mercadorias são coisas puramente sociais e a sua forma do valor deve, portanto, revestir uma forma de valorização social. A forma do valor não adquire consistência, a não ser desde o momento em que se tenha unido a um gênero especial de mercadorias, a um objeto único universalmente aceito. Esse objeto único, forma oficial dos valores, podia ser, em princípio, uma mercadoria qualquer; porém, a mercadoria especial, com cuja forma natural se confundiu pouco a pouco o valor, é o ouro. Substituindo na nossa última fórmula, o tecido pelo ouro, obteremos a forma monetária como medida do valor; todas as mercadorias são reduzidas a certa quantidade de ouro.

Antes de conquistar historicamente esse monopólio social da forma do valor, o ouro era uma mercadoria como qualquer outra, e só porque representava de antemão o papel de mercadoria ao lado das outras funciona hoje como moeda em face das diversas mercadorias. Como toda mercadoria, o ouro apresentou-se primeiro acidentalmente nas trocas isoladas. Pouco a pouco funcionou, em uma esfera mais ou menos limitada, como medida geral do valor. Na atualidade, as trocas de produtos verificam-se exclusivamente pela sua mediação.

A forma monetária como medida de valor aparece hoje como sua forma natural. Dizendo-se que o trigo, um vestido, um par de botas, se referem no tecido como a medida de valor, como a encarnação geral do trabalho humano, salta imediatamente à vista o estranho caso de tal proposição.

Porém, quando os produtores dessas mercadorias, em vez de referi-las ao tecido, as referem ao ouro ou à prata, o que no fundo é o mesmo, a proposição deixa de surpreendê-los. Não parece que uma mercadoria se haja convertido em moeda, porque as outras mercadorias expressam nela o seu valor, antes, pelo contrário, parece que as mercadorias expressam nela o seu valor porque é moeda.

## IV – Aparência material do caráter social do trabalho

Essa forma monetária ou dinheiro contribui, portanto, para dar uma ideia falsa das relações dos produtores, cujas relações põem os produtos em presença uns dos outros para trocá-los, comparando os seus valores; isto é, comparando o trabalho de diferente gênero que cada qual contém no conceito de trabalho humano semelhante, e prestando assim a esse trabalho e aos seus produtos um aspecto social distinto do seu aspecto natural.

E os produtos do trabalho, que em si próprios são coisas simples e fáceis de compreender, tornam-se complicados, cheios de sutilezas e enigmáticos, enquanto considerados como objetos de valor, prescindindo da sua natureza física; em uma, desde que se convertam em mercadoria.

O valor de troca, que verdadeiramente não é outra coisa que a maneira social de contar o trabalho investido na fabricação de um objeto, e que, por consequência, só tem uma realidade social, chegou a ser familiar para todo o mundo, que parece ser, como a forma monetária para o ouro e a prata, uma propriedade íntima dos objetos.

Tendo aparecido no período histórico em que domina o sistema mercantil de produção, esse caráter de valor tomou o aspecto de um elemento material das coisas, inseparável delas e eterno, posto que existem sistemas de produção em que a forma social dos produtos do trabalho se confunde com a sua forma natural, em lugar de ser distinta dela, em que os produtos se apresentam como objetos de utilidade sob diversos conceitos e não como mercadorias que se trocam reciprocamente.

Essa aparência material que se dá a um fenômeno puramente social, essa ilusão de que as coisas têm uma propriedade natural, mediante a qual se trocam em determinadas proporções, converte, aos olhos dos produtores, o seu próprio movimento social, as suas relações pessoais para a troca dos seus produtos, em movimento das próprias coisas, movimento que os arrasta, sem que, pelo menos, o possam dirigir. A produção e suas relações, criação humana, regem o homem em lugar de estarem subordinados a ele.

Um fato análogo se observa na nebulosa região do mundo religioso. Nessa região, os produtos do cérebro humano convertem-se em deuses, tomando o aspecto de seres independentes, dotados de corpos próprios, que se comunicam entre si e com os homens, o mesmo ocorre com os produtos manuais no mundo mercantil.

## Capítulo II
# DAS TROCAS

Relações dos possuidores das mercadorias. Condições dessas relações.
A relação da troca dá lugar à forma monetária. A forma monetária está ligada aos metais preciosos.

### Relações dos possuidores das mercadorias
### Condições dessas relações

Não podendo as mercadorias irem, só por si, ao mercado, nem se trocarem elas próprias entre si, os seus possuidores, para as porem em contato, têm que pôr-se, por sua vez, em mútuas relações. De sorte que cada um se apropria da mercadoria alheia abandonando-lhe a própria, por meio de um ato voluntário comum.

Assim, portanto, para que a alienação seja recíproca, os possuidores devem reconhecer-se tacitamente como proprietários privados das coisas alienáveis. Essa relação jurídica, cuja forma é o contrato, não é outra coisa senão a relação das vontades em que se reflete a relação econômica. As pessoas só existem em tal caso a título de representantes da mercadoria que possuem.

Para o dono de uma mercadoria, que quer trocá-la por outra, essa mercadoria não é um valor de uso, um objeto de utilidade; se lhe fosse útil não procuraria desfazer-se dela. A única utilidade que o mercador encontra na sua mercadoria é que pode ser útil aos outros, e que, por conseguinte, é um instrumento de troca e de determinado valor. Desde esse ponto aspira a aliená-la por outras mercadorias, cujo valor de uso possa satisfazer as suas necessidades pessoais.

Todas as mercadorias são o contrário de valores de uso ou valores negativos para os que as possuem, e valores de uso positivos para os que carecem delas, sendo, portanto, necessário que variem de dono, variação que constitui precisamente a sua troca. Porém, a troca não as relaciona umas com outras, a não ser no conceito de valores; só depois da troca vêm a ser valores de uso para o novo possuidor, que as adquiriu atendendo à sua utilidade. É necessário, portanto, que as mercadorias se manifestem como valores antes que possam realizar-se como valores de uso.

É necessário, além disso, que o seu valor de uso esteja demonstrado antes que as mercadorias possam realizar-se como valores; porque só se realizam como valores pela condição de que se demonstre que o trabalho convertido em produzi-las as torne em uma forma útil aos outros; e essa condição só se prova quando há alguém que queira adquiri-las atendendo à sua utilidade; em suma: a utilidade das mercadorias só se demonstra pela sua troca.

Em resumo, só quando são úteis se podem apresentar as mercadorias como valores; se bem que devem ter-se apresentado como valores antes de manifestarem a sua utilidade. Como ficarão satisfeitas essas condições para os possuidores das mercadorias?

## A RELAÇÃO DA TROCA DÁ LUGAR À FORMA MONETÁRIA

Nessa situação, as mercadorias só podem manifestar o seu caráter de valor e a quantidade deste caso se coloquem sobre uma base de igualdade com uma quantidade determinada de uma coisa útil, cujo valor esteja já demonstrado.

Duas mercadorias manifestam o seu valor pela sua comparação com uma terceira mercadoria, cuja utilidade, já reconhecida, dá corpo ao valor das outras duas. Essa terceira mercadoria converte-se em moeda, segundo vimos no capítulo precedente. A relação da troca é a que origina necessariamente a forma monetária.

O desenvolvimento histórico da produção e da troca tem dado, cada vez mais, aos produtores do trabalho o caráter de mercadorias – de produtos para outros; uma parte, cada vez maior, de objetos úteis produz-se intencionalmente para a troca, isto é, até na sua produção os objetos não são considerados, do ponto de vista da sua utilidade, a não ser como valores. A fim de efetuar a troca, era necessário poder comparar o seu valor respectivo, e, não podendo fazer-se essa comparação senão mediante outra mercadoria, a necessidade do comércio deu assim origem a uma forma palpável que permite comparar os objetos do ponto de vista do valor.

Essa forma palpável que se adere, ao princípio, ora a uma ora a outra mercadoria acaba por se aderir exclusivamente a uma espécie particular de mercadoria. De comum acordo, uma mercadoria especial que se separa das outras serve para expor os seus valores recíprocos. A forma natural dessa mercadoria fica estabelecida socialmente como a forma de existência do valor, e funciona como moeda convertendo-se em dinheiro.

## A FORMA MONETÁRIA ESTÁ LIGADA AOS METAIS PRECIOSOS

A causalidade decide primeiramente sobre que gênero de mercadorias tem de fixar-se a forma monetária; porém, essa forma não tarda em ligar-se às mercadorias que, pelas suas propriedades naturais, são mais aptas para essa função social, isto é, aos metais preciosos.

Com efeito, todas as amostras desses metais são idênticas no conceito das qualidades, e só umas matérias semelhantes podem ter forma própria para manifestar o valor, para servir de imagens palpáveis do trabalho humano. Além disso, como as mercadorias em conceito de valores só diferem pela sua quantidade, a mercadoria com função de moeda deve ser suscetível de diferenças quantitativas, a fim de adaptar-se às variações de quantidade.

O valor de uso do ouro e da prata, convertidos em mercadoria com função de moeda, é duplo: além da sua utilidade como mercadorias, pois servem de matéria-prima para fabricar muitos artigos, têm uma utilidade particular pela sua função como moeda. A relação social da troca, que transforma o ouro e a prata em moeda, não lhes dá o seu valor, que já tinham antes de ser moeda; só lhes dá essa forma especial de valor. O fato de se saber que o ouro tem esta forma especial de valor – a forma monetária – que o torna suscetível de troca imediata com todas as outras mercadorias, implica que se saiba quanto vale, por exemplo, 100 moedas-padrão de ouro. Como toda a mercadoria, o ouro não pode expressar a sua própria quantidade de valor senão em outras mercadorias, e basta ler em sentido inverso uma tarifa de preços correntes para encontrar a quantidade de valor do ouro expressa em todas as mercadorias imagináveis.

## Capítulo III
# A MOEDA OU A CIRCULAÇÃO DAS MERCADORIAS

I. Medida dos valores. A forma de preço. II. Circulação das mercadorias. Curso da moeda. O numerário ou as espécies e o papel-moeda. III. Reservas de ouro e de prata ou tesouros. O dinheiro como meio de pagamento. A moeda universal.

### I – Medida dos valores

Suponhamos, para maior clareza, que o ouro seja a mercadoria com função de moeda. Realmente, nos países, como a França, em que duas mercadorias, o ouro e a prata, desempenham legalmente a função de medida do valor, só uma delas se mantém no seu posto.

A primeira função do ouro consiste em prover ao conjunto das mercadorias a matéria em que expressam os seus valores, como produto de qualidade igual, comparáveis, portanto, no conceito de quantidade. Desempenha, portanto, o papel de medida universal dos valores. Porém, não é o ouro convertido em moeda o que torna as mercadorias comensuráveis; ao contrário, porque são comensuráveis, sendo de igual qualidade em conceito de valores e força materializada, podem achar todas juntas a sua magnitude de valor em uma mercadoria convertida em medida comum. Essa medida dos valores mediante as moedas não é mais que a forma que deve revestir necessariamente a sua medida efetiva, que será sempre o tempo de trabalho.

## A FORMA DE PREÇO

A expressão em ouro da magnitude de valor de uma mercadoria é a sua forma monetária ou o seu preço.

O preço das mercadorias não é coisa aparente, por si próprio. O possuidor vê-se obrigado a pôr-lhes umas etiquetas para anunciar o seu preço, para representar a sua igualdade com o ouro. Não há comerciante que não saiba perfeitamente que não necessita nem um grão de ouro efetivo para estimar em ouro o valor de milhões de mercadorias. Ainda quando, na sua função de medida dos valores, só se emprega a moeda como moeda imaginária, nem por isso a determinação dos preços deixa de depender completamente da matéria da moeda. Se essa matéria fosse cobre em vez de ouro, os valores estariam representados por quantidades de cobre diferentes das quantidades de ouro ou, por outros termos, por preços diferentes.

Como quantidades diferentes de uma mesma coisa, do ouro, comparam-se e medem-se entre si, e daqui a necessidade de referi-las a uma quantidade de ouro que se fixa como termo de comparação, como unidade de medida, devendo ter esta quantidade de ouro uma autenticidade social, e determinada por lei. Dividida em partes iguais, essa quantidade fixa de metal converte-se em tipo dos preços.

Por consequência, o ouro desempenha aqui uma segunda função. Sabemos que, como medida dos valores, serve para transformar os valores das mercadorias em supostas quantidades de ouro, em preços; agora, como tipo dos preços, mede essas diversas quantidades de ouro por uma quantidade fixa e refere-as a um peso fixo de ouro. Os preços ou as quantidades de ouro, em que se transformam imaginariamente as mercadorias, expressam-se desde esse momento com os nomes monetários desse peso fixo, unidade de medida e de suas subdivisões, por exemplo, em francos.

Os preços indicam, portanto, duas coisas ao mesmo tempo: a magnitude do valor das mercadorias e a parte do peso de ouro convertido em unidade de medida, pela qual são trocáveis imediatamente. Se o preço, como indício da magnitude do valor da mercadoria, é a indicação da sua relação de troca com a moeda, só se tem de deduzir a indicação da sua relação de troca com a moeda, pois se confunde necessariamente com a indicação da sua magnitude de valor.

Com efeito, a magnitude de valor expressa a relação íntima que existe entre uma mercadoria e o tempo de trabalho social necessário para produzi-la. Desde que o valor se converte em preço, essa relação aparece como relação de troca da mercadoria com a moeda. Porém, a relação de troca pode expressar ora o próprio valor da mercadoria ou ainda, pouco mais ou menos, o que a sua troca produz acidentalmente em dadas circunstâncias.

Suponhamos que um saco de trigo se produz no mesmo tempo de trabalho que 13 gramas de ouro, e que o nome monetário desses 13 gramas de ouro seja o de duas moedas-padrão; a expressão moeda do valor do saco de trigo, ou o seu preço, será duas moedas-padrão.

Ainda que as condições da produção não variem, sendo necessário o mesmo tempo de trabalho, caso se apresentem circunstâncias que permitam estimar o saco de trigo em três moedas-padrão ou obrigam a baixá-lo a uma moeda padrão, em tal caso três moedas-padrão e uma moeda padrão são expressões que aumentam ou diminuem o valor do trigo, e, sem dúvida, são os seus preços, porque expressam a relação de troca do trigo e da moeda.

É, portanto, possível que exista uma diferença quantitativa entre o preço de uma mercadoria e a sua magnitude de valor, cuja possibilidade provém do duplo papel que representa a mesma forma de preço.

No preço, isto é, no nome monetário das mercadorias, a sua equivalência com o ouro não é, todavia, um fato consumado. Para produzir praticamente o efeito de um valor de troca, a mercadoria deve deixar de ser ouro simplesmente imaginário e converter-se em ouro real e positivo; para dar-lhe um preço basta declará-la igual a uma quantidade de ouro também imaginário; porém, há que substituí-la por ouro efetivo que preste ao seu possuidor o serviço de procurar, por meio de troca, as coisas de que necessita.

A forma de preço manifesta simplesmente que as mercadorias são alienáveis e em que condições o seu possuidor quer aliená-las. Os preços são como olhares amorosos que as mercadorias lançam ao dinheiro; para que o dinheiro se deixe atrair pelas mercadorias é preciso que o seu valor útil esteja reconhecido. Não falamos dos erros mais ou menos intencionais que se cometem ao fixar os preços, cujos erros são bem de pronto corrigidos pela tarifa dos concorrentes.

## II – Circulação das mercadorias

A troca transporta as mercadorias das mãos em que são valores de uso negativo às mãos em que servem de valores de uso. Chegadas ao ponto em que servem de objetos de utilidade, as mercadorias desaparecem da esfera das trocas e caem no domínio do consumo, o qual somente se verifica após uma série de mudanças de forma.

Consideremos no mercado um permutador qualquer, um tecelão. Troca a sua mercadoria, 20 metros de tela, por exemplo, por duas moedas-padrão de ouro; depois do qual troca essas duas moedas-padrão por um vestido. O tecelão, desta forma, aliena o tecido, que para ele não é mais que portador do valor, pelo ouro, e o ouro, figura do valor do tecido, por outras mercadorias – o vestido – que vem a ser para ele valor de uso. De cuja operação resulta que o tecelão se apropriou, em lugar da sua primeira mercadoria, de outra mercadoria de igual valor, porém de utilidade diferente, proporcionando-se, dessa maneira, meios de subsistência e de produção.

Em último resultado, o tecelão não faz mais que substituir uma mercadoria por outra, ou trocar produtos. Porém, ao efetuar-se essa troca, dá lugar a duas transformações opostas e complementares: transformação da mercadoria em dinheiro e nova transformação do dinheiro em mercadoria, cujas transformações representam, do ponto de vista do possuidor da mercadoria, dois atos: venda ou troca da mercadoria por dinheiro e compra ou troca do dinheiro pela mercadoria. O conjunto dos dois atos contidos na operação (tecido → dinheiro → vestido) ou o que é o mesmo (mercadoria → dinheiro → mercadoria) resume-se assim: vender para comprar.

O mesmo ato, que é venda para o tecelão, é compra para o que dá duas moedas-padrão pelo seu tecido; e essas duas moedas-padrão eram já o produto de uma venda em mãos do comprador do tecido. Porque, a parte da troca do ouro em sua fonte de produção, isto é, no ponto onde se troca como produto imediato do trabalho por outro produto de igual valor, o ouro representa, nas mãos de cada produtor que permuta, um preço de mercadoria realizado.

Suponhamos que o comprador do tecido obteve duas moedas-padrão pela transformação de um saco de trigo em dinheiro, e veremos, em tal caso, que o tecido que, como coisa vendida, é o princípio do movimento da troca (tecido → dinheiro → vestido), como coisa comprada é o *terminus* de outro movimento de troca (trigo → dinheiro → tecido). Por outro lado, o ato, que é compra para o tecelão, é venda para o estilista, que, por sua vez, converte as duas moedas-padrão procedentes da venda do traje em outra mercadoria, em uma pipa de vinho, por exemplo. O *terminus* do movimento (tecido → dinheiro → vestido) é, deste modo, o princípio de outro movimento (vestido → dinheiro → vinho).

A primeira transformação de uma mercadoria – o tecido – é, portanto, a última de outra – o trigo. A última transformação da mesma mercadoria – o tecido – é a primeira de outra – o traje – e assim sucessivamente. O conjunto desses movimentos que se encadeiam constitui a circulação das mercadorias.

Como a circulação de mercadorias conduz, segundo acabamos de ver, em cada um dos seus movimentos particulares, a uma troca de produtos, essa circulação de mercadorias distingue-se essencial-mente da sua troca imediata. Não resta dúvida de que o nosso tecelão trocou definitivamente a sua mercadoria, isto é, o tecido, por outra que é o traje; porém, esse fato só é verdadeiro do seu ponto de vista. O vendedor do vestido, ante o qual se apresentou o tecelão com o ouro, representação do valor do seu tecido, não julgou provavelmente que trocava o seu vestido por tecido. A mercadoria do estilista substituiu a mercadoria do tecelão; porém, tecelão e estilista, nas condições gerais da circulação das mercadorias, não trocaram os seus produtos reciprocamente, não veem mais que a moeda, e as moedas não podem dizer por qual artigo foram trocadas.

A circulação não acaba tampouco, como a troca imediata, na troca de dono dos produtos. O dinheiro não desaparece. No movimento (tecido → dinheiro → vestido), o tecido, vendido a quem o quer usar, sai da circulação, substituindo-o o dinheiro; o vestido sai depois, substituindo-o também o dinheiro, e assim sucessivamente. Quando a mercadoria de um permutador, que nesse caso é o alfaiate, substitui a de outro – o tecelão – o dinheiro passa sempre a um terceiro – o vendedor de vinho.

A compra é o complemento forçoso da venda; porém, não é forçoso que essas duas operações complementares se sucedam imediatamente; pode separá-las um período de tempo mais ou menos longo. Se a separação das duas operações se prolonga demasiado, a sua união íntima demonstra-se pela crise que manifesta.

## Curso da moeda

Desde o momento que o vendedor completa a venda pela compra, o dinheiro sai das suas mãos. No nosso exemplo, a moeda passa das mãos do tecelão às do estilista e das deste às do mercador do vinho, realizando sucessivamente o preço da sua mercadoria. O movimento que a circulação de mercadorias imprime à moeda alija-a, portanto, do seu ponto de partida, para transmiti-la, sem interrupção, de mão em mão; isto é o que se chama curso da moeda. Trata-se agora de saber a quantidade de moeda que o movimento de circulação pode absorver.

Em um país realizam-se diariamente vendas, mais ou menos numerosas, de diversas mercadorias. O valor das mercadorias vendidas achava-se representado, antes da sua venda, pelo seu preço, isto é, por uma suposta quantidade de ouro. A moeda realiza o preço dessas mercadorias, transmitindo-as do vendedor ao comprador; em outros termos, representa realmente as quantidades de ouro já representadas imaginariamente no total dos preços; a quantidade de dinheiro exigida pela circulação de todas as mercadorias que existem no mercado acha-se determinada, portanto, pelo total dos seus preços. Sempre que varie esse total, variará na mesma proporção a massa da moeda circulante.

Certas variações dessa massa dependem, em último resultado, da moeda, do próprio ouro. Antes que o ouro funcione como medida de valor, o seu próprio valor se acha determinado, e, se funciona como tal, deve-se a ser um produto do trabalho, isto é, um valor variável. Neste conceito, cada vez que o seu valor sofrer alteração, alterar-se-á evidentemente a estimação do valor das mercadorias, feita em regra ao seu. Se o valor do ouro aumenta, se, por exemplo, se duplica, uma moeda padrão valerá o que antes valiam duas moedas-padrão, e as mercadorias que valiam duas moedas-padrão valerão quatro. Há que admitir, naturalmente, em ambos os casos, que o valor particular das mercadorias, isto é, que o tempo necessário para a sua produção, continua sendo o mesmo.

Assim, portanto, os preços, estimativa do valor das mercadorias em ouro, variam com o valor deste; e, como não há alteração no valor das mercadorias, os preços baixam se aumenta o valor do ouro, e sobem se diminui. Achando-se determinada a quantidade de moeda corrente pelo total de preços que devem realizar-se, toda a variação nesses preços produz uma alteração na quantidade da moeda circulante, cuja variação pode depender, segundo temos visto, da mesma moeda, pela sua qualidade, não de instrumento de circulação, mas sim de medida de valor. Dito isso, suponhamos que o valor do ouro se acha estabelecido, como o está efetivamente, no momento de fixar os preços.

Consideremos certo número de vendas sem relação entre si, por exemplo, as vendas isoladas de um saco de trigo, de vinte metros de tecido, de um vestido e de uma pipa de vinho. Sendo o preço de cada artigo duas moedas-padrão, para realizar o preço das quatro haveria que colocar oito moedas-padrão em circulação.

Pelo contrário, se essas mesmas mercadorias formam a série de transformações expostas no parágrafo precedente: um saco de trigo – duas moedas--padrão – um vestido – duas moedas-padrão – vinte metros de tecido – duas moedas-padrão – um barril de vinho – duas moedas-padrão; as mesmas duas moedas-padrão que se detêm na mão do mercador de vinho põem em circulação as quatro mercadorias, realizando o seu preço sucessivamente; em cujo caso, a velocidade do curso da moeda supre a sua quantidade.

A troca de lugar, quatro vezes repetida, das duas moedas-padrão, resulta das transformações completas (sua venda seguida de compra) e, em relação uma com outras, do trigo, do tecido, que termina com a primeira transformação da pipa de vinho. Os movimentos complementares entre si, que formam essa série, verificam-se sucessivamente; necessitam mais ou menos tempo para se realizar, e a velocidade do curso da moeda que, segundo acabamos de ver, inclui na sua quantidade mede-se pelo número de mutações das mesmas moedas em um dado tempo. Suponhamos que a circulação das nossas quatro mercadorias dura um dia; a massa de moeda corrente, duas moedas-padrão, multiplicada pelo número de mutações, isto é, por quatro, é igual ao total do preço das mercadorias, ou seja, oito moedas-padrão.

A circulação em um país compreende durante um dado tempo as vendas ou compras isoladas, isto é, as transformações parciais em que só a moeda troca de lugar uma vez, e as séries de transformações mais ou menos extensas, em que as mesmas moedas experimentam translações mais vultosas ou menos numerosas. Cada uma das moedas que compõe a soma total de dinheiro em circulação funciona, portanto, com atividade diferente; porém, o conjunto das moedas realiza semelhanças, durante um determinado tempo, um total de preços; por consequência, estabelece-se uma velocidade média no curso da moeda. Conhecida essa velocidade média, fica determinada a massa de ouro que pode funcionar como instrumento da circulação, posto que essa massa multiplicada pelo número médio das suas mutações deve ser igual ao total dos preços que há que realizar.

A velocidade do curso da moeda só indica a velocidade das transformações das mercadorias, a maior ou menor rapidez com que desaparecem da circulação e a sua substituição por novas mercadorias.

No curso rápido da moeda aparece a união da venda e da compra como dois atos alternativamente realizados pelos mesmos permutadores. Pelo contrário, a lentidão do curso da moeda manifesta a separação dessas duas operações, e a interrupção da trocas de forma das mercadorias. É muito comum a tendência em explicar essa interrupção pela quantidade insuficiente de moeda circulante, sendo assim que (e isto é o resultado precedente) a quantidade dos meios de circulação, em um dado período de tempo, acha-se determinada pelo preço total das mercadorias circulantes e pela velocidade média das suas transformações, em dinheiro, por meio da venda, e em outras mercadorias, por meio da compra.

## O NUMERÁRIO OU AS ESPÉCIES E O PAPEL-MOEDA

O numerário tem a sua origem na função que desempenha a moeda como instrumento de circulação. O peso do ouro adotado como unidade de medida e suas subdivisões devem apresentar-se ante as mercadorias no mercado, sob a forma de numerário ou de espécies cunhadas. Da mesma maneira que o estabelecimento da unidade de medida, o cunhar é da incumbência do Estado. O ouro e a prata revestem assim, no conceito de numerário, uma forma oficial, um uniforme nacional, que abandonam no mercado do mundo.

As moedas de ouro ou de prata desgastam-se mais ou menos na sua circulação e perdem, por consequência, maior ou menor quantidade de peso. Espécies de igual nome, que vêm a ser, deste modo, de valor desigual por carecerem do mesmo peso, consideram-se iguais em circulação. Ainda quando perdem parte do seu peso, conservam o seu valor nominal. A circulação tende, portanto, a transformar o numerário em um emblema do seu peso metálico oficial.

A função numerária do ouro, desprendida assim do seu valor metálico pelo roçar da sua circulação, pode ser desempenhada por coisas relativamente sem valor, tais como uns pedaços de papel. E, desde esse momento, como a moeda, no conceito de numerário ou instrumento de circulação, fica reduzida a ser o signo de si própria, pode substituir-se nessa função com simples signos.

É apenas necessário que o signo da moeda, o papel-moeda seja, como ela, socialmente valorizado, caráter que adquire pela ação do Estado. Além disso, ocupando o lugar da moeda, o papel-moeda deve ser proporcionado, na sua emissão, à quantidade de moeda que representa e que realmente deveria circular. No caso em que exceda essa proporção legítima, os fatos o reduziriam ao tipo indicado. Se a massa de papel-moeda chegasse a ser o duplo da proporção devida, uma nota de 20 moedas-padrão, por exemplo, não representaria mais que dez moedas-padrão. Não se trata aqui mais que do papel-moeda posto em circulação pelo Estado e com curso forçado.

### III – Reservas de ouro e de prata ou tesouros

Ao desenvolver-se a circulação das mercadorias desenvolvem-se também a necessidade e o desejo de adquirir e de conservar o que no regime da produção mercantil constitui o nervo de todas as coisas: o dinheiro.

Todo produtor deve fazer provisão do dinheiro. Com efeito, as necessidades do produtor renovam-se sem cessar e impõe-lhe constantemente a compra de mercadorias alheias, enquanto a produção e a venda das suas exigem mais ou menos tempo e dependem de mil eventualidades. Para poder comprar sem vender, é preciso antes haver vendido sem comprar. As mercadorias não se vendem a partir desse momento para comprar imediatamente outras, mas para substituí-las pelo dinheiro que se conserva, e se vai empregando segundo as necessidades. A moeda retida intencionalmente na sua circulação petrifica-se, por assim dizer, convertendo-se em tesouro, e o vendedor transforma-se em acumulador de dinheiro. Formam-se, deste modo, em todos os pontos que se encontram nas relações de negócios, reservas de dinheiro nas mais diversas proporções.

Como vimos, a quantidade de moeda corrente acha-se determinada pelo total dos preços das mercadorias circulantes e pela velocidade da sua circulação. Essa quantidade aumenta, portanto, ao mesmo tempo em que as mercadorias circulam, e diminui com ela. Por consequência, umas vezes deve entrar em circulação uma maior massa de moeda, e outras deve sair da circulação uma parte. Essa condição cumpre-se por meio das reservas de dinheiro que entram ou saem da circulação, isto é, pela forma entesourada.

### O DINHEIRO COMO MEIO DE PAGAMENTO

Na forma de circulação das mercadorias examinadas até aqui, alguns permutadores apresentam-se com a mercadoria e outros com o dinheiro. Sem dúvida, à medida que se desenvolve a circulação, desenvolvem-se também várias circunstâncias que tendem a estabelecer um intervalo mais ou menos longo, entre a venda da mercadoria e a realização do seu preço.

Algumas espécies de mercadorias exigem mais tempo do que outras para a sua produção; as épocas de produção não são as mesmas para todas etc. Pode ocorrer, portanto, que um dos permutadores esteja disposto a vender, enquanto o outro não tem ainda meios para comprar. Quando as mesmas transações se renovam constantemente entre as mesmas pessoas, as condições de venda e compra das mercadorias regulam-se segundo as condições da sua produção. Um venderá uma mercadoria presente, o outro comprará sem pagar imediatamente na qualidade de representante de dinheiro convencionado. O vendedor torna-se credor e o comprador devedor: o dinheiro adquire uma nova função, torna-se meio de paga.

A aparição simultânea em uma venda de mercadoria e de dinheiro deixa de existir. Desde esse momento, o dinheiro funciona principalmente como medida de valor para conhecimento do preço da mercadoria vendida. Estabelecido mediante contrato, esse preço indica a obrigação do comprador, isto é, a soma de dinheiro de que é devedor a prazo fixo.

Funciona, além disso, como meio de compra imaginária. Ainda que só exista na promessa do comprador, lhe transfere sem dúvida a mercadoria. Ao terminar o prazo somente entra, como meio de paga, na circulação, isto é, passa das mãos do comprador às do vendedor. Como meio de circulação o dinheiro convertia-se em tesouro porque o movimento de circulação se havia detido na sua primeira metade, não seguindo à venda a compra.

Como meio de paga, só entra em circulação quando a mercadoria tenha saído dela. O vendedor transformava a mercadoria em dinheiro para satisfazer as suas necessidades por meio da compra de objetos úteis; o acumulador de dinheiro, para o conservar sob a sua forma de permutabilidade imediata, com toda a classe de mercadorias, isto é, sob a sua forma dinheiro; e o comprador-devedor para poder pagar. Se não efetua essa transformação, se não paga no vencimento, tem lugar uma venda forçada da sua fazenda. A troca da mercadoria em dinheiro constitui, portanto, uma necessidade social que se impõe ao produtor-permutador, independentemente das suas necessidades e caprichos pessoais.

Os pagamentos a efetuar podem compensar-se, quando em vez de se efetuarem de fato se saldam reciprocamente anulando-se. Tendo isso em conta, organizam-se instituições a fim de realizar essas compensações que diminuem a massa de numerário empregado. Além disso, circula em um tempo determinado, um dia, por exemplo, certa quantidade de dinheiro destinada a pagar as obrigações que se vencem nesse dia e que representam mercadorias muito tempo já fora da circulação. Nessas condições, a quantidade de moeda que circula em certo período, dada a velocidade dos meios de circulação e dos meios de paga, é igual ao total dos preços das mercadorias a realizar, acrescentando a este o total dos pagamentos que cumprem nesse período e descontando, por exemplo, o total dos pagamentos que se compensam.

A moeda de crédito (letras, vales etc.) tem a sua origem imediata na função do dinheiro como meio de paga. Os certificados que acreditam as dívidas contraídas pelas mercadorias compradas circulam também, por sua vez, para transferir a outros os créditos que representam. À medida que se estende o sistema de crédito, a moeda, como meio de paga, reveste formas especiais de existência, mercê das quais se regulam as grandes operações comerciais, enquanto as espécies de ouro e prata ficam reduzidas principalmente no comércio varejista. Estabelecem-se em cada país certos *terminus* gerais, certas épocas determinadas em que os pagamentos se fazem em grande escala; e a função do dinheiro como meio de paga exige acumulação das somas necessárias para as datas dos vencimentos.

### A MOEDA UNIVERSAL

Ao sair da circulação interna de um país, o metal em forma de moeda abandona as formas locais que havia revestido para recobrar a sua primitiva forma de barra ou lingote.

No recinto nacional da circulação, uma só mercadoria é a que pode servir de medida de valor; no mercado universal reina uma dupla medida de valor: o ouro e a prata.

# Seção segunda
# TRANSFORMAÇÃO DO DINHEIRO EM CAPITAL

## Capítulo IV
## FÓRMULA GERAL DO CAPITAL

Circulação simples das mercadorias e circulação do dinheiro como capital. A mais-valia.

**CIRCULAÇÃO SIMPLES DAS MERCADORIAS E CIRCULAÇÃO DO DINHEIRO COMO CAPITAL**

A circulação das mercadorias é o ponto de partida do capital; este só aparece quando a produção mercantil e o comércio alcançaram certo grau de desenvolvimento. A história moderna do capital data da criação do comércio e do mercado de ambos os mundos no século XVI.

Já vimos que a forma imediata da circulação das mercadorias é (20 metros de tecidos → 2 moedas-padrão → 1 traje) ou (mercadoria → dinheiro → mercadoria), transformação da mercadoria em dinheiro e nova transformação do dinheiro em mercadoria; ou seja: vender para comprar.

Porém, ao lado dessa forma encontramos outra inteiramente distinta (dinheiro → mercadoria → dinheiro) transformação do dinheiro em mercadoria e nova transformação da mercadoria em dinheiro; ou seja: comprar para vender. Todo o dinheiro que realiza esse movimento se converte em capital.

Convém observar que esse movimento, comprar para vender, não se diferencia da forma ordinária da circulação das mercadorias a não ser para aquele que imprime esse movimento do dinheiro para o capital. Em realidade, compõe-se de dois atos da circulação ordinária, compra e venda separados dos que regularmente os precedem e os seguem, e se considera que constituem uma operação completa.

O primeiro ato, a compra, é uma venda para aquele a quem o capitalista compra; o segundo, a venda, é uma compra para aquele a quem o capitalista vende; só existe aqui o encadeamento ordinário dos atos comuns da circulação. Comprar para vender, como operação completa; distinta da circulação ordinária só existe do ponto de vista do capitalista.

Em cada um desses dois movimentos (mercadoria → dinheiro → mercadoria) e (dinheiro → mercadoria → dinheiro) apresentam-se dois elementos materiais idênticos um na frente do outro, mercadoria e dinheiro. Porém, enquanto o primeiro movimento, a circulação simples das mercadorias, principia pela venda e acaba pela compra, o segundo, ou seja a circulação do dinheiro como capital, começa pela compra e termina pela venda.

Na primeira forma, o dinheiro converte-se por fim em mercadoria destinada a servir de valor de uso, de coisa útil. Arrastado pelo fato da compra, o dinheiro afasta-se do seu ponto de partida, e é gasto definitivamente. Na segunda forma, o comprador põe o seu dinheiro em circulação para recobrá-lo em último término como vendedor. Esse dinheiro, que volta ao seu ponto de partida, foi simplesmente antecipado, quando ao princípio se pôs em circulação.

## A MAIS-VALIA

A satisfação de uma necessidade, um valor de uso, tal é o objeto determinante do primeiro movimento, termina em uma troca de produtos de igual quantidade como valores, se bem que são de qualidade diferente como valores de uso, por exemplo, tecido e vestido. Pode suceder que o tecido seja vendido acima de seu valor ou o vestido comprado por menos, podendo sair prejudicado um dos vendedores, porém, essa desigualdade possível dos valores trocados é em tal caso só um acidente; o caráter regular dessa forma de circulação é a desigualdade de valor de ambos os extremos, isto é, das duas mercadorias.

O segundo movimento termina da mesma maneira que começa, pelo dinheiro; e seu objeto determinante é, por consequência, o valor da troca.

Os dois extremos, as duas somas de dinheiro idênticas quanto à sua qualidade e utilidade só se diferenciam entre si pela sua quantidade: trocar 100 moedas-padrão, por exemplo, por 100 moedas-padrão seria uma operação totalmente inútil; por conseguinte, o movimento (dinheiro → mercadoria → dinheiro) só pode ter razão de ser na diferença quantitativa de ambas as somas de dinheiro.

Finalmente, sai da circulação mais dinheiro do que entrou: a forma completa desse movimento é, por exemplo, 100 moedas-padrão → 2.000 carretéis de algodão → 110 moedas-padrão; conclui na troca de uma soma de dinheiro 100 moedas-padrão, por uma soma maior, 110 moedas-padrão. A esse excedente, a esse acréscimo de dez moedas-padrão, é o que chamamos mais-valia, isto é, o excedente econômico ou o aumento de valor.

Portanto, não somente se conserva na circulação o valor antecipado, mas se torna maior, e isto é o que converte em capital.

O movimento, que consiste em vender para comprar, que tende à apropriação de coisas aptas para satisfazer determinadas necessidades, encontra fora da circulação um limite no consumo das coisas compradas, na satisfação das necessidades.

Pelo contrário, o movimento de comprar para vender, que tende ao aumento de valor, não tem limites, porque, caso se retenha o valor, que só aumenta pela sua renovação contínua, este não aumentará. O último *terminus* do movimento (dinheiro → mercadoria → dinheiro), 110 moedas-padrão no nosso exemplo, é o primeiro de um novo movimento de igual gênero, cujo último *terminus* é maior que aquele, e assim sucessivamente. Como representante desse movimento, o possuidor do dinheiro converte-se em capitalista.

O movimento contínuo do ganho, constantemente renovado pelo lançamento contínuo do dinheiro em circulação, a mais-valia criada pelo valor, é o seu único objetivo. Não se preocupa para nada com o valor de uso, da utilidade; para ele, mercadorias e dinheiro só funcionam como formas diferentes do valor que, mudando incessantemente de forma, mudam também de magnitude e parece haver adquirido a propriedade de procriar.

Sob a forma de dinheiro, o valor principia, termina e volta a começar o seu procedimento de aquisição de mais-valia. Sob a forma de mercadoria, aparece como instrumento para fazer dinheiro. A forma geral do capital, tal como se manifesta em circulação, é: comprar para vender mais caro.

# Capítulo V
# CONTRADIÇÃO DA FÓRMULA GERAL DO CAPITAL

A circulação das mercadorias tem por base a troca de valores equivalentes. Ainda, admitindo a troca de valores desiguais, a circulação das mercadorias não cria mais-valia ou aumento do valor.

## A CIRCULAÇÃO DAS MERCADORIAS TEM POR BASE A TROCA DE VALORES EQUIVALENTES

Vamos examinar agora se, por sua natureza, a circulação das mercadorias permite o aumento dos valores que entram nela; isto é, a formação de uma mais-valia.

Consideremos a troca de duas mercadorias, troca em que o dinheiro só intervém de um modo imaginário, como expressão em moeda das mercadorias; é evidente que os dois vendedores podem sair com bastante lucro; ambos se desfazem de produtos que não são para eles de nenhuma utilidade e adquirem outros de que necessitam. Um indivíduo, que possui muito trigo e carece de vinho, troca com outro, que tem muito vinho e carece de trigo, um valor de 500 moedas-padrão em trigo por 500 moedas-padrão em vinho.

Do ponto de vista do valor de uso da utilidade, há benefício para ambos, sendo neste conceito a troca uma transação em que ganham ambas as partes. Porém, do ponto de vista do valor de troca, a troca de 500 moedas-padrão em trigo por 500 moedas-padrão em vinho não representa aumento de riqueza para nenhum dos vendedores, pois cada um deles possuía, antes de troca, um valor igual ao que a troca lhe proporcionou.

Intervenha agora realmente o dinheiro, sirva esse de intermediário como instrumento de circulação entre essas mercadorias, ou separem-se os atos de venda e compra do trigo e do vinho; é indubitável que isso não modificará em nada a questão.

Pondo de lado as circunstâncias acidentais, que não dependem das mesmas leis da circulação, só há nesta a parte da substituição de um produto por outro, uma simples troca de forma de mercadoria, no nosso exemplo, trigo em vez de vinho. O mesmo valor fica sempre em poder do mesmo vendedor, só porque retém este valor sucessivamente, sob a forma do seu próprio produto posto em venda, trigo por exemplo, sob a forma dinheiro, preço realizado do produto, 500 moedas-padrão no nosso caso; finalmente, sob a forma do produto alheio comprado por esta soma, vinho por exemplo.

Estas mudanças de forma não dão lugar a aumento da quantidade de valor, como também não há em trocar uma nota de dez moedas-padrão por cinquenta centavos; e da circulação que respeita ao valor das mercadorias só é uma mudança de forma, não pode resultar regularmente mais que uma troca de valores equivalentes.

Por conseguinte, se, com relação ao valor de uso, a troca beneficia os dois vendedores, esta troca não pode ser, na sua forma mais pura, com respeito ao valor da troca, uma origem de benefícios para nenhum deles. Portanto, a formação da mais-valia não pode provir, de forma alguma, da circulação em si mesma.

### Ainda, admitindo a troca de valores desiguais, a circulação das mercadorias não cria mais-valia ou aumento do valor

Não obstante, como na realidade estamos obrigados a admitir a formação de mais-valia, e, na prática, as coisas ocorrem poucas vezes com pureza, suponhamos, a fim de explicar essa formação, que a troca tem lugar entre valores desiguais.

De todos os modos, no mercado só há vendedores em frente de vendedores. O motivo material da troca, que consiste em que os vendedores carecem do objeto de que necessitam e possuem o objeto necessário a outro, coloca-os em uma situação de dependência recíproca.

Dizer que a mais-valia para os produtores resulta de venderem as suas mercadorias por mais do que realmente valem, equivale a dizer que os vendedores têm, como vendilhões, o privilégio de vender demasiado caro. O vendedor produziu por si mesmo a mercadoria ou representa o produto dela; porém, o comprador produziu também ou representa o que produziu a mercadoria convertida em dinheiro com que compra.

Por ambas as partes há produtores, a única diferença consiste em que um compra e o outro vende. Que o possuidor de mercadorias, sob o nome de produtor ou de vendedor, venda as mercadorias por mais do que valem, e que, sob o nome de consumidor ou de comprador, as compra demasiado caras, ganha por um conceito o que perde por outro, e o resultado não se altera.

O mesmo resultaria caso se supusesse, não ao vendedor o privilégio de vender muito caro, mas sim ao comprador o de pagar as mercadorias por preço menor do que valem; portanto, tendo sido vendedor antes que comprador e tornando a sê-lo depois, perderia como vendedor o benefício realizado como comprador.

Consideramos vendedor e compradores em geral, sem ter em conta as suas características individuais. Suponhamos que o vendedor Pedro, que é muito astuto, consegue enganar os vendedores Paulo e João. Pedro vende a Paulo uma quantidade de vinho, que vale 400 moedas-padrão, por 500, e, com essa quantia, compra a João trigo, que vale 600 moedas-padrão; Pedro obtém um lucro, portanto, de 200 moedas-padrão.

Antes da troca tínhamos 400 moedas-padrão de vinho nas mãos de Pedro, 500 em dinheiro nas de Paulo e 600 em trigo nas de João; valor total: 1.500 moedas-padrão. Depois da troca, temos 600 moedas-padrão de trigo em poder de Pedro, o astuto, 400 moedas-padrão de vinho em poder de Paulo e 500 moedas-padrão em dinheiro em poder de João. É igual a dizer que Pedro houvesse roubado 200 moedas-padrão. Uma modificação na distribuição dos valores circulantes não aumenta a sua quantidade.

Dê-se a isso as voltas que se quiser, as coisas não variam. Trocam-se valores equivalentes? Não se produz mais-valia tampouco se produz caso se troquem valores desiguais. A circulação ou a troca das mercadorias não cria nenhum valor. Não podendo aumentar a quantidade dos valores lançados na circulação, deve ocorrer fora dela alguma coisa que dê lugar à formação de uma mais-valia. Porém, é possível essa formação fora daquela?

Parece impossível que, fora da circulação, o produtor-vendedor possa comunicar ao seu produto a propriedade de produzir uma mais-valia, porque fora dela se encontra só com a mercadoria que contém certa quantidade do seu trabalho, a qual determina o valor do produto; pode fazer que aumente o valor do seu produto, adicionando-lhe, mercê de um novo trabalho, novo valor; porém, não conseguirá que esse valor aumente por sua própria virtude, sem novo trabalho.

Chegamos, portanto, à seguinte conclusão: o possuidor de dinheiro deve comprar primeiro mercadorias pelo seu justo valor, vendê-las pelo que valem e, não obstante, recolher por fim um valor maior que o que adiantou. Essa transformação do dinheiro em capital deve ocorrer no campo da circulação e, ao mesmo tempo, não há de ocorrer nele. Tais são as condições do problema.

# Capítulo VI
# COMPRA E VENDA DA FORÇA DE TRABALHO

A origem da mais-valia é a força de trabalho. Valor da força de trabalho.

### A ORIGEM DA MAIS-VALIA É A FORÇA DE TRABALHO

O aumento de valor que converte o dinheiro em capital não pode provir do dinheiro. Se é certo que serve de meio de compra ou de meio de paga, não faz outra coisa senão realizar os preços das mercadorias que compra ou que paga. Se fica tal qual é, evidentemente não aumenta. É preciso, portanto, que a mudança de valor provenha da mercadoria comprada e vendida depois mais cara.

Essa mudança não pode efetuar-se, nem na compra nem na venda; com efeito, nesses dois atos só há, na nossa hipótese, uma troca de valores equivalentes. Não fica, portanto, mais que uma suposição possível; que a mudança provenha do uso da mercadoria, depois da sua compra e antes da sua revenda. Porém, trata-se de uma alteração no valor permutável. Para obter um aumento do valor permutável, pelo uso de uma mercadoria, seria necessário que o capitalista tivesse a boa sorte de descobrir na circulação uma mercadoria que possuísse a especial virtude de ser, pelo seu emprego, fonte de valor negociável, de tal modo que o fato de usá-la, de consumi-la, equivalesse a criar valor.

E o capitalista encontra efetivamente no mercado uma mercadoria dotada dessa virtude especial. A mercadoria em questão tem por nome potência ou força de trabalho. Sob a denominação, compreende-se, há o conjunto das faculdades musculares e intelectuais que existem no corpo de um homem, e que deve pôr em atividade para produzir coisas úteis. A troca indica que os vendedores consideram-se reciprocamente proprietários das mercadorias negociadas, obrando livremente e com iguais direitos. A força de trabalho só pode, portanto, ser vendida pelo seu próprio dono; esse deve gozar juridicamente dos mesmos direitos que o dono do dinheiro com quem trata; deve ser dono e dispor da sua pessoa e vender a sua força de trabalho sempre por um tempo determinado, de tal sorte que, decorrido esse tempo, recobre a plena posse dela. Se a vendesse de uma vez para sempre tornar-se-ia escravo e de mercador converter-se-ia em mercadoria.

Por outro lado, para que o dono do dinheiro encontre força de trabalho que comprar, é preciso que o possuidor dessa força, desprovido de meios de subsistência e de produção, tais como matérias-primas, ferramentas etc., que lhe permitam satisfazer as suas necessidades, vendendo as mercadorias, produto de seu trabalho, seja obrigado a vender a sua força de trabalho como mercadoria, por não ter outra que vender, nem de que viver fora disso.

É claro que a natureza não produz, por um lado, possuidores de dinheiro ou de mercadorias e, por outro, indivíduos que só possuam a sua força de trabalho. Essa relação sem fundamento natural não é tampouco uma relação social comum a todos os períodos da história. E o que caracteriza a época capitalista é que o detentor dos meios de subsistência e de produção encontra no mercado o trabalhador cuja força de trabalho reveste a forma de mercadoria, e o trabalho, por consequência, a forma de trabalho assalariado.

## Valor da força de trabalho

A força de trabalho, como toda a mercadoria, possui um valor determinado, como em todas elas, pelo tempo de trabalho necessário para a sua produção.

Sendo a força de trabalho uma faculdade do indivíduo vivente, é preciso que esse se conserve para que aquela subsista. O indivíduo necessita, para seu sustento ou para sua conservação, de certa quantidade de meios de subsistência. A força de trabalho tem, portanto, exatamente o valor dos meios de subsistência necessários ao que a põe em ação, para que possa começar no dia seguinte em iguais condições de vigor e de saúde.

As necessidades naturais, como são: alimentos, vestuário, habitação, aquecimento etc. diferem, segundo os climas e segundo outras particularidades físicas de um país. Por outro lado, assim o número das chamadas necessidades naturais, como o modo de satisfazê-las, dependem em grande parte do grau de civilização alcançada. Mas para um país e uma época determinados, a medida dos meios necessários de subsistência está igualmente determinada.

Os donos da força de trabalho são mortais: a fim de que ela se encontre sempre no mercado, como o reclama a transformação contínua do dinheiro em capital, é necessário que se perpetuem, que reproduzam em quantidade igual, pelo menos, a quantidade de força de trabalho que o cansaço e a morte subtraem. A soma dos meios de subsistência necessários para a produção da força de trabalho compreende, portanto, os meios de subsistência dos substitutos, isto é, dos filhos dos trabalhadores.

Além disso, para modificar a natureza humana de sorte a que adquira habilidade e rapidez em um gênero determinado de trabalho, isto é, para fazer dela uma força de trabalho desenvolvida em um sentido especial, é necessária certa educação, que, mais ou menos extensa, ocasione um gasto maior ou menor de mercadorias diversas; sendo a força de trabalho igual à soma de mercadorias necessárias para a sua produção, quando esta soma aumenta, como ocorre no caso atual, o seu valor aumenta também.

O preço da força de trabalho alcança o seu mínimo quando se reduz ao valor dos meios de subsistência que não poderiam diminuir-se sem expor a própria vida do trabalhador; nesse caso, o trabalhador não faz mais que vegetar. Portanto, como o valor da força de trabalho está baseado nas condições de uma existência normal, o seu preço é, então, inferior ao seu valor.

Uma vez feito o contrato entre comprador e vendedor, resulta da natureza especial da força de trabalho que o seu valor de uso não passou em realidade às mãos do comprador. Se o seu valor, posto que exigiu o gasto de certa quantidade de trabalho social, se achava determinado antes que entrasse na circulação, o seu valor de uso, que consiste no seu exercício, só se manifesta depois. O alheamento da força de trabalho e o seu serviço como valor útil, em outros termos, a sua venda e o seu emprego, não têm lugar ao mesmo tempo.

Portanto, quase sempre que se trata de mercadorias desse gênero, cujo valor de uso alienado pela venda não é em realidade transmitido simultaneamente do comprador, o vendedor só receberá o dinheiro, e isto em um prazo mais ou menos longo, quando a sua mercadoria for de utilidade para o comprador. Em todos os países em que reina a produção capitalista não se paga a força de trabalho sem que tenha funcionado durante certo tempo, fixado no contrato, ao fim de cada semana por exemplo. Em todas as partes deixa, portanto, o trabalhador que o capitalista consuma a sua força de trabalho antes de obter o preço dela; em suma, fia ou empresta sob todos os conceitos. Como esse empréstimo, que não é um benefício inútil para o capitalista, não modifica a própria natureza da troca, suponhamos provisoriamente, para evitar inúteis complicações, que o dono da força de trabalho recebe o preço estipulado desde o momento em que a vende.

O valor do uso entregue pelo trabalhador ao comprador, a troca de dinheiro, só se mostra em seu emprego no consumo da força de trabalho vendida. Esse consumo, que é por sua vez a produção de mercadorias e de mais-valia, faz-se, de igual modo que o consumo de toda a mercadoria, fora do mercado, fora do domínio da circulação, por consequência, temos de sair desse domínio e penetrar no da produção, para conhecer o segredo da produção ou fabricação da mais-valia.

**Seção terceira**
# PRODUÇÃO DA MAIS-VALIA ABSOLUTA

## Capítulo VII
# PRODUÇÃO DE VALORES DE USO E DA MAIS-VALIA

I. O trabalho em geral e seus elementos. O trabalho executado por conta do capitalista. II. Análises do valor do produto. Diferença entre o valor da força de trabalho e o valor que pode criar. O problema da transformação do dinheiro em capital está resolvido.

### I – O TRABALHO EM GERAL E SEUS ELEMENTOS

O uso ou o emprego da força de trabalho é o trabalho. O comprador da força de trabalho consome-a, fazendo trabalhar ao que a vende. Para que o trabalhador produza mercadorias, o seu trabalho deve ser útil, isto é, realizar-se em valores de uso.

Logo, o capitalista faz com que seu operário tenha um valor de uso particular, como um artigo útil determinado. A intervenção do capitalista não pode modificar em coisa alguma a própria natureza do trabalho, razão pela qual vamos examinar, antes de tudo, o movimento do trabalho útil em geral.

Os elementos simples de todo o trabalho são: 1º) a atividade pessoal do homem propriamente dito; 2º) o objeto em que se exerce o trabalho; 3º) o meio pelo qual se exerce.

1º) A atividade pessoal do homem é um gasto de forças, das quais o seu corpo está dotado. O resultado dessa atividade existe, antes do gasto de força, no cérebro do homem, não sendo outra coisa que o propósito para cuja realização o homem aplica a sabedoria à sua vontade. A obra exige, enquanto dura, além do esforço dos órgãos em ação, uma atenção meticulosa que só pode resultar de um esforço constante da vontade, e o exige mais quando o trabalho lhe parece menos atrativo, pelo seu objeto e pelo seu modo de execução.

2º) A terra é o objeto universal de trabalho que existe independentemente do homem. Todas as coisas em que o trabalho se limita a romper a união imediata com a terra, por exemplo, a madeira cortada na selva virgem, o mineral extraído do seu veio, são objetos de trabalho por graça da Natureza. O objeto em que já se exerceu um trabalho, como o mineral lavado, chama-se matéria-prima. Toda a matéria-prima é objeto de trabalho; porém, nem todo o objeto de trabalho é matéria-prima: só chega a sê-lo depois de haver sofrido uma modificação qualquer efetuada pelo trabalho.

3º) O meio de trabalho é uma coisa ou um conjunto de coisas que o homem põe entre si e o objeto de seu trabalho para ajudar a sua ação. O homem converte coisas exteriores em órgãos da sua própria atividade, órgãos que agrega aos seus. A terra é o armazém primitivo dos seus meios de trabalho. Ela lhe provê, por exemplo, a pedra de que se vale para construir, cortar, lançar, comprimir etc. Assim que o trabalho alcança algum desenvolvimento, por menor que seja, não pode prescindir de meios já trabalhados. O que distingue uma época econômica de outra, o que mostra o desenvolvimento do trabalhador, não é tanto o que se fabrica, como a maneira de se fabricar, como os meios de trabalho com cujo auxílio se fabrica. Além das coisas que servem de instrumentos, de auxiliares de ação do homem, os meios de trabalho compreendem, em uma acepção mais lata, todas as condições materiais que, sem entrar diretamente nas operações executadas, são, sem dúvida, indispensáveis, ou cuja falta tornaria defeituoso o trabalho, como são os motores, oficinas, canais, caminhos etc.

Por conseguinte, na ação do trabalho, a atividade do homem efetua, com ajuda dos meios de trabalho, uma modificação voluntária do seu objeto. Essa ação tem seu fim no produto determinado; isto é, em um valor de uso, em uma matéria que experimentou uma troca de forma que a adaptou às necessidades humanas. O trabalho materializou-se ao combinar-se com o objeto de trabalho. O que era movimento no trabalhador aparece agora no produto como uma propriedade em repouso. O operário teceu, e o produto é um tecido. Caso se considere o conjunto desse movimento com relação ao seu resultado, o produto, que é então meio e objeto de trabalho, apresentam-se ambos como meios de produção, e o próprio trabalho como trabalho produtivo.

Fora da indústria extrativa, exploração de minas, caça, pesca etc., em que a natureza só provê o objeto de trabalho, nos demais ramos da indústria entram matérias-primas, isto é, objetos em que já se efetuou um trabalho. O produto de um trabalho chega assim a ser meio de produção de outro.

A matéria-prima pode constituir a substância principal de um produto ou só entrar nele sob a forma de matéria auxiliar. Em tal caso esta fica consumida por meio do trabalho, como o carvão mineral pela máquina a vapor ou o feno pelo cavalo de tração, ou bem se une à matéria-prima para modificá-la em algum conceito, como a cor à lã, ou, finalmente, favorece a realização do trabalho, como as matérias usadas na iluminação e aquecimento da fábrica.

Possuindo os objetos propriedades diversas e prestando-se por elas a mais de uma aplicação, o mesmo produto é apto para formar a matéria-prima de diferentes operações. Assim, os grãos servem de matéria-prima ao moleiro, ao destilador, ao criador de gado etc., e como semente, servem de matéria-prima na sua própria produção.

Na mesma produção, o mesmo produto pode servir de meio de trabalho e de matéria-prima; na criação de gado, por exemplo, o animal, matéria trabalhada, funciona também como meio de trabalho para preparação do esterco.

Existindo já um produto sob a forma que o torna adequado para o consumo, pode chegar a ser por sua vez matéria-prima de outro produto. A uva é a matéria-prima do vinho. Há também produtos que só servem para matérias-primas, em cujo caso se diz que o produto não recebeu mais que uma semielaboração: o algodão entre outros.

Vê-se que a classificação do produto, de matéria-prima ou de meio de trabalho, depende, quando se trata de um valor de uso ou objeto útil, do lugar que ocupa no ato do trabalho, e ao mudar de lugar muda de classificação.

Entrando todo o valor de uso em novas operações como meio de produção, perde, portanto, a característica de produto e unicamente funciona na qualidade de colaborador do trabalho em atividade, para a produção de novos produtos.

O trabalho gasta os seus elementos materiais, objeto do trabalho e meio de trabalho, sendo, por consequência, um ato de consumo. Esse consumo produtivo distingue-se do consumo individual em que o último consome os produtos como meios de exercício de trabalho. O produto do consumo individual é o próprio consumidor: o resultado do consumo produtivo é um produto distinto do consumidor.

O movimento do trabalho útil, tal como acabamos de analisá-lo do ponto de vista geral, isto é, a atividade que tem por objeto a produção de valores de uso, a adaptação dos meios exteriores às nossas necessidades, é uma exigência física da vida humana, comum a todas as formas sociais; o seu estudo geral não pode, portanto, indicar-nos como regra quais as condições sociais e especiais em que se realiza, em um caso específico.

### O TRABALHO EXECUTADO POR CONTA DO CAPITALISTA

O capitalista em vantagem compra no mercado escolhendo o de boa qualidade e pagando-o pelo seu justo preço o necessário para a realização do trabalho – meio de produção e força de trabalho. A natureza geral do trabalho, que acabamos de expor, não se modifica evidentemente pela intervenção do capitalista. Como consumo de força de trabalho para o capitalista, o movimento do trabalho apresenta duas particularidades.

Em primeiro lugar, o operário trabalha sob a inspeção do capitalista, a quem pertence o seu trabalho. O capitalista vigia cuidadosamente para que os meios de produção se empreguem ordenadamente para o fim que deseja, para que a tarefa se faça conscienciosamente e para que o instrumento de trabalho só sofra o dano indispensável ao seu emprego.

Em segundo lugar, o produto é propriedade, não do produtor imediato, que é o trabalhador, mas sim do capitalista. Este paga o valor cotidiano, por exemplo, da força de trabalho; o uso dessa força de trabalho pertence-lhe, portanto, durante um dia, como o de um cavalo que se aniquila diariamente.

Com efeito, o uso da mercadoria pertence ao comprador, e, ao dar o seu trabalho, o possuidor da força de trabalho, o operário, só dá em realidade o valor de uso que vendeu; desde a sua entrada na fábrica, a utilidade da sua força de trabalho pertence ao capitalista. Este, ao comprar a força de trabalho, acrescentou trabalho, como elemento ativo do produto aos elementos passivos, aos meios de produção que possuía. É uma operação de coisas que comprou, que lhe pertencem. Portanto, o produto resultante lhe pertence, com igual título, como produto de fermentação na sua adega.

### II – ANÁLISES DO VALOR DO PRODUTO

O produto, propriedade do capitalismo, é um valor de uso, como tecido, botas etc. Porém, de ordinário, o capitalista não fabrica por amor ao tecido. Na produção mercantil o valor de uso, o objeto útil, só serve de portador do valor; para o capitalista, o principal é produzir um objeto útil que tenha um valor de troca, um artigo destinado à venda, uma mercadoria. Quer o capitalista, além disso, que o valor dessa mercadoria supra o valor das mercadorias empregadas em produzi-la, isto é, o valor dos meios de produção e da força de trabalho, em cuja compra investiu o seu dinheiro. Quer produzir, não só uma coisa útil, senão um valor, e não somente um valor, senão também um excedente econômico.

Assim como a mercadoria é, por sua vez, valor de uso e valor de troca, do mesmo modo sua produção deve ser, portanto, formação de valor de uso e de valor. Examinemos agora a produção do ponto de vista do valor.

Sabemos que o valor de uma mercadoria está determinado pela quantidade de trabalho que contém, pelo tempo socialmente necessário para a sua produção. É preciso, portanto, calcular o trabalho contido no produto que o nosso capitalista fabricou. Cinco quilogramas de fios, por exemplo.

Para produzir essa quantidade de fios necessita-se de uma matéria-prima; ponhamos cinco quilogramas de algodão, comprados no mercado pelo seu valor, que é, por exemplo, 13 moedas-padrão; admitamos que a deterioração dos instrumentos empregados, brocas etc., ascendem a três moedas-padrão.

Se uma massa de ouro de 16 moedas-padrão, que é o total dos algarismos anteriores, é o produto de 24 horas de trabalho, deduz-se que, sendo o dia de trabalho de 12 horas, há dois dias de trabalho contidos nos fios.

Sabemos qual é o valor que o algodão e o desgaste das brocas dão aos fios: é igual a 16 moedas-padrão. Falta averiguar o valor que o trabalho do fiandeiro acrescenta ao produto.

Nisso é indiferente o gênero especial de trabalho ou a sua qualidade; o que importa é a sua quantidade. Não se trata, portanto, como ao se considerar o valor de uso, das necessidades particulares que a atividade do trabalho tem o objetivo de satisfazer, senão unicamente do tempo durante o qual gastou a sua força em esforços úteis.

Não se deve esquecer, por outro lado, que o tempo necessário nas condições ordinárias da produção é o único que se conta para formação do valor. Desse último ponto de vista, a matéria-prima utiliza-se de certa quantidade de trabalho, considerado unicamente como gasto da força humana em geral.

É certo que essa absorção de trabalho converte a matéria-prima em fios, gastando-se a força do operário na forma particular de trabalho que se chama fiar; porém, o produto em fios só serve, no momento, para indicar a quantidade de trabalho absorvido pelo algodão. Por exemplo, cinco quilogramas de fios indicaram seis horas de trabalho; logo, para se fiar 833 gramas, necessita-se uma hora. Certas quantidades de produtos, determinadas pela experiência, representam o gasto da força de trabalho durante uma hora, duas horas, ou um dia.

Ao realizar-se a venda da força de trabalho, suponhamos que se subentendeu que o valor diário era de quatro moedas-padrão, soma equivalente às seis horas de trabalho, e, por conseguinte, que era preciso trabalhar seis horas para produzir o necessário ao sustento cotidiano do operário. Porém, o nosso fiandeiro transformou em seis horas, em meio dia de trabalho, os cinco quilogramas de algodão em cinco quilogramas de fios. Havendo-se fixado esse mesmo tempo de trabalho em uma quantidade de ouro de quatro moedas-padrão, acrescentou ao algodão um valor de quatro moedas-padrão.

Façamos agora a conta do valor total do produto. Os cinco quilogramas de fios contêm dois dias e meio de trabalho; algodão e brocas representam dois dias e a operação de fiar meio dia. A mesma quantidade de trabalho existe em uma massa de ouro de 20 moedas-padrão. O preço de 20 moedas-padrão expressa, portanto, o valor exato de cinco quilogramas de fios; o preço de quatro moedas-padrão, o de um quilograma.

Em toda a demonstração os algarismos são arbitrários; porém, a demonstração é a mesma, quaisquer que sejam os algarismos e o gênero do produto que se teve em conta. O valor do produto é igual ao valor do capital adiantado. Esse capital não procriou, não engendrou lucro, e o dinheiro não se converteu, por consequência, em capital. O preço de cinco quilogramas de fios é de 20 moedas-padrão, e 20 moedas-padrão se gastaram no mercado na compra dos elementos constitutivos do produto; 13 moedas-padrão para cinco quilogramas de algodão, três moedas-padrão pela deterioração das brocas durante seis horas e quatro moedas-padrão pela força de trabalho.

## Diferença entre o valor da força de trabalho e o valor que pode criar

Examinemos essa questão mais de perto. A força de trabalho importa em quatro moedas-padrão, porque isso é o que custam as subsistências necessárias para o sustento diário dessa força. O dono dela, o operário, produz um valor equivalente em meio dia de trabalho, o que não significa que não possa trabalhar um dia inteiro nem produzir mais.

O valor que a força de trabalho possui e o que pode criar diferem, portanto, em magnitude. Na sua venda, a força de trabalho realiza o seu valor determinado por seus gastos de sustento cotidiano; no seu uso pode produzir em um dia mais valor do que custou. Ao comprar a força de trabalho, o capitalista teve precisamente em conta essa diferença de valor.

Além de que, nada há em tudo isso que não se acomode às leis da troca das mercadorias. Com efeito, o operário, vendedor da força de trabalho, como o vendedor de toda a mercadoria, obtém o valor da troca e cede o valor de uso: não pode obter o primeiro sem entregar o segundo. O valor de uso da força de trabalho, isto é, o trabalho não pertence ao que vende, assim como não pertence ao lojista o emprego do azeite que vendeu.

O dono do dinheiro pagou o valor diário da força de trabalho, cujo uso lhe pertence por todo um dia, durante uma jornada inteira. O fato de que o sustento diário dessa força só custa meio dia de trabalho, podendo, sem dúvida, trabalhar o dia inteiro, isto é, que o valor criado pelo seu uso no espaço de um dia é maior que o seu próprio valor diário, constitui uma boa sorte para o comprador, porque em nada lesa o direito do vendedor.

Desde esse momento, o operário encontra na oficina os meios de produção necessários, não para meio dia, mas sim para um dia de trabalho, para doze horas. Posto que: cinco quilogramas de algodão, ao absorver seis horas de trabalho, se convertiam em cinco quilogramas de fios; dez quilogramas de algodão, absorvendo 12 horas de trabalho, se converterão em dez quilogramas de fios.

Esses dez quilogramas contêm então cinco jornadas ou cinco dias de trabalho; quatro estavam contidas no algodão e as brocas consumidas, e um foi absorvido pelo algodão durante a fiação. Porém, se uma massa de ouro de 16 moedas-padrão é o produto de 24 horas de trabalho, a expressão monetária de cinco dias de trabalho de 12 horas será 40 moedas-padrão.

É esse, portanto, o preço dos dez quilogramas de fios. O quilograma custa o mesmo que antes, quatro moedas-padrão; porém, o valor total das mercadorias empregadas na operação é de 36 moedas-padrão: 26 moedas-padrão por dez quilogramas de algodão, seis moedas-padrão pela deterioração das brocas durante 12 horas, e quatro moedas-padrão pela jornada de trabalho.

As 36 moedas-padrão antecipadas converteram-se em 40 moedas-padrão, havendo produzido um lucro de quatro moedas-padrão. O jogo está feito, o dinheiro transformou-se em capital.

## O PROBLEMA DA TRANSFORMAÇÃO
### DO DINHEIRO EM CAPITAL ESTÁ RESOLVIDO

O problema, tal como o havíamos planejado no final do Capítulo V, está resolvido em todos os seus termos.

O capitalista compra, no mercado, cada mercadoria pelo seu justo valor (algodão, brocas, força de trabalho), e logo faz o mesmo que qualquer outro comprador: consome o seu valor de uso.

Sendo o consumo da força de trabalho ao mesmo tempo produção de mercadorias, provê um produto de dez quilogramas de fios, que valem 40 moedas-padrão. O capitalista, que havia saído do mercado depois de fazer as suas compras, volta então como vendedor. Vende os fios a quatro moedas-padrão o quilograma, nem um cêntimo mais do seu valor, e, sem dúvida, retira da circulação quatro moedas-padrão mais do que havia posto.

Essa transformação do seu dinheiro em capital efetua-se, e não se efetua no domínio da circulação, a qual serve de intermediária. A força de trabalho vende-se no mercado para ser explorada fora do mercado, no domicílio da produção, onde é origem de mais-valia. A produção do lucro não é, portanto, outra coisa que a produção de valor prolongada mais além de certo limite.

Se a ação do trabalho dura só até o momento em que o valor da força de trabalho paga pelo capital é substituída por um valor equivalente, há simples produção de valor. Quando passa desse limite, há produção de mais-valia.

## Capítulo VIII
# CAPITAL CONSTANTE E CAPITAL VARIÁVEL

Propriedade do trabalho de conservar valor criando valor. Valor simplesmente conservado e valor reproduzido e aumentado.

### Propriedade do trabalho de conservar valor criando valor

Os diversos elementos que contribuem para a execução do trabalho têm uma parte diferente na formação do valor dos produtos.

O operário acrescenta um novo valor ao objeto do trabalho pela adição de novas doses de trabalho, qualquer que seja o gênero de utilidade deste. Por outro lado, achamos no valor do produto o valor dos meios de produção consumidos, por exemplo, o valor do algodão e das brocas no dos fios. O valor dos meios de produção conserva-se, portanto, e transmite-se ao produto por meio do trabalho. Porém, de que modo?

O operário não trabalha uma vez para acrescentar novo valor ao algodão e outra vez para conservar o antigo, ou, o que é o mesmo, para transmitir aos fios o valor das brocas que desgasta e do algodão que elabora. Pela simples adição de valor conserva o antigo. Mas, como o fato de acrescentar novo valor ao objeto de trabalho e conservar o valor antigo no produto são dois resultados inteiramente distintos que o operário obtém no mesmo espaço de tempo, esse duplo efeito só pode resultar, indubitavelmente, do duplo caráter do seu trabalho. Este deve, no mesmo momento, criar valor em virtude de uma propriedade e conservar ou transmitir valor em virtude de outra.

O fiandeiro acrescenta valor, fiando; o tecelão, tecendo; o forjador, forjando etc., e essa forma de fiação, de tecido etc., em outros termos, a forma produtiva especial em que se emprega o trabalho é causa de que os meios de produção, tais como o algodão e brocas, fio e tear, ferro e bigorna, deem origem a um novo produto. Pois bem, já vimos que o tempo de trabalho necessário para criar os meios de produção consumidos entra em conta no novo produto; por consequência, o trabalhador conserva o valor dos meios de produção consumidos e transmite-o ao produto como parte constitutiva do seu valor, pela forma útil especial do trabalho adicionado.

Se o trabalho produtivo especial do operário não fosse a fiação, por exemplo, não faria fios e não transmitiria ao seu produto os valores das brocas e do algodão empregado na fiação. Porém, se o nosso fiandeiro muda de ofício por um dia de trabalho, e se torna por exemplo carpinteiro acrescentaria como antes um valor às matérias. Acrescenta, portanto, esse valor pelo seu trabalho, não considerado como trabalho de fiandeiro ou de carpinteiro, mas como trabalho em geral, como gasto de força humana; e acrescenta certa quantidade de valor, não porque o seu trabalho tenha tal ou qual forma útil particular, mas porque durou certo tempo. Assim, a uma nova quantidade de trabalho acresce novo valor, e, pela qualidade do trabalho adicionado, os antigos valores dos meios de produção conservam-se no produto.

Esse duplo efeito do mesmo trabalho aparece claramente em uma multidão de circunstâncias. Suponhamos que uma invenção qualquer permite ao operário fiar em seis horas tanto algodão como antes em dezoito. Como atividade produtiva, a potência do seu trabalho triplicou e o seu produto é três vezes maior: 15 quilogramas em lugar de 5. A quantidade de valor acrescentado pelas seis horas de fiação do algodão segue sempre a mesma: somente há a diferença de que essa quantidade recaia, antes, sobre cinco quilogramas e agora recai sobre 15, sendo, portanto, três vezes menor. Por outro lado, sendo agora empregados 15 quilogramas de algodão em lugar de cinco, o produto de seis horas de trabalho contém um valor de algodão seis vezes maior.

Assim, em seis horas de fiação, um valor três vezes maior de matéria-prima conserva-se e transmite-se ao produto, ainda que o valor acrescentado a essa mesma matéria seja três vezes menor. Isso mostra que a propriedade, em virtude da qual o trabalho conserva o valor, é essencialmente distinta da propriedade pela que cria o valor durante a mesma operação.

O meio de produção só transmite ao produto o valor que ele perde, perdendo a sua utilidade primitiva; porém, nesse conceito, os elementos materiais do trabalho comportam-se de diferente modo.

As matérias-primas e materiais auxiliares perdem o seu aspecto ao servir para a execução de um trabalho. Dá-se o caso diferente com os instrumentos propriamente ditos, que duram mais ou menos tempo e funcionam em maior ou menor número de operações. Sabe-se, por experiência, a duração média de um instrumento de trabalho, e pode-se por conseguinte, calcular a sua deterioração cotidiana e o que cada dia transmite do seu próprio valor ao produto; porém, o instrumento de trabalho, por exemplo, uma máquina, ainda que transmita diariamente uma parte do seu valor ao seu produto diário, funciona todos os dias completos durante a execução do trabalho.

Por conseguinte, ainda quando um elemento de trabalho entre por completo na produção de um objeto de utilidade ou de um valor de uso, não entra mais que em parte na formação do valor. Ao contrário, um meio de produção pode entrar completo na formação do valor, e só em parte na produção de um valor de uso.

Suponhamos que na fiação de 115 quilogramas de algodão haja desperdício de 15 quilogramas. Se a perda desses 15% é inevitável por termo médio na fabricação, o valor dos 15 quilogramas de algodão, que não se transforma em fios, entra todo, também, no valor produzido, como o dos 100 quilogramas que formam parte da sua substância. Desde o momento em que essa perda é uma condição da produção, o algodão perdido transmite aos fios o seu valor.

Não transmitindo os meios de produção ao novo produto mais que o valor que perdem sob a sua antiga forma, só podem adicionar-lhe valor se eles próprios o possuem. O seu valor acha-se determinado, não pelo trabalho em que entram como meios de produção, mas pelo trabalho de onde derivam como produtos.

## Valor simplesmente conservado e valor reproduzido e aumentado

A força de um trabalho em atividade, o trabalho vivente, tem, pois, a propriedade de conservar o valor adicionando valor. Se essa propriedade não custa nada ao trabalhador, produz muito ao capitalista, que lhe deve a conservação do valor atual do seu capital. Desaparece perfeitamente no momento das crises, das interrupções de trabalho, em que tem que suportar as despesas de deterioração dos meios de produção de que se compõe o seu capital: matérias-primas, instrumentos etc., que permanecem inativos.

Dizíamos que o valor dos meios de produção se conserva e não se reproduz, porque os objetos, nos quais existe em princípio, não desaparecem senão para revestir nova forma útil, e o valor persiste sob as trocas da forma. O produzido é um novo objeto de utilidade em que continua aparecendo o antigo valor.

Enquanto o trabalho conserva e transmite ao produto o valor dos meios de produção, cria a cada instante um novo valor. Suponhamos que a produção cessara quando o trabalhador criou deste modo o equivalente do valor diário da sua própria força, quando adicionou ao produto, por meio de um trabalho de seis horas, um valor de quatro moedas-padrão.

Esse valor substituiu o dinheiro que o capitalista antecipa para a compra da força de trabalho e que o operário converte, em seguida, em subsistência. Porém, esse valor, ao contrário do que assentamos a respeito do valor dos meios de produção, foi produzido em realidade; se um valor substituiu outro, é mercê de uma nova criação.

Sabemos, sem dúvida, que a duração do trabalho ultrapassa o limite em que o equivalente do valor da força de trabalho se acharia reproduzido e ligado ao objeto trabalhado. Em lugar de seis horas, que supusemos que bastariam para isso, a operação dura doze horas ou mais. A força de trabalho, em movimento, não reproduz só o seu próprio valor, mas produz também valor a mais. Esse lucro forma o excedente do valor do produto sobre o de seus elementos constitutivos: os meios de produção e a força de trabalho.

Assim, portanto, em uma produção, a parte do capital que se transforma em meios de produção, isto é, em matérias-primas, materiais auxiliares ou instrumentos de trabalho, não muda no ato da produção a magnitude do seu valor. Por isso a denominamos parte constante do capital ou simplesmente *capital constante*.

Ao contrário, a parte do capital transformada em força de trabalho muda o valor em uma nova produção e pelo próprio fato dessa produção. Reproduz primeiro o seu próprio valor e, além disso, produz um excedente, um lucro maior ou menor. Essa parte do capital, de magnitude alterável, a denominamos parte variável do capital ou simplesmente *capital variável*.

## Capítulo IX
# TAXA DE MAIS-VALIA

I. Trabalho necessário e trabalho excedente. Grau de exploração da força de trabalho. II. Os elementos de valor do produto expressos em partes desse produto e em frações da jornada de trabalho. III. A "última hora". IV. O produto líquido.

Vemos, portanto, por um lado, o capital constante que provê à força de trabalho os meios de se materializar, meios cujo valor, reaparecendo somente, é igual antes e depois do ato da produção; por outro lado, o capital variável, que antes da produção equivale ao preço da compra da força de trabalho, e depois é igual a esse valor, reproduzido com um aumento maior ou menor. Resultando a mais-valia ou o aumento que experimenta o capital variável, é evidente que a relação do lucro com o capital variável determina a proporção em que tem lugar esse aumento. Consideremos as cifras do Capítulo VII. Sendo quatro moedas-padrão a parte do capital empregado na compra da força de trabalho de um homem, durante uma jornada ou um dia de trabalho; em suma, sendo o capital variável e a mais-valia quatro moedas-padrão, esta última cifra expressa a magnitude absoluta do excedente econômico produzido por um trabalhador em um dia de trabalho: a magnitude proporcional, isto é, a magnitude comparada com a do capital variável antes do aumento de valor, está expressa pela relação de quatro para quatro, isto é, de 100%. Essa magnitude proporcional é o que chamamos taxa de mais-valia. Não se deve confundir a taxa de mais-valia, que é a relação deste com a parte variável do capital adiantado e que só expressa diretamente o grau de exploração do trabalho, com a taxa de rendimento, que é a relação da mais-valia com o total do capital adiantado.

#### I – Trabalho necessário e trabalho extraordinário

Vimos que, durante uma parte da jornada, o operário só produz o valor diário da sua força de trabalho, isto é, o valor das substâncias necessárias para o seu sustento. Como há uma divisão do trabalho social, organizada por si própria no meio em que trabalha, o operário produz a sua subsistência, não diretamente, mas sim sob a forma de uma mercadoria particular, fios, por exemplo, cujo valor é igual ao de seus meios de subsistência, ou ao do dinheiro com que os compra.

Nessa parte da jornada, maior ou menor segundo o valor médio da sua subsistência diária, o operário, trabalhando ou não trabalhando para um capitalista, não faz mais que substituir um valor por outro; em realidade, a produção do valor durante esse tempo é uma simples reprodução. Chamamos *tempo de trabalho necessário* à parte da jornada em que se verifica essa reprodução, e *trabalho necessário* ao trabalho gasto nesse tempo: necessário para o trabalhador, que qualquer que seja a forma social do seu trabalho ganha a vida nesse tempo, e necessário para o mundo capitalista, cuja base é a existência do trabalhador.

A parte da jornada de trabalho que ultrapassa os limites do trabalho necessário não forma nenhum valor para o operário, forma a mais-valia para o capitalista; chamamos *tempo extra* a essa parte da jornada, e *trabalho extraordinário* ao trabalho nela empregado. Se o valor, em geral, é uma simples materialização de tempo de trabalho, a mais-valia é uma simples materialização de tempo de trabalho extra, é trabalho extraordinário realizado. As diferentes formas econômicas de que a sociedade tem se revestido, por exemplo, a escravidão e o salário, só se distinguem pela forma de impor e de usurpar esse trabalho extraordinário ao produtor imediato.

### Grau de exploração da força de trabalho

Por um lado, o valor do capital variável é igual ao valor da força de trabalho que compra, e o valor dessa força determina a parte necessária da jornada de trabalho; e, por outro, o lucro é determinado pela duração da parte extra dessa mesma jornada, pelo trabalho extraordinário. Logo, a taxa de mais-valia, expressa pela relação da mais-valia com o capital variável, está também determinado pela relação, igual à anterior, do trabalho extraordinário com o trabalho necessário.

A taxa de mais-valia é, por consequência, a expressão exata do grau de exploração da força de trabalho pelo capital, ou do trabalhador pelo capitalista; porém, não se deve confundir o grau de exploração com a magnitude absoluta dessa.

Suponhamos que o trabalho necessário é igual a cinco horas, e que o trabalho extraordinário é também igual a cinco horas. O grau de exploração, expresso pela relação de cinco para cinco é de 100%, e a magnitude absoluta da exploração é de cinco horas. Se, pelo contrário, o trabalho necessário e o trabalho extraordinário são cada um de seis horas, o grau de exploração expresso pela relação de seis para seis não varia, segue sendo de 100%, enquanto a magnitude da exploração, que antes era de cinco horas, cresce em uma hora, isto é, em 25%.

Para calcular a taxa de mais-valia, consideramos o valor do produto sem ter em conta o valor do capital constante, que já existia e que não faz mais que reaparecer; o valor que então fica é o único valor realmente criado durante a produção da mercadoria. Conhecido o excedente econômico, é preciso subtraí-lo desse valor para encontrar o capital variável; conhecendo o capital variável, haverá que subtrair este para encontrar a mais-valia. Conhecidos ambos, só há que calcular a relação do lucro com o capital variável, isto é, dividir o lucro pelo capital variável e, multiplicando por 100 o quociente que resulte, dá-se a percentagem da taxa de mais-valia.

## II – Os elementos de valor do produto expressos em partes desse produto e em frações da jornada de trabalho

Voltamos ao exemplo que no Capítulo VII nos serviu para mostrar como o capitalista converte o seu dinheiro em capital. O trabalho necessário do fiandeiro ascendia a seis horas, o mesmo que o trabalho extraordinário; por conseguinte, o operário trabalha meia jornada para si e meia para o capitalista; o grau de exploração é de 100%.

O produto da jornada é dez quilogramas de fios, que valem 40 moedas-padrão; os oito décimos desse valor, 32 moedas-padrão, estão formados pelo valor dos meios de produção consumidos: 26 moedas-padrão pela compra do algodão e seis pela deterioração das brocas. Portanto, essas 32 moedas-padrão representam o valor que não faz mais que reaparecer, isto é, que os oito décimos do valor dos fios consistem em capital constante.

Os dois décimos que ficam são o novo valor de oito moedas-padrão criado durante a fiação e pela fiação. Metade desse valor substitui o valor diário da força de trabalho que foi adiantado, isto é, o capital variável de quatro moedas-padrão; a outra metade constitui o lucro de quatro moedas-padrão. O valor de 40 moedas-padrão em fios é igual a 32 moedas-padrão de capital constante, mais quatro de capital variável e, por último, mais quatro moedas-padrão de lucro.

Posto que o valor total de 40 moedas-padrão está representado por dez quilogramas de fios, os diferentes elementos desse valor, que acabamos de indicar, podem representar-se em parte do mesmo produto. Se existe um valor de 40 moedas-padrão em dez quilogramas de fios, os oito décimos desse valor ou a sua constante de 32 moedas-padrão existiam em oito décimos do produto ou em oito quilogramas de fios.

Esses oito quilogramas representam, portanto, o valor do algodão comprado e a deterioração das brocas; total, 32 moedas-padrão, o qual corresponde a seis e meio quilogramas de fios, que representam as 26 moedas-padrão de algodão e um e meio quilograma, que representa as seis moedas-padrão do prejuízo da broca.

Em seis e meio quilogramas de fios, só se encontram realmente seis e meio quilogramas de algodão, que valem 16 moedas-padrão e 90 centavos, porém os dez quilogramas custam 26 moedas-padrão; a diferença de nove moedas-padrão e dez centavos, equivalente ao algodão contido nos outros três e meio quilogramas de fios.

Porém, os seis e meio quilogramas de fios representam todo o algodão contido no produto total de dez quilogramas de fios; com efeito, as quatro moedas-padrão, em quilograma, valem 26 moedas-padrão, como os dez quilogramas de algodão, na troca, não representam nada mais.

Pode considerar-se que não contêm uma partícula do valor dos instrumentos de trabalho utilizados, nem do novo valor criado pela fiação. De igual modo, um e meio quilograma de fios valem seis moedas-padrão, como as brocas gastas em 12 horas de fiação; nesse caso, um e meio quilograma representa o valor dos instrumentos de trabalho utilizados enquanto dura a produção de dez quilogramas de fios; porém, não representa mais que isso, e não contém nem uma partícula do novo valor criado pela fiação.

Em resumo, oito décimos do produto ou oito quilogramas de fios considera-se que não contêm nada de novo valor criado pelo trabalho dos fios produzidos. E, de fato, quando o capitalista os vende por 32 moedas-padrão e recobra com essa soma o que gastou nos meios de produção, parece evidente que oito quilogramas de fios são brocas e algodão sob outra forma.

Por outro lado, os dois décimos restantes, ou seja, dois quilogramas de fios, representam, por consequência, o valor obtido, o novo valor de oito moedas-padrão criado nas doze horas de trabalho. O trabalho do fiandeiro, materializado no produto de dez quilogramas de fios, concentra-se agora em dois quilogramas, em dois décimos do produto, dos quais um décimo, isto é, um quilograma, representa o valor da força de trabalho empregado, isto é, quatro moedas-padrão do capital variável adiantado, e o outro décimo quatro moedas-padrão de mais-valia.

Posto que doze horas de trabalho criam um valor de oito moedas-padrão ascendendo o valor dos fios a 40 moedas-padrão, representa sessenta horas de trabalho. E é assim, porque, além das doze horas de fiação, nas 40 moedas-padrão está compreendido o tempo de trabalho que continham os meios de produção consumidos: quatro jornadas de doze horas, ou seja, quarenta e oito horas de trabalho, que precederam à operação da fiação e se realizaram em um valor de 32 moedas-padrão.

Pode-se, portanto, decompor o resultado da produção, o produto, em uma quantidade que representa unicamente o trabalho contido nos meios de produção, ou parte constante do capital, e, por último, em uma quantidade que representa o trabalho extraordinário adicionado ou a mais-valia.

O produto total fabricado em um tempo determinado, por exemplo, em uma jornada, decomposto desta sorte em partes que representam os diversos elementos do seu valor, pode também representar-se em frações da jornada de trabalho.

O fiandeiro produz em doze horas dez quilogramas de fios; por conseguinte, em uma hora e doze minutos produz um quilograma, e em sete horas e quarenta e cinco minutos, seis e meio quilogramas de fios, isto é, uma parte do produto que vale por si só todo o algodão empregado na jornada.

De igual sorte, a parte produzida na hora e quarenta e cinco minutos seguintes é igual a um e meio quilogramas de fios, e representa, portanto, o valor das brocas utilizadas durante as doze horas de trabalho. Da mesma maneira, o fiandeiro produz na hora e os doze minutos que seguem um quilograma de fios, que representa um valor igual a todo o valor que criou nas seis horas de trabalho necessárias. Finalmente, nos últimos 72 minutos produz outro quilograma de fios, cujo valor é igual ao lucro produzido nas suas seis horas de trabalho extraordinário.

Note-se bem que o que produz nestes 72 minutos é um quilograma de fios, cujo valor completo é igual ao lucro que a jornada de trabalho rende ao capitalista; porém, o valor completo desse quilograma compõe-se, além do valor que resulta do trabalho do fiandeiro, do valor do trabalho anterior, que produziu o algodão e as brocas consumidas para a sua fabricação.

### III – A "ÚLTIMA HORA"

Da representação dos diversos elementos do valor do produto em partes proporcionais da jornada de trabalho, e de que a mais-valia está representada pelo valor do produto dos 72 últimos minutos, não há que deduzir – como alguns economistas que em nome da ciência intentam opor-se a toda redução da jornada de trabalho –, que o operário, na sua jornada de doze horas, consagra ao fabricante para a produção da mais-valia tão só os últimos setenta e dois minutos, a "última hora", como eles dizem.

A mais-valia é igual, com efeito, não ao valor da força de trabalho gasta durante os últimos 62 minutos, mas ao valor do produto para o qual se realizou o gasto da força de trabalho nesse tempo, isto é, igual ao valor dos meios de produção (algodão e brocas), consumidos em 62 minutos, e mais o novo valor que a eles adiciona, durante o mesmo tempo, o trabalho do fiandeiro ao consumidor.

E, creem esses economistas, caso se diminuísse em 62 minutos o tempo de trabalho, sendo igual o salário, não haveria mais-valia, e o lucro do infeliz capitalista seria nulo. O seu raciocínio é, em suma, o seguinte: sendo um quilograma de fios o produto de 62 minutos de fiação, caso se reduza a jornada do fiandeiro em 62 minutos, o capitalista terá um quilograma de fios menos e, valendo quatro moedas-padrão o quilograma, terá quatro moedas-padrão menos; e como a sua mais-valia, isto é, o seu lucro, era de quatro moedas-padrão, desde o momento em que ganha quatro moedas-padrão menos, não ganha nada. Examinemos o assunto mais detidamente.

Para um quilograma de fios é preciso um quilograma de algodão, e mais as brocas que se desgastam funcionando. Custando os dez quilogramas de algodão 26 moedas-padrão, um quilograma custa duas moedas-padrão e 60 centavos; ascendendo a seis moedas-padrão a deterioração das brocas para a fiação de dez quilogramas, representa 60 centavos por quilograma.

Um quilograma menos que se produza equivale a um gasto menor de duas moedas-padrão e 60 centavos, mais 60 centavos; total, três moedas-padrão e 20 centavos. Se bem que é certo que o capitalista que ganha quatro moedas-padrão menos, gasta também três moedas-padrão e 20 centavos menos; por uma diminuição de 62 minutos em doze horas de trabalho só perde, portanto, 80 centavos. Se só perde 80 centavos do que antes ganhava, o seu lucro ou benefício líquido, que era de quatro moedas-padrão, é agora de quatro moedas-padrão menos 80 centavos, ou seja, três moedas-padrão e 20 centavos, e o trabalho extraordinário dura quatro horas e 48 minutos em lugar de seis horas, isto é, que a taxa de mais-valia é de 80%, a qual é ainda muito apreciável.

Dizer, no nosso exemplo, que o fiandeiro, cuja jornada é de doze horas, produz nos últimos 62 minutos o benefício líquido do capitalista quer dizer, confidencialmente, que o produto de 62 minutos, um quilograma de fios, representa, tomado em conjunto, tanto tempo de trabalho como a parte da jornada consagrada à fabricação da mais-valia.

Com efeito, acabamos de ver que os meios de produção consumidos para produzir dez quilogramas de fios continham antes da fiação quarenta e oito horas de trabalho; os meios de produção consumidos para um quilograma contêm, portanto, o décimo desse tempo, isto é, 4 horas e 48 minutos de trabalho anterior, que, adicionadas aos 62 minutos de fiação, dão, para o quilograma de fios, um total de seis horas, igual ao tempo dc trabalho extraordinário diário do fiandeiro.

## IV – O PRODUTO LÍQUIDO

Chamamos produto líquido a parte do produto que representa a mais-valia. Assim, como o tipo deste se determina pela sua relação, não com o capital total, mas sim com a parte variável do capital, assim o total do produto líquido se determina pela sua relação, não com o produto inteiro, mas com a parte que representa o trabalho necessário. A magnitude relativa do produto líquido é a que mede o grau de elevação da riqueza.

O total do trabalho necessário e do trabalho extraordinário, quer dizer, a soma do tempo durante o qual o operário produz o equivalente da sua força de trabalho e a mais-valia, forma a magnitude absoluta do tempo de trabalho, isto é, a jornada de trabalho.


## Capítulo X
# A JORNADA DE TRABALHO

I. Limites da jornada de trabalho. II. O capital faminto de trabalho extraordinário. III. A exploração do trabalhador livre, na forma e no fundo. Trabalho diurno e trabalho noturno. IV. Regulamentação da jornada de trabalho. V. Luta pela limitação da jornada de trabalho.


## I – LIMITES DA JORNADA DE TRABALHO

Partimos da suposição de que a força do trabalho é comprada e vendida no seu valor. Esse valor, como o de toda a mercadoria, é determinado pelo tempo de trabalho necessário para a sua produção.

Tendo comprado o capitalista a força de trabalho no seu valor diário, adquiriu por consequência o direito de fazer trabalhar o operário durante todo um dia. Porém, o que é um dia de trabalho?

A jornada de trabalho varia entre limites impostos em parte pela sociedade e em parte pela natureza. Há um mínimo, que é a parte da jornada em que o operário deve trabalhar necessariamente para a sua própria conservação, em suma, é o tempo de trabalho necessário, até o qual não consente descer a nossa organização social, baseada no sistema de produção capitalista; com efeito, descansando esse sistema de produção na formação da mais-valia, exige certa quantidade de trabalho necessário; ou em outros termos, certa quantidade de trabalho extraordinário.

Há também um máximo para os limites físicos da força de trabalho, que é o tempo forçosamente consagrado cada dia pelo trabalhador para dormir, para comer etc., que a natureza, em suma, não permite ultrapassar. Esses limites são por si próprios muito elásticos. De todos os modos, um dia de trabalho é menor que um dia natural. Em quanto? Uma das suas partes está bem determinada pelo tempo de trabalho necessário; porém, a sua magnitude total varia com respeito à magnitude do trabalho extraordinário.

Todo comprador procura tirar do emprego da mercadoria comprada o maior partido possível e, neste sentido, trabalha o capitalista comprador da força de trabalho; tem um móbil único, aumentar o seu capital, criar mais-valia, absorver todo o trabalho possível. De sua parte, o trabalhador tende, com razão, a não gastar a sua força de trabalho salvo nos limites compatíveis com a sua duração natural e o seu desenvolvimento regular. Não lhe convém gastar cada dia mais do que a força que pode reaver, mercê do seu salário.

O capitalista sustenta o seu direito como comprador, quando procura prolongar o máximo possível a jornada de trabalho. O operário sustenta o seu direito como vendedor, quando quer reduzir a jornada de trabalho, de sorte que só transforme em trabalho a quantidade de força cujo gasto não prejudique o seu corpo. Há, portanto, direito contra direito, ambos igualmente baseados na lei que regula a troca das mercadorias. Quem decide entre dois direitos iguais? A força. Eis aqui porque a regulamentação da jornada de trabalho se apresenta na história da produção capitalista como uma luta entre a classe capitalista e a classe operária.

## II – O CAPITAL FAMINTO DE TRABALHO EXTRAORDINÁRIO

O capitalista não inventou o trabalho extraordinário. Mas, como uma parte da sociedade possui o monopólio dos meios de produção, o trabalhador, livre ou não, está obrigado a adicionar ao tempo de trabalho necessário para o seu próprio equilíbrio um excesso destinado a prover a subsistência do que possui os meios de produção. Importa pouco que esse proprietário seja dono de escravos, senhor feudal ou capitalista.

Sem dúvida, desde que a forma econômica de uma sociedade seja tal que nela se considere melhor a utilidade de uma coisa que a quantidade de ouro ou prata porque pode trocar-se, em outros termos, o valor de uso melhor que o valor de troca, o trabalho extraordinário encontra um limite na satisfação de necessidades determinadas. Pelo contrário, quando domina o valor da troca, chega a ser lei fazer trabalhar todo o possível. Quando povos, cuja produção se opera ainda por meio das formas inferiores da escravatura e servidão, são atraídos pelo mercado internacional, onde domina o sistema de produção capitalista, e quando por esse fato o seu interesse principal chega a ser a venda dos seus produtos no estrangeiro, desde esse momento os horrores do trabalho extraordinário, fruto da civilização, vêm juntar-se à barbárie da escravatura e da servidão.

Enquanto nos Estados do Sul da União Americana a produção tendia principalmente à satisfação das necessidades imediatas, o trabalho dos negros apresentou um caráter moderado; porém, à medida que a exportação do algodão chegou a constituir o interesse principal desses Estados, o negro foi extenuado pelo trabalho e o consumo da sua vida em sete anos de trabalho entrou como parte de um sistema friamente calculado. Não se tratava, já, como antes, de obter dele certa massa de produtos úteis, tratava-se antes de tudo da produção da mais-valia. O mesmo ocorreu com o servo nos principados danubianos.

O que é uma jornada de trabalho? Qual é a duração do tempo em que o capital tem o direito de consumir a força de trabalho, cujo valor compra por um dia? Até que ponto pode prolongar-se a jornada além do trabalho necessário para a reprodução dessa força? A todas essas perguntas responde o capital; a jornada de trabalho compreende vinte e quatro horas completas, deduzindo as horas de descanso, sem as quais a força de trabalho estaria na impossibilidade absoluta de voltar ao labor.

Não fica tempo para o desenvolvimento intelectual, para o livre exercício do corpo e do espírito. O capital monopoliza o tempo que o desenvolvimento e equilíbrio do corpo em perfeita saúde exigem, escamoteia o tempo das comidas e reduz o tempo do sono ao mínimo do pesado entorpecimento, sem o qual o extenuado organismo não poderia funcionar. Não é, portanto, o equilíbrio regular da força de trabalho o que serve de regra para a limitação da jornada de trabalho; ao contrário, o tempo de repouso concedido ao operário está regulado pelo maior gasto possível da sua força.

## III – A exploração do trabalhador livre, na forma e na realidade

Supondo que a jornada de trabalho seja composta de seis horas de trabalho necessário e seis horas de trabalho extraordinário, o trabalhador livre provê ao capitalista trinta e seis horas de trabalho extraordinário nos seis dias da semana. É o mesmo que se trabalhassem três dias para si e três dias grátis para o capitalista. Porém, isso não salta à vista: o trabalho extraordinário e o trabalho necessário confundem-se entre si. Com a servidão corporal ocorre caso diverso. Nessa forma de servidão o trabalho extraordinário é independente do trabalho necessário; o camponês executa este último no seu próprio campo e aquele na propriedade feudal; deste modo distingue claramente o trabalho que executa para o seu próprio equilíbrio e o que realiza para o senhor.

A exploração do trabalho livre é menos visível, tem uma forma mais hipócrita. Porém, na verdade, a diferença de forma em nada altera a realidade, senão antes para prová-la. Três dias de trabalho extraordinário por semana são sempre três dias de trabalho que nada produzem ao próprio trabalhador, qualquer que seja o termo que a eles atribuído, servidão corporal ou proveito.

Dissemos que a única coisa que interessa ao capital é o máximo de esforços que, em definitivo, pode arrancar à força de trabalho em uma jornada. Procura conseguir o seu objetivo sem se inquietar pelo que possa durar a vida da força de trabalho; assim ocasiona a debilitação e a morte prematuras, privando-a, pelo prolongamento imposto da jornada, de suas condições regulares de atividade e de desenvolvimento, tanto no físico como no moral.

Parece, sem dúvida, que o próprio interesse do capital deveria impulsioná-lo a economizar uma força que lhe é indispensável. Porém, a experiência ensina ao capitalista que, por regra geral, há excesso de população, isto é, excesso com relação à necessidade de momento do capital, ainda que essa massa abundante esteja formada de gerações humanas mal desenvolvidas, doentes e em vias de se extinguirem.

A experiência demonstra também ao observador inteligente com que rapidez a produção capitalista, que, historicamente falando, é de fato recente, ataca na mesma raiz a substância e a força do povo; manifesta como o aniquilamento da população industrial se faz mais lentamente pela absorção constante de elementos novos tomados aos campos, e como os mesmos trabalhadores dos campos começam a decair. Porém o capital preocupa-se tanto com a extenuação da raça como com a deslocação da terra. Em todo o período de especulação, todos sabem que um dia ocorrerá a explosão, porém, cada um de *per si*, espera não ser atingido por ela, depois de haver obtido, sem dúvida, o benefício ansiado. Depois de mim, o dilúvio! Tal é o lema de todo o capitalista.

## Trabalho diurno e trabalho noturno

O capital só pensa, portanto, na formação da mais-valia, sem se preocupar com a saúde nem com a vida do trabalhador. Verdade é que, considerando as coisas no seu conjunto, isso não depende tampouco da má ou boa vontade do capitalista como indivíduo. A concorrência anula as vontades e submete os capitalistas às leis imperiosas da produção capitalista.

Estando inativos os meios de produção, são causa de perda para o capitalista, porque durante o tempo em que não absorvem trabalho representam um adiantamento inútil de capital, além de exigir com frequência uma despesa suplementar, cada vez que se torna a começar a obra.

Sendo fisicamente impossível para as forças de trabalho efetuar uma jornada diária de vinte e quatro horas, os capitalistas venceram a dificuldade; havia nisso uma questão de ganho para eles e imaginaram empregar alternativamente forças de trabalho diurna e noturna, o que pode efetuar-se de diferentes maneiras: uma parte do pessoal da fábrica faz, por exemplo, durante uma semana o serviço de dia e durante a semana seguinte o serviço de noite.

O sistema de trabalho noturno traz maior lucro ao capitalista porquanto que se presta a uma escandalosa exploração do trabalhador; tem, além disso, uma influência perniciosa sobre a saúde, porém o capitalista obtém vantagem, que para ele é a única coisa importante.

## IV – Regulamentação da jornada de trabalho

De todas as formas o capitalista abusa de modo descomedido do trabalhador, sem que a sociedade lhe impeça. O estabelecimento de uma jornada de trabalho suportável é o resultado de uma larga luta entre capitalista e trabalhador. A história dessa luta apresenta, sem dúvida, duas tendências opostas.

Enquanto a legislação moderna diminui a jornada de trabalho, a antiga legislação procurava prolongá-la; queria obter-se do trabalhador, com o auxílio dos poderes públicos, uma quantidade de trabalho que só a força das condições econômicas não permitia impor.

Com efeito, seriam necessários séculos para que o trabalhador livre, em consequência do desenvolvimento da produção capitalista, se prestasse voluntariamente, isto é, se visse obrigado socialmente a vender todo o seu tempo de vida ativa, a sua capacidade de trabalho, pelo preço de seus habituais meios de subsistência e o seu direito de progênie por um prato de lentilhas. É, portanto, natural que o prolongamento da jornada de trabalho imposta com a ajuda do Estado desde meados do século XIV corresponda mais ou menos à diminuição do tempo de trabalho que o Estado decreta e impõe aqui e ali, na segunda metade do século XIX.

Se em Estados como a Inglaterra as leis moderam, por uma limitação oficial da jornada de trabalho, o obstinação do capital por absorver trabalho, é porque, sem falar do movimento cada vez mais ameaçador das classes operárias, essa limitação foi ditada pela necessidade. A mesma concupiscência cega que esgota o solo atacava na sua raiz a força vital da nação e ocasionava o seu aniquilamento, como acabamos de demonstrar.

## V – Luta pela limitação da jornada de trabalho

O objeto especial, a verdadeira finalidade da produção capitalista é a produção da mais-valia ou a subtração do trabalho extra.

Tenha-se presente que só o trabalhador independente pode, na qualidade de possuidor da mercadoria, contratar com o capitalista; porém, o trabalhador isolado, o trabalhador como vendedor livre da sua força de trabalho, deve submeter-se sem resistência quando a produção capitalista alcança certo grau.

É preciso confessar que o nosso trabalhador sai do domínio da produção de diferente modo que entrou nela. Havia-se apresentado no mercado como possuidor da mercadoria "força de trabalho", em frente de possuidores de outras mercadorias, mercador frente a mercador. O contrato, mediante o qual vendia a sua força de trabalho, parecia resultar de um acordo entre duas vontades livres, a do vendedor e a do comprador.

Uma vez concluído o negócio, descobre que ele não é livre, que é o tempo pelo qual está obrigado a vender-lhe; e que, em realidade, o vampiro que o chupa não o deixa, enquanto fique uma gota de sangue que possa extrair; para defender-se contra essa exploração é necessário que os operários, por um esforço coletivo, por uma pressão de classe, consigam que um obstáculo social lhes impeça venderem-se eles e seus filhos por "contrato livre" até à escravatura e à morte. A pomposa "declaração dos direitos do homem", é substituída deste modo por uma modesta lei que indica quando termina o tempo que o trabalhador vende e quando começa o tempo que lhe pertence.

## Capítulo XI
# TAXA E MASSA DA MAIS-VALIA

> Compensação do número de operários por um prolongamento da jornada de trabalho. Necessidades de quantia mínima de dinheiro para a transformação do dinheiro em capital.

### Compensação do número de operários por um prolongamento da jornada de trabalho

Suponhamos que o valor diário de uma força de trabalho é em média de quatro moedas-padrão e que se necessitam seis horas para reproduzi-la. Para comprar essa força, o capitalista tem de adiantar quatro moedas-padrão. Que mais-valia lhe produziriam essas quatro moedas-padrão? Isso depende da relação do trabalho destinado à produção de mais-valia, do trabalho extraordinário, do trabalho destinado à produção do salário, ao trabalho necessário. Em suma, isso depende da taxa de mais-valia. Se essa taxa é de 100%, a mais-valia ascenderá a quatro moedas-padrão, que representam seis horas de trabalho extraordinário; se a sua taxa é de 50%, será de duas moedas-padrão, que representam três horas de trabalho extraordinário. A *taxa de mais-valia* determina, portanto, a *massa de mais-valia* produzida individualmente por um operário, dado o valor da sua força.

O capital variável é a expressão monetária do valor de todas as forças de trabalho que o capitalista emprega ao mesmo tempo. Se quatro moedas-padrão, preço de uma força de trabalho, produzem uma mais-valia diária de duas moedas-padrão, o preço de 100 forças de trabalho capital variável de 400 moedas-padrão, produzirá uma mais-valia de 200 moedas-padrão, cifra igual ao resultado de multiplicar o capital variável 400 por 50% que indica a taxa de mais-valia. A massa de mais-valia produzida por um capital variável é, portanto, igual ao valor desse capital, multiplicado pela taxa de mais-valia.

Suponhamos que taxa de mais-valia diminuiu em metade e seja de 25%; e que, por outro lado, o capital variável seja o dobro, isto é, de 800 moedas-padrão, em lugar de 400: a mais-valia será igual a 800, multiplicado por 25% ou sejam 200 moedas-padrão. Outra vez. Por consequência, a massa da mais-valia não varia quando diminui a taxa de mais-valia, aumentando o capital variável, ou, pelo contrário, quando este diminui aumenta aquele na mesma proporção.

Uma diminuição do capital variável pode ser compensada, portanto, por uma elevação proporcional da taxa de mais-valia, ou, sendo assim, como o capital variável depende do número de operários empregados, uma diminuição do número destes pode ser compensada por um prolongamento proporcional da sua jornada de trabalho. Até certo ponto, a quantidade de trabalho explorável pelo capital chega a ser assim independente do número de operários.

Essa compensação encontra, sem dúvida, um limite insuperável; a jornada de trabalho tem, com efeito, limites físicos: por muito que se prolongue, é sempre menor que o dia natural de vinte e quatro horas. Com cem operários pagos a quatro moedas-padrão e que trabalhem doze horas, seis das quais são de trabalho necessário, a taxa de mais-valia diária será de 100% e o capitalista terá uma mais-valia diária de 400 moedas-padrão; se toma um número de operários três vezes menor, a sua mais-valia não será nunca a mesma, porque não lhes poderá impor um número de horas de trabalho extraordinário três vezes maior; porque dezoito horas de trabalho extraordinário adicionadas a seis horas de trabalho necessário fariam a jornada de trabalho tão longa como a jornada natural, o que não permitiria o tempo de repouso indispensável a cada dia. Uma redução no número de operários empregados não pode, portanto, ser compensada pela prolongação da jornada de trabalho, por um aumento no grau da exploração, mas sim dentro dos limites físicos dessa jornada e, por consequência, do trabalho extraordinário que encerra.

### Necessidade de quantia mínima de dinheiro para a transformação do dinheiro em capital

Como o valor é trabalho realizado, é evidente que a massa de valor que um capitalista produz depende exclusivamente da quantidade de trabalho que põe em movimento; segundo o que acabamos de ver, pode pôr em movimento uma quantidade maior ou menor com o mesmo número de operários, segundo seja a sua jornada mais ou menos larga.

Porém, dados o valor da força de trabalho e a taxa de mais-valia em outros termos, a divisão da jornada em trabalho necessário e trabalho extraordinário, a massa total de valor, compreendida a mais-valia que realiza um capitalista, está exclusivamente determinada pelo número de operários que emprega, e este mesmo número depende da magnitude do capital variável que adianta, da soma que consagra à compra de forças de trabalho.

A massa de mais-valia produzida é então proporcional à magnitude do capital variável; enquanto o capital constante não tem aqui nenhuma ação; com efeito, seja grande ou pequeno o valor dos meios de produção, permanece sem a menor influência sobre a massa de valor produzido, que é o novo valor adicionado pelo trabalho ao valor conservado dos meios de produção. Do exposto, resulta que a soma não pode ser toda transformada em capital. Essa transformação exige que o aspirante a capitalista maneje quantia mínima de dinheiro. Como não quer apenas viver do trabalho de outro, mas quer, além disso, enriquecer por esse trabalho, é necessário que tenha tal número de operários, que o seu tempo de trabalho extraordinário proporcione o seu sustento e o seu enriquecimento.

Seguramente ele pode também pôr mãos à obra, porém, então, não é mais que um intermediário entre capitalista e operário, um pequeno patrão. Em certo grau de desenvolvimento é necessário que o capitalista possa empregar todo o seu tempo na apropriação e na vigilância do trabalho alheio e na venda dos produtos desse trabalho; é preciso, portanto, que explore operários hábeis para dispensar-se de tomar parte na produção.

Esse mínimo de dinheiro que há de adiantar varia segundo os diversos graus de desenvolvimento da produção. Dado o grau de desenvolvimento, varia nas diferentes indústrias segundo as suas técnicas particulares. Na produção, considerada do ponto de vista da utilidade do produto, os meios de produção desempenham, em relação ao operário, o papel de simples materiais da sua atividade produtora. Se ela é considerada do ponto de vista da mais-valia, os meios de produção convertem-se imediatamente em meios de absorção do trabalho de outrem.

Não é mais o trabalhador quem os emprega, eles são, ao contrário, os que empregam o trabalhador. Em lugar de serem consumidos por ele como elementos materiais da sua atividade produtora, consomem-no eles como elemento, indispensável para a sua própria vida, e a vida do capital consiste no seu movimento como valor perpetuamente em vias de multiplicação.

Para pôr em ação a atividade de outrem, para explorar a força de trabalho e extrair-lhe o trabalho extra, o sistema capitalista excede em energia, em eficácia e em ilimitada potência a todos os sistemas anteriores de produção fundados diretamente nas diferentes formas de trabalhos forçados.

# Seção quarta
# PRODUÇÃO DA MAIS-VALIA RELATIVA

## Capítulo XII
## MAIS-VALIA RELATIVA

Diminuição do tempo de trabalho necessário. Aumento da produtividade do trabalho e da mais-valia.

### Diminuição do tempo de trabalho necessário

Consideramos até aqui a parte da jornada de trabalho durante a qual o operário substitui o valor que o capitalista lhe paga, por um período fixado, o que em realidade é em condições de produção invariáveis. Passando dessa duração fixa, desse tempo necessário, o trabalho podia prolongar-se mais ou menos horas e, segundo a magnitude desse prolongamento, variavam a taxa de mais-valia e a duração total da jornada. Assim, o tempo de trabalho necessário era fixo e a jornada inteira de trabalho, variável.

Suponhamos agora uma jornada inteira de trabalho de limite determinado, por exemplo, uma jornada de doze horas. O trabalho extraordinário e o trabalho necessário, considerados em conjunto, não excedem doze horas; nessas condições, como aumentar o trabalho extraordinário, a produção da mais-valia?

Só há um meio: encurtar o tempo de trabalho necessário e aumentar em igual proporção a parte das doze horas consagradas ao trabalho extraordinário;

deste modo, uma parte do tempo que empregava o operário, na realidade para si próprio, se converterá em tempo de trabalho para o capitalista. O limite da jornada não variará, só mudará a sua divisão em trabalho necessário e trabalho extraordinário. Por outro lado, a duração do trabalho extraordinário está necessariamente marcada desde que se dão os limites da jornada inteira e o valor diário da força do trabalho.

Se esse valor é de quatro moedas-padrão, quantidade de ouro que contém seis horas de trabalho, o operário deve trabalhar seis horas para substituir o valor da sua força, paga cotidianamente pelo capitalista, ou para produzir um equivalente das substâncias que exige o seu sustento diário. O valor dessas substâncias determina o valor diário da sua força e esse valor determina a duração cotidiana do seu trabalho necessário.

O tempo de trabalho necessário poderia ser e é, na prática, reduzido por uma diminuição do salário, que chega a ser inferior ao valor da força de trabalho. Porém, aqui admitimos que a força de trabalho se compra e se vende no seu justo valor; neste caso, o tempo consagrado a reproduzir o dito valor só pode diminuir quando este valor diminua.

Porém, esse valor depende do valor da massa substancial que necessita para o seu sustento; é necessário, portanto, que o valor desta massa diminua, que se produza, por exemplo, em cinco horas a quantidade de substâncias que antes se produzia em seis, e esta produção de igual massa de substâncias em um tempo mais reduzido, só pode resultar de um aumento de força produtiva do trabalho, aumento que não ocorre sem uma modificação dos instrumentos ou no método do trabalho, ou em ambos ao mesmo tempo.

## Aumento da produtividade
### do trabalho e da mais-valia

Por aumento da força produtiva ou da produtividade do trabalho entendemos, em geral, uma mudança nos seus processos que abrevie o tempo atualmente necessário por termo médio para a produção de uma mercadoria, de forma tal que uma quantidade menor de trabalho adquira a faculdade de produzir mais objetos úteis.

Ao examinar a mais-valia proveniente da duração prolongada do trabalho, considerávamos determinado o modo de produção; tratando-se de produzir lucro pela transformação do trabalho necessário em trabalho extraordinário, longe de não tocar nos processos habituais do trabalho, o capital tem que mudar as suas condições técnicas e sociais, isto é, transformar o modo de produção.

Só desta forma poderá aumentar a produtividade do trabalho, diminuir deste modo o valor da força de trabalho e diminuir pelo mesmo o tempo empregado em reproduzi-la.

Denominamos *mais-valia absoluta* o lucro produzido pela simples prolongação da jornada de trabalho e *mais-valia relativa* o lucro que provém, ao contrário, da diminuição do tempo de trabalho necessário e da troca, que é a sua consequência, na duração relativa das duas partes de que se compõe a jornada: trabalho necessário e trabalho extraordinário.

Para que se produza uma baixa no valor da força de trabalho, o aumento de produtividade deve ter lugar nos ramos de indústria, cujos produtos determinam o valor dessa força, isto é, nos que proveem as mercadorias necessárias para o sustento do operário ou os meios de produção dessas mercadorias.

Porém, a redução do preço de um desses artigos só rebaixa o valor da força de trabalho na proporção segundo a qual entra na sua produção. Nos ramos industriais que não proveem nem os meios de subsistência nem os seus elementos materiais, um aumento de produtividade em nada modifica o valor da força de trabalho.

Já vimos no Capítulo I que o valor desta determina o daquelas, diminui quando aumenta a produtividade do trabalho de que provém. Pelo contrário, como o aumento da produtividade do trabalho dá origem a que seja maior o tempo consagrado à fabricação do lucro, a mais-valia relativa cresce quando aumenta a produtividade do trabalho.

Desse modo, rebaixando o preço das mercadorias, o desenvolvimento da força produtiva do trabalho faz baixar o preço do trabalhador; esse desenvolvimento, no regime capitalista, tem por resultado aliviar a parte da jornada em que o operário trabalha para si próprio, e prolongar, por consequência, aquela em que trabalha grátis para o capitalista; os mesmos processos que baixam o preço das mercadorias elevam o lucro que produzem.

A economia de trabalho que realiza um desenvolvimento desse gênero não tende jamais a abreviar a jornada de trabalho, como argumentam alguns economistas; que por um aumento de produtividade chegue o operário a produzir em uma hora dez vezes mais do que produzia, não impede que se continue fazendo-o trabalhar pelo mesmo tanto como anteriormente.

## Capítulo XIII
# COOPERAÇÃO

> Força coletiva do trabalho. Resultados e condições do trabalho coletivo. A gestão da indústria pertence ao capital. A força coletiva do trabalho aparece como uma força própria do capital.

### Força coletiva do trabalho

A produção capitalista começa de fato a estabelecer-se quando um só dono explora muitos assalariados de uma vez; quando um número considerável de operários que funcionam ao mesmo tempo, sob a direção do mesmo capital, no mesmo lugar, para produzir o mesmo gênero de mercadorias; é aqui o ponto de partida histórico da produção capitalista.

As leis da produção do valor só se realizam de uma maneira completa para o que explora uma coletividade de operários. Com efeito, o trabalho, considerado como criador de valor, é trabalho de qualidade média, isto é, a manifestação de uma força média.

Em cada ramo de indústria o operário isolado difere mais ou menos do operário mediano; ainda que empregue mais ou menos tempo que a média para uma mesma operação, recebe o valor médio da força de trabalho, o que ocasiona que o seu patrão obtenha uma taxa geral de mais-valia maior ou menor.

Essas diferenças individuais no grau de habilidade compensam-se e desaparecem quando se trata de um número grande de operários. A jornada de um número considerável de operários explorados ao mesmo tempo constitui uma jornada de trabalho social, isto é, média.

Ainda que os processos de execução do trabalho não experimentem variações, o emprego de um pessoal numeroso ocasiona uma revolução nas condições materiais do trabalho.

Uma fábrica em que estejam instalados vinte tecelões, com vinte teares, deve ser maior que a de um patrão que só ocupa dois tecelões; porém, a construção de dez fábricas para vinte tecelões que trabalham por grupos de dois custa mais que a de um só que sirva para vinte ao mesmo tempo.

O valor dos meios de produção comum e concentrados é menor que o valor dos meios disseminados que substituem; além disso, esse valor reparte-se entre uma massa relativamente maior de produtos. A produção de valor que transmitem às mercadorias diminui, por consequência; o efeito é o mesmo que torná-las mais baratas, a economia no seu emprego provém do seu consumo em comum.

Quando muitos trabalhadores agem juntos por um objetivo comum, no mesmo ato de produção ou em atos de produção diferentes, porém relacionados entre si, quando há conjunto de forças, o trabalho toma a forma cooperativa.

Assim como a força de ataque de um esquadrão de cavalaria difere profundamente do total das forças, postas isoladamente em jogo por cada um dos soldados, assim o total das forças operárias isoladas difere da força que desenvolve desde o momento em que funcionam em conjunto em uma mesma operação. Trata-se, portanto, de criar, mercê da cooperação, uma nova força que só funciona como força cooperativa.

### Resultados e condições do trabalho coletivo

Além da nova potência que resulta da reunião de numerosas forças em uma força comum, o simples contato social produz uma excitação que eleva a capacidade individual de execução.

A cooperação de trabalhadores, repartindo as diversas operações que ocasionam a confecção de um produto entre diferentes mãos, permite executá-las ao mesmo tempo e abreviar o tempo necessário para a sua confecção.

Permite também suprir a curta duração do tempo disponível em certas circunstâncias, pela grande quantidade de trabalho que executa em pouco tempo uma coletividade de operários; permite, além disso, às grandes empresas, diminuir as despesas – fator impossível sem a cooperação –, limitando o espaço em que o trabalho se opera em virtude da concentração dos meios de produção e dos trabalhadores.

Comparada com um número igual de jornadas isoladas, a jornada de trabalho coletivo produz mais objetos úteis e diminui assim o tempo necessário para se obter o efeito que procurado; em resumo, o trabalho coletivo dá resultados que o trabalho individual jamais poderia proporcionar. Essa força produtiva especial da jornada coletiva é uma força de trabalho social ou comum.

Obrando simultaneamente com outros para um fim comum e segundo plano estipulado, o trabalhador excede os limites da sua individualidade e desenvolve a sua potência como espécie. A reunião dos homens é a condição própria da sua ação comum, da sua cooperação. Para que um capitalista possa empregar ao mesmo tempo certo número de assalariados é necessário que compre de uma vez as suas forças de trabalho.

O valor total dessas forças, ou certa soma de salários por dia, semana etc., deve estar reunido na caixa do capitalista antes que os operários estejam reunidos no ato da produção.

O número dos cooperantes ou a importância da cooperação depende, por consequência, antes de tudo, da magnitude do capital, que pode ser adiantado para a compra de forças de trabalho, isto é, da proporção de que um só capitalista dispõe dos meios de subsistência de numerosos operários.

Por outro lado, o incremento da parte variável do capital necessita da sua parte constante; com a cooperação, o valor e a quantidade dos meios de produção, matérias-primas e instrumentos de trabalho, aumentam consideravelmente.

Quanto mais se desenvolvem as forças produtivas do trabalho, maior é a quantidade de matérias-primas que se consomem em um tempo determinado. A concentração dos meios de produção nas mãos do capitalista é, portanto, a condição material de toda a cooperação entre assalariados.

Como vimos no Capítulo XI, o possuidor de dinheiro necessita ter um mínimo deste, que lhe permita explorar o maior número de operários para desobrigar a si mesmos de todo o trabalho manual. Sem essa condição, o pequeno patrão não poderia ter sido substituído pelo capitalista e a produção não poderia revestir a forma da produção capitalista.

O mínimo de magnitude do capital que deve encontrar-se nas mãos dos particulares apresenta-se agora com a concentração de riqueza necessária para a transformação dos trabalhos isolados em trabalho coletivo.

## A GESTÃO DA INDÚSTRIA PERTENCE AO CAPITAL

No começo do capital, a sua gestão sobre o trabalho tem um caráter quase acidental. O operário trabalha sob as ordens do capital no sentido de que lhe vendeu a sua força por carecer dos meios materiais para trabalhar por sua própria conta. Porém, desde o momento em que haja cooperação entre operários assalariados, a gestão do capital manifesta-se como uma condição dispensável da execução do trabalho.

Todo o trabalho social ou comum reclama uma direção que harmonize as atividades individuais. Um músico que executa um solo dirige-se a si próprio; porém uma orquestra necessita de um diretor. Essa função direta de vigilância chega a ser a função do capital quando o trabalho que lhe está subordinado se torna cooperativo, e, como função capitalista, adquire características especiais.

O poderoso aguilhão da produção capitalista é a necessidade de atribuir valor o capital; o seu fim determinante é a maior fabricação possível de mais-valia, ou, o que é o mesmo, a maior exploração possível da força de trabalho.

À medida que aumenta o número de operários explorados em conjunto, maior é a sua força de resistência contra o capitalista e é preciso exercer uma pressão mais enérgica para domar toda essa resistência.

Nas mãos do capitalista a direção não é só a função especial que nasce da natureza do trabalho cooperativo ou social; é, além disso e, sobretudo, a função de explorar o trabalho social, função que tem por base o antagonismo inevitável entre o explorador e a força que explora.

A força dessa direção chega a ser infalivelmente despótica. As formas particulares desse despotismo desenvolvem-se à medida que se desenvolve a cooperação.

O capitalista começa por dispensar o trabalho manual. Depois, quando aumenta o seu capital e com este a força coletiva que explora, abandona a sua função de vigilância imediata dos operários e dos grupos operários e a confia a uma espécie particular de assalariados.

Quando chega a encontrar-se à testa de um exército industrial, necessita oficiais inferiores (vigilantes, inspetores, contramestres) que, durante o trabalho, mandam em nome do capital. O trabalho de vigilância converte-se em função exclusiva desses assalariados especiais.

A gestão da indústria pertence ao capital, como nos tempos feudais pertenciam à propriedade territorial a direção da guerra e a administração da justiça. Augusto Comte e a escola positivista intentaram demonstrar a eterna necessidade dos senhores do capital; poderiam igualmente e com as mesmas razões demonstrar a dos senhores feudais.

## A FORÇA COLETIVA DO TRABALHO APARECE COMO UMA FORÇA PRÓPRIA DO CAPITAL

O operário é proprietário da sua força de trabalho, posto que discute o preço de venda com o capitalista e só pode vender o que possui, a sua força individual.

É assim como o capitalista contrata com um ou com uma centena de operários, independentes uns de outros e que poderia empregar separadamente.

O capitalista paga separadamente a cada um dos 100 operários a sua força de trabalho, porém não paga a força combinada dessa centena, a nova força.

Como pessoas independentes, os operários são indivíduos isolados que se relacionam com o mesmo capital, porém, não uns com outros. O vínculo entre as suas funções individuais, a sua unidade como corpo produtor, encontra-se fora deles, no capital que os reúne. A sua cooperação só começa no ato do trabalho, desde então perderam a sua vontade própria.

Como figuram no trabalho, não são mais que uma forma particular da existência do capital.

A força produtora que os assalariados desenvolvem ao funcionar na qualidade de "trabalho coletivo" é, por consequência, força produtora do capital.

A força social de trabalho parece ser uma força de que o capital está dotado por natureza, força produtora que originalmente lhe pertence, porque essa força social do trabalho nada custa ao capital, e, além disso, porque o assalariado a desenvolve, depois que o seu trabalho pertence ao capital.

Se a potência coletiva do trabalho desenvolvida pela cooperação aparece como forma particular da produção, a cooperação aparece como forma particular da produção capitalista; nas mãos do capital, essa socialização do trabalho aumenta as forças produtoras, unicamente para explorá-las com mais proveito.

O modo de produção capitalista de modo algum se apresenta como necessidade histórica pela transformação do trabalho isolado em trabalho coletivo.

Ocorre porque o modo de produção e a forma de cooperação de trabalho utilizadas, se desenvolvem na história em oposição com a pequena lavoura e pequeno ofício, que a cooperação aparece como forma particular de produção capitalista, portanto a cooperação capitalista não é, na verdade, uma forma particular de cooperação.

## Capítulo XIV
# DIVISÃO DO TRABALHO E MANUFATURA

> I. Dupla origem da manufatura. II. O trabalhador fracionário e sua utilidade. III. As duas formas fundamentais da manufatura. Mecanismo geral da manufatura. Ação da manufatura sobre o trabalho. IV. Divisão do trabalho na manufatura e na sociedade. V. Caráter capitalista da manufatura.

### I – Dupla origem da manufatura

A espécie da manufatura que tem por base a divisão do trabalho reveste na manufatura a forma clássica e domina durante o período manufatureiro propriamente dito, que dura aproximadamente desde meados do século XVI até ao último terço do século XVIII.

De uma parte, uma só fábrica pode reunir, sob as ordens do mesmo capitalista, artífices de ofícios diferentes, por cujas mãos deve passar um produto para ficar inteiramente concluído. Uma carruagem foi o primeiro o produto de trabalho de grande número de artistas independentes uns de outros, tais como carpinteiros, guarnecedores, torneiros, pintores, serralheiros, vidreiros etc. A manufatura de carruagens reuniu-os a todos em um mesmo local onde trabalham juntos; como fazem muitas carruagens de cada vez, cada operário tem sempre a sua tarefa particular para realizar.

Porém, rapidamente se introduziu uma modificação essencial. O serralheiro, o carpinteiro etc., que só se têm ocupado na fabricação de carruagens, perdem pouco a pouco o costume e com ele a capacidade de exercer o seu ofício em toda a sua extensão; limitado desde esse momento a uma especialidade do seu ofício, a sua habilidade adquire a forma mais apropriada por meio desse exercício reduzido.

Por outro lado, grande número de operários, cada um dos que fabrica o mesmo objeto, podem ser ocupados ao mesmo tempo pelo mesmo capitalista na mesma fábrica; essa é a cooperação na sua forma mais simples.

Cada operário faz a mercadoria inteira, executando sucessivamente as diversas operações necessárias. Em virtude de circunstâncias exteriores, um dia, em vez de fazer com que cada um dos operários execute as diferentes operações, confia-se cada uma destas especialmente a um dentre aqueles, e, todas, em conjunto, aparecem então executadas ao mesmo tempo pelos cooperadores, executando só uma por cada um deles em lugar de fazê-las todas sucessivamente cada operário.

Realizada essa divisão acidentalmente a primeira vez, ela repete-se, mostra as suas vantagens e acaba por ser uma divisão sistemática do trabalho. Do produto individual de um operário independente que execute uma porção de operações diversas, a mercadoria converte-se no produto social de uma reunião de operários, cada um dos quais efetua constantemente a mesma operação por partes.

A origem da manufatura, sua procedência do ofício, apresenta, portanto, um duplo aspecto. Por um lado, tem por ponto de partida a combinação de ofícios diversos e independentes, a qual se simplifica até reduzi-los à categoria de operações parciais e complementares na produção da mesma mercadoria.

Por outro lado, apodera-se da cooperação de artífices do mesmo gênero, decompõe o seu ofício nas suas diferentes operações, isola-os e torna-os independentes, de tal sorte que, cada uma delas chega a ser função exclusiva de um trabalhador que, confeccionando só uma parte de um produto, não é mais que um trabalhador fracionário. Assim, portanto, ora combina ofícios distintos, cujo produto é a obra, ora desenvolve a divisão do trabalho em um ofício.

Qualquer que seja o seu ponto de partida, a sua forma primitiva é a mesma: um organismo de produção, cujos membros são homens.

Para compreender bem a divisão do trabalho na manufatura, é essencial não perder de vista os dois pontos seguintes:

**1º)** a execução das operações não deixa de depender da força, da habilidade e da rapidez do operário no manejo da sua ferramenta; por isso, cada operário fica adstrito a uma função pormenorizada, a uma função fracionária por toda a sua vida;

**2º)** a divisão manufatureira do trabalho é uma cooperação de gênero particular; sem dúvida, as suas vantagens dependem principalmente não dessa força particular, mas da natureza geral da cooperação.

## II – O TRABALHADOR FRACIONÁRIO E SUA UTILIDADE

O operário fracionário converte todo o seu corpo em órgão mecânico em uma só operação simples, executada por ele durante a sua vida, de forma que chega a executá-la com mais rapidez que o artífice que executa toda uma série de operações. Comparada com o ofício independente, a manufatura, composta de trabalhadores fracionários, provê, portanto, mais produtos em menos tempo, ou por outros termos, aumenta a força produtiva do trabalho.

O artífice que tem que efetuar operações diferentes deve mudar muitas vezes de lugar e de instrumentos. A mudança de uma operação para outra ocasiona interrupções no trabalho, intervalos improdutivos, os quais desaparecem, deixando mais tempo à produção, à medida que, em virtude da divisão do trabalho, diminui para cada trabalhador o número de trocas de operações.

Por outro lado, esse trabalho contínuo e uniforme acaba por fatigar o organismo, que encontra alívio e satisfação na atividade variada.

Quando as partes do trabalho dividido chegam a ser funções exclusivas, o seu método aperfeiçoa-se.

Quando se repete constantemente um ato simples e se concentra nele a atenção, chega-se a alcançar pela experiência o efeito útil e desejado com o menor gasto possível de força, e, como sempre, diversas gerações de operários vivem e trabalham ao mesmo tempo nas mesmas fábricas, os processos técnicos adquiridos, os chamados *macetes* do ofício, acumulam-se e transmitem-se, aumentando assim a potência produtora do trabalho.

A produtividade do trabalho não depende só da habilidade do operário, mas, também, da perfeição dos seus instrumentos. A mesma ferramenta pode servir para operações distintas; à medida que essas operações se separam, o utensílio abandona a sua forma única e subdivide-se cada vez mais em variedades diferentes, cada uma das quais possui uma forma própria para um só uso, porém a mais adequada para esse uso.

O período manufatureiro simplifica, aperfeiçoa e multiplica os instrumentos de trabalho, acomodando-os às funções separadas dos operários fracionários. O trabalhador fracionário e o seu utensílio. Eis os elementos simples da manufatura, cujo mecanismo geral examinaremos.

### III – As duas formas fundamentais de manufatura

A manufatura apresenta duas formas fundamentais que, não obstante o seu caráter acidental, constituem duas espécies essencialmente distintas, que desempenham papéis muito diferentes ao ocorrer a transformação, que depois tem lugar, da manufatura à indústria moderna. Esse duplo caráter depende da natureza do produto, que deve a sua forma definitiva a um simples ajuste mecânico de produtos parciais independentes, ou a uma série de transformações ligadas umas às outras.

A primeira espécie provê produtos, cuja forma definitiva é uma simples reunião de produtos parciais, que até podem ser executados como ofícios distintos; um produto típico dessa espécie é o relógio de pulso. O relógio constitui o produto social de imenso número de trabalhadores, tais como os que fazem as molas, os cilindros, os mostradores, ponteiros, caixas, parafusos, os fornos etc.

As subdivisões abundam. Há, por exemplo, os fabricantes de rodas (rodas de latão e rodas de aço, separadamente), os que trabalham em molas, eixos, escapes, balancins, o lustrador das rodas e dos parafusos, o pintor dos algarismos, o gravador, o polidor da caixa etc. e por último o ajustador que reúne esses elementos separados e entrega o relógio completamente concluído.

Porém, esses elementos, tão diversos, tornam inteiramente acidental a reunião em uma mesma fábrica dos operários que os preparam; os operários domiciliários que executam em suas casas esses trabalhos de modo autônomo.

Porém, por conta de um capitalista, fazem, entre si, com efeito, uma terrível concorrência em proveito do capitalista, que economiza além disso as despesas de escritório; assim, a exploração manufatureira só dá benefícios em circunstâncias excepcionais.

A segunda espécie de manufatura, a sua forma perfeita, provê produtos que procedem de toda uma série de desenvolvimentos graduais; na manufatura de alfinetes, por exemplo, o arame de latão passa pelas mãos de uma centena de operários aproximadamente, cada um dos quais efetua operações distintas.

Combinando ofícios, que eram antes independentes, uma manufatura desse gênero diminui o tempo entre as diversas operações e o ganho em força produtiva, que resulta dessa economia de tempo, depende do caráter cooperativo da manufatura.

### Mecanismo geral da manufatura

Antes de chegar à sua forma definitiva, o objeto de trabalho, o latão, por exemplo, na manufatura de alfinetes percorre uma série de operações que, dado o conjunto dos produtos em operação, trabalham todas simultaneamente; vê-se executar por sua vez o corte do arame, a preparação das cabeças, o desengrossar das pontas etc.; o produto aparece assim em um dado momento em todos os seus graus de transformação.

Como o produto parcial de cada trabalho fracionado é um só em grau particular do desenvolvimento da obra completa, o resultado do trabalho de um é o ponto de partida do trabalho de outro.

O tempo de trabalho necessário para se obter em cada operação parcial o efeito útil desejado estabelece-se experimentalmente, e o mecanismo total da manufatura funciona com a condição de que em um dado tempo deve obter-se um resultado determinado.

Dessa maneira, os trabalhos diversos e complementares podem marchar paralelamente e sem interrupção. Essa dependência imediata, em que se encontram reciprocamente trabalhos e trabalhadores obriga a cada um empregar só o tempo necessário na sua função e aumenta, por esse fato, o rendimento do trabalho. As operações diferentes exigem, sem dúvida, tempos desiguais e consequente fornecimento em tempos iguais de quantidades desiguais de produtos parciais.

Assim, portanto, para se conseguir que o mesmo operário execute todos os dias uma só operação sem perda de tempo é necessário empregar para operações diferentes quantidades diversas de operários; quatro fundidores, por exemplo, para dois operários de composição e um raspador, em uma fábrica de caracteres de imprensa; em uma hora o fundidor funde só 2.000 caracteres, enquanto o operário de composição compõe 4.000 e o raspador raspa 8.000 no mesmo espaço de tempo.

Uma vez determinado pela experiência, para uma dada cifra de produção, o número proporcional mais conveniente de operários em cada grupo especial, unicamente se pode aumentar essa cifra, aumentando cada grupo especial proporcionalmente ao seu número de trabalhadores.

O grupo especial pode não consistir apenas de operários que realizam a mesma tarefa, mas também de trabalhadores, cada um com a sua função particular na confecção de um produto parcial. O grupo constitui então uma equipe de trabalho perfeitamente organizada. Os operários que o compõem formam outros tantos órgãos diferentes, de uma força coletiva, que funciona mercê da cooperação imediata de todos. Mas, faltando um deles, o grupo, de que ele faz parte, paralisa.

Finalmente, da mesma maneira que a manufatura deriva em parte de uma combinação de ofícios diferentes, pode também desenvolver-se combinando diferentes manufaturas. Desse modo, nas fábricas de vidro importantes, fabricam-se os cadinhos de argila de que se necessitam. A manufatura do meio de produção une-se à manufatura do produto em que este entra como matéria-prima.

Nesse caso, as manufaturas combinadas formam seções da manufatura total, ainda que constituam atos independentes de produção, cada um dos quais tem a sua divisão distinta do trabalho. Apesar das suas vantagens, a manufatura combinada não adquire verdadeira unidade senão depois da transformação da indústria manufatureira em indústria mecânica.

Com a manufatura tem-se desenvolvido também em alguns pontos o uso das máquinas, sobretudo para certos trabalhos de simples preliminares, que só se podem executar em grande escala e com gasto considerável de força, tais como o de partir o mineral nos estabelecimentos metalúrgicos. Porém, em geral, no período manufatureiro as máquinas desempenham um papel secundário.

## Ação da manufatura sobre o trabalho

A equipe de trabalho coletivo, formada pela combinação de grande número de operários fracionados constitui o mecanismo próprio do período manufatureiro.

As diversas operações que o produtor individual de uma mercadoria executa sucessivamente, e que se confundem no conjunto do seu trabalho, exigem qualidades de diferentes índoles. Em uma, precisa empregar mais habilidade, noutra mais força, em uma terceira mais atenção etc., e o mesmo indivíduo não possui todas essas faculdades no mesmo grau.

Uma vez separadas e feitas independentes as distintas operações, os operários são classificados segundo as faculdades que dominam em cada um deles.

Dessa forma, a equipe de trabalhado coletivo possui todas as faculdades produtivas requeridas, que não é possível encontrar reunidas no trabalhador individual e gasta-as o mais econômica e utilmente possível, empregando as individualidades que compõem só em funções adequadas às suas qualidades.

Considerado como membro do trabalho coletivo, o trabalhador fracionado chega a ser mais perfeito na medida em que é mais incompleto. O hábito de uma função única converte-o em órgão infalível e autômato dessa função, ao mesmo tempo em que o conjunto do mecanismo o obriga a trabalhar com a regularidade de uma peça de máquina.

Sendo as funções do trabalhador de uma equipe mais ou menos simples, mais ou menos elevadas, os seus órgãos, isto é, as forças individuais de trabalho, devem ser também mais ou menos simples, mais ou menos desenvolvidas; essas forças possuem, por consequência, valores distintos. Dessa forma, para responder a hierarquia de forças de trabalho, se estabelece uma graduação de salários.

Todo o ato de produção exige certos trabalhos de que qualquer um é capaz: esses trabalhos são separados das operações principais que os necessitam e convertidos em funções exclusivas. A manufatura produz, portanto, em cada ofício que entra em seu domínio, uma categoria de simples manipuladores.

Depois de bem desenvolvida a especialidade isolada até o ponto de fazer dela uma habilidade excessiva a expensas da potência do trabalho integral, começa também por fazer uma especialidade da falta de todo o desenvolvimento.

Ao lado da graduação hierárquica constitui-se uma divisão simples dos trabalhadores em hábeis e inábeis. Para estes últimos são nulas as despesas de aprendizagem; para os primeiros são menores que os que supostamente tem aprendido o ofício no seu conjunto; em ambos os casos a força de trabalho perde o seu valor.

A perda relativa de valor da força de trabalho, que depende da diminuição ou desaparição das despesas de aprendizagem, ocasiona um aumento de mais-valia: com efeito, tudo o que diminui o tempo necessário para a produção da força de trabalho acrescenta por este mesmo fato o domínio do trabalho extraordinário.

## IV – Divisão do trabalho na manufatura e na sociedade

Examinemos agora a relação entre a divisão manufatureira do trabalho e sua divisão social, distribuição dos indivíduos entre as diversas profissões, que forma a base geral de toda a produção mercantil.

Limitando-nos a considerar o trabalho em si, podemos designar a separação da produção social nos seus grandes ramos: indústria, agricultura etc., com o nome de divisão do trabalho em geral; a separação desses grandes gêneros de produção em espécies e variedades sob a divisão do trabalho em particular; e, por último, a divisão na fábrica com o nome de trabalho pormenorizado.

Da mesma maneira que a divisão do trabalho na manufatura admite, como base material, certo número de operários ocupados ao mesmo tempo, assim também a divisão do trabalho na sociedade admite uma população bastante numerosa e bastante compacta, que corresponde à aglomeração dos operários na oficina.

A divisão manufatureira do trabalho generaliza-se apenas onde a sua divisão social já chegou a certo grau de desenvolvimento, e, como resultado, desenvolve e multiplica esta última subdivisão em uma profissão, conforme a variedade de suas operações, organizando essas diferentes operações em ofícios distintos.

Apesar das semelhanças e relações que existem entre a divisão do trabalho na sociedade e a divisão do trabalho na fábrica, existe entre elas uma diferença essencial.

A semelhança parece surpreendente onde os diversos ramos de indústria estão unidos por laço íntimo. O criador de gado, por exemplo, produz peles; o curtidor converte-as em couro, e o sapateiro transforma o couro em sapatos.

Nessa divisão social do trabalho, como na divisão manufatureira, cada um provê um produto gradual e o último produto é a obra coletiva de trabalhos especiais.

Porém, o que é que constitui a relação entre os trabalhos independentes do criador de gado, do curtidor e do sapateiro? Seus respectivos produtos serem mercadorias. E, pelo contrário, qual é a característica própria da divisão manufatureira do trabalho?

O fato de os trabalhadores fracionários não produzirem mercadorias, sendo mercadorias somente o seu produto coletivo. A divisão manufatureira do trabalho admite uma concentração de meios de produção nas mãos do capitalista; a divisão social do trabalho admite a dispersão dos meios de produção entre grande número de produtores comerciantes, independentes uns dos outros.

Enquanto na manufatura a proporção indicada pela experiência determina o número de operários vinculados a cada função particular, o acaso e o arbitrário imperam da maneira mais desregrada na distribuição dos produtores e dos seus meios de produção entre os diversos ramos do trabalho social.

Os diferentes ramos da produção que se empregam ou restringem, segundo as oscilações dos preços do mercado, tendem, sem dúvida, a buscar o equilíbrio pela pressão de catástrofes. Porém, essa tendência a equilibrar-se não é mais que uma reação contra a destruição contínua desse equilíbrio.

A divisão manufatureira do trabalho impõe a autoridade absoluta do capitalista sobre homens transformados em simples membros de um mecanismo que lhe pertence.

A divisão social do trabalho põe frente a frente os produtores que não conhecem mais autoridade que a da concorrência, nem outra força que não seja a pressão que sobre eles exercem os seus interesses recíprocos.

E essa consciência burguesa, que preconiza a divisão manufatureira do trabalho, isto é, a condenação perpétua do trabalhador a uma operação pormenorizada, fracionada, e a sua subordinação absoluta ao capitalista, levanta a voz, indigna-se quando se fala de intervenção, de regulamentação, de organização regular da produção!

Denuncia toda a tentativa desse gênero como um ataque contra os direitos da propriedade e liberdade.

"Quereis, pois, converter a sociedade em uma fábrica?", vociferam então esses partidários entusiastas do sistema da fábrica. Ao que parece, o sistema das fábricas só é bom para o proletário. A anarquia na divisão social e o despotismo na divisão manufatureira do trabalho caracterizam a sociedade burguesa.

Enquanto a divisão social do trabalho, com ou sem troca de mercadorias, pertence às formas econômicas das sociedades mais diversas, a divisão manufatureira é uma criação especial do sistema de produção capitalista.

## V – Caráter capitalista da manufatura

Com a manufatura e a divisão do trabalho, o número mínimo de operários que um capitalista deve empregar é imposto a ele pela divisão do trabalho estabelecido; para obter as vantagens de uma divisão maior necessita aumentar o seu pessoal, e como já vimos, o aumento deve recair ao mesmo tempo, segundo proporções determinadas, sobre todos os grupos da oficina.

Esse acréscimo da parte do capital consagrada à compra de forças de trabalho, da parte variável, necessita naturalmente o da parte constante, antecipada em meios de produção e, sobretudo, em matérias-primas.

A manufatura aumenta, portanto, o mínimo do dinheiro indispensável ao capitalista. A manufatura revoluciona totalmente o sistema de trabalho individual e ataca na sua raiz a força de trabalho. Mutila o trabalhador, faz dele algo monstruoso, ativando o desenvolvimento artificial da sua destreza fracionária, em prejuízo do seu desenvolvimento geral.

O indivíduo fica convertido em mola automática de uma operação exclusiva. Ao adquirir destreza, em detrimento de sua inteligência, os conhecimentos e o desenvolvimento intelectual, que dele desaparecem, concentram-se em outras áreas como um poder que o domina, poder alistado ao serviço do capital.

Originariamente, o operário vende ao capital a sua força de trabalho porque lhe faltam os meios materiais de produção.

Desde o momento em que, em lugar de possuir todo um ofício, de saber executar as diversas operações que contribuem para a produção de uma obra, tem o operário a necessidade da cooperação de maior ou menor número de companheiros, para que a única função parcial, que é capaz de realizar, seja eficaz.

Enquanto, em suma, isoladamente é apenas um acessório que não tem utilidade, pois não pode obter serviço formal da sua força de trabalho, se não a vende. Para poder funcionar necessita um meio social, que só existe na fábrica do capitalista.

A cooperação, fundada na divisão do trabalho, isto é, na manufatura, é, em seus princípios, uma operação espontânea e inconsciente. Enquanto adquire alguma consistência e base suficientemente ampla, chega a ser a forma reconhecida e metódica da produção capitalista.

A divisão do trabalho, que se desenvolve experimentalmente, é somente um método particular de aumentar o rendimento do capital a expensas do trabalhador.

Aumentando as forças produtivas do trabalho cria-se circunstâncias novas, que asseguram a dominação do capital sobre o trabalho.

Apresenta-se, portanto, como um progresso histórico, período necessário na formação econômica da sociedade, e como meio civilizado e refinado de exploração.

Enquanto a manufatura é a forma dominante do sistema de produção capitalista, a realização das tendências dominadoras do capital encontra, sem dúvida, obstáculos.

A habilidade no ofício fica sendo, apesar de tudo, a base da manufatura: os operários hábeis são os mais numerosos e não se pode prescindir deles; têm, por conseguinte, certa força de resistência; o capital tem que lutar constantemente contra a sua insubordinação.

# Capítulo XV
# MAQUINARIA E INDÚSTRIA MODERNA

I. Desenvolvimento da maquinaria. Desenvolvimento da indústria moderna. II. Valor transmitido pela máquina ao produto. III. Trabalho das mulheres e dos menores. Prolongamento da jornada de trabalho. O trabalho mais intensificado. IV. A fábrica. V. Luta entre o trabalhador e a máquina. VI. A teoria da compensação. VII. Os operários alternadamente deslocados da fábrica e atraídos por ela. VIII. Supressão da cooperação fundada no ofício e na divisão do trabalho. Reação da fábrica sobre a manufatura e o trabalho domiciliar. Da manufatura moderna e do trabalho domiciliar à indústria moderna. IX. Contradição entre a natureza da indústria moderna e a sua forma capitalista. A fábrica e a instrução. A fábrica e a família. Consequências revolucionárias da legislação da fábrica. X. Indústria moderna e agricultura.

### I – Desenvolvimento da maquinaria

Como todo o desenvolvimento da força produtiva do trabalho, o emprego capitalista das máquinas só tende a diminuir o preço das mercadorias e, por consequência, tornar menor a parte da jornada que o operário trabalha para si próprio, a fim de prolongar a outra parte em que trabalha para o capitalista; é, como a manufatura, um método particular para fabricar mais-valia relativa.

A força de trabalho na manufatura e o instrumento de trabalho na produção mecânica são os pontos de partida da revolução industrial. Portanto, é necessário estudar de que modo o instrumento de trabalho se converteu de utensílio em máquina, mensurando assim a diferença que existe entre a máquina e o instrumento manual.

Toda a maquinaria desenvolvida se compõe de três partes essencialmente distintas: motor, transmissão e máquina de operação. O motor dá impulso a todo o mecanismo. Engendra a sua própria força de movimento, como a máquina a vapor, ou recebe o impulso de uma força natural exterior, como a roda hidráulica o recebe de uma queda de água e a hélice de um moinho de vento das correntes de ar.

A transmissão composta de volantes, correias, polias etc., direciona o movimento distribuindo e trocando da forma que é necessária até transmiti-lo à máquina de operação, à máquina-ferramenta. O motor e a transmissão, com efeito, existem somente para comunicar à máquina-ferramenta o movimento que ela faz sobre o objeto de trabalho e de mudar a sua forma.

Examinando a máquina-ferramenta, encontramos em grande escala, embora sob formas modificadas, os aparelhos e instrumentos que emprega o artífice ou o operário manufatureiro; porém, de instrumentos manuais do homem se converteram em instrumentos mecânicos de uma máquina. A máquina-ferramenta é, portanto, um mecanismo que, recebendo o movimento adequado, executa com os seus instrumentos as mesmas operações que o trabalhador executava anteriormente com instrumentos semelhantes.

Desde que o instrumento, fora da mão do homem, é manejado por um mecanismo, a máquina-ferramenta substitui a simples ferramenta e realiza uma revolução, muito embora o homem continue impulsionando-a, servindo de motor.

Por que o número de utensílios que o homem pode manejar ao mesmo tempo está limitado pelo número dos seus próprios órgãos; se o homem só possui duas mãos para manter agulhas, a máquina de fazer meias, movida por um homem, faz pontos com muitos milhares de agulhas; o número de utensílios ou ferramentas que uma só máquina põe em atividade a um tempo emancipou-se, portanto, do limite orgânico que não podia ultrapassar o utensílio manual.

Há instrumentos que mostram claramente o duplo papel do operário como simples motor e como executor da mão de obra propriamente dita. Citemos como exemplo o torno; o pé age sobre o pedal como motor, enquanto as mãos agem, trabalhando com o fuso. Desta última parte do instrumento órgão da operação manual, se apodera em primeiro lugar a revolução industrial, deixando ao homem, por sua vez, a nova tarefa de vigiar a máquina, o papel puramente mecânico do motor.

A máquina, ponto de partida da revolução industrial, substitui, portanto, o operário que maneja uma ferramenta pela maquinaria que trabalha ao mesmo tempo com muitos utensílios semelhantes e que recebe o impulso de uma força única, seja qual for a forma dessa força. Essa máquina-ferramenta não é, sem dúvida, mais que o elemento simples da produção mecânica.

Ao chegar a certo ponto, só é possível aumentar as dimensões da máquina de operação, e o número dos seus utensílios, quando se dispõe de uma força impulsiva superior à do homem, sem contar que o homem é um agente muito imperfeito, quando se trata de produzir um movimento contínuo e uniforme. Desse modo, ao ser substituído o utensílio por uma máquina movida pelo homem, se tornou necessário, em seguida, substituir o homem no papel de motor por outras forças naturais.

Recorreu-se ao cavalo, ao vento e à água; mas só na máquina de vapor de Watt se encontrou um motor capaz de gerar, por si mesmo, a sua própria força motriz, consumindo água e carvão, e cujo ilimitado grau de potência é regulado perfeitamente pelo homem. Além disso, não sendo condição precisa que esse motor funcione em lugares especiais, onde se encontra a força motriz natural, como ocorre com a água, pode transportar-se e instalar-se onde a sua ação seja necessária. Uma vez emancipado o motor dos limites da força humana, a máquina-ferramenta, que inaugurou a revolução industrial, baixa à categoria de simples órgão da maquinaria de operação. Um só motor pode pôr em movimento muitas máquinas-ferramentas. O conjunto da maquinaria produtiva apresenta então duas formas distintas: ou a cooperação de muitas máquinas semelhantes, como no tecido, por exemplo, ou uma combinação de máquinas diferentes, como ocorre na fiação.

No primeiro caso, o produto é fabricado por completo pela mesma máquina-ferramenta, que executa todas as operações; e a forma própria da oficina fundada no emprego das máquinas, a fábrica, apresenta-se em primeiro lugar como uma aglomeração das máquinas-ferramentas da mesma espécie, que funcionam em conjunto no mesmo local. Assim, uma fábrica de tecidos está formada pela reunião de muitos teares mecânicos. Porém, existe aqui uma verdadeira unidade técnica, enquanto essas numerosas máquinas-ferramentas recebem uniformemente seu impulso de um motor comum. Assim como numerosos utensílios formam os órgãos de uma máquina-ferramenta, assim também numerosas máquinas-ferramentas formam outros tantos órgãos semelhantes de um mesmo mecanismo motor.

No segundo caso, quando o objeto de trabalho tem que percorrer uma série de transformações graduais, o sistema de maquinaria realiza essas transformações mercê de máquinas diferentes, embora combinadas umas com outras. A cooperação por divisão do trabalho que caracteriza a manufatura surge aqui também como combinação de máquinas de operação fracionárias. Sem dúvida, manifestara-se imediatamente uma diferença essencial: a divisão manufatureira do trabalho deve ter em conta os limites das forças humanas e só pode estabelecer-se como regra pela possibilidade manual das diversas operações parciais; a produção mecânica, pelo contrário, emancipada dos limites das forças humanas, fundamenta a divisão em muitas operações de um ato de produção, na análise dos princípios constitutivos e dos estudos sucessivos desse ato, enquanto a questão de execução se resolve por meio da mecânica etc.

Assim como na manufatura, a cooperação imediata dos operários encarregados de operações parciais exige um número proporcional e determinado desses trabalhadores em cada grupo, assim, também, na combinação de máquinas diferentes, a ocupação contínua de umas máquinas parciais por outras, suprindo cada uma o que seja objeto do seu trabalho, criando uma relação determinada entre o seu número, sua dimensão, sua velocidade e o número de operários que se deve empregar em cada categoria. Qualquer que seja a sua forma, o sistema de máquinas-ferramentas que marcham sós, sob o impulso recebido pela transmissão de um motor central que gera a sua própria força motriz, é a expressão mais desenvolvida da maquinaria produtiva. A máquina isolada foi substituída pelo monstro mecânico, cujos gigantescos membros enchem edifícios inteiros.

## Desenvolvimento da indústria moderna

A divisão manufatureira do trabalho deu origem à oficina de construção, onde se fabricam os instrumentos de trabalho e os aparelhos mecânicos já empregados em algumas manufaturas. Essa oficina, com os seus operários hábeis mecânicos, permitiu aplicar os grandes inventos e nela se construírem as máquinas. À medida que se multiplicaram os inventos e os pedidos de máquinas, a sua construção dividia-se em ramos variados e independentes, desenvolvendo-se em cada um deles a divisão do trabalho. A manufatura constitui, portanto, historicamente, a base técnica da indústria moderna.

As máquinas, fornecidas pela manufatura, são substituídas pela indústria moderna. Porém, ao desenvolver-se, a indústria moderna modifica a construção das máquinas, que é a sua base técnica e subordina-a ao seu novo princípio, o emprego das máquinas.

Assim como a máquina-ferramenta é morosa, enquanto o homem a move, e da mesma maneira que o sistema mecânico progride lentamente, e enquanto as forças motoras tradicionais, animal, vento e a água não são substituídas pelo vapor, assim também a indústria moderna marcha com lentidão, porque a máquina deve a sua existência à força e à habilidade humanas e depende da força muscular, do golpe de vista e da destreza manual do operário.

Ainda não é tudo. A transformação do sistema de produção em um ramo da indústria dá lugar a diversas transformações. Os meios de comunicação e de transporte, insuficientes para o aumento de produção, tiveram que adaptar-se às exigências da indústria moderna (estradas de ferro, paquetes, transatlânticos). As enormes massas de ferro que para essa finalidade foi preciso preparar necessitaram monstruosas máquinas, cuja criação era impossível para o trabalho manufatureiro.

A indústria moderna viu-se, portanto, em necessidade de se dirigir ao seu meio característico de produção, à própria máquina, para produzir outras máquinas; deste modo, criou-se uma base técnica em harmonia com o seu princípio.

Havia na máquina a vapor um motor suscetível de qualquer grau de potência; porém, para conseguir fabricar máquinas com máquinas, era necessário produzir mecanicamente as formas perfeitas geométricas, tais como o círculo, o cone, a esfera, que exigem certas partes das máquinas. Esse problema ficou resolvido em princípios deste século (século XIX), com a invenção do torno mecânico, que pouco depois se pode mover por si só; esse acessório do torno permite produzir as formas geométricas que se desejarem com um grau de exatidão, facilidade e rapidez que a experiência acumulada não consegue nunca dar por meio das mãos do operário mais hábil.

Podendo desde esse momento alongar-se livremente, a indústria moderna faz do caráter cooperativo do trabalho uma necessidade técnica, imposta pela própria natureza do seu meio; cria um organismo de produção que o operário encontra na oficina, como condição material já disposta do seu trabalho. O capital apresenta-se perante ele sob uma nova forma e muito mais temível, a de um monstruoso autômato, ao lado do qual a força do operário individual é quase nula.

## II – Valor transmitido pela máquina ao produto

Já vimos que as forças produtivas que resultam da cooperação e da divisão do trabalho não custam nada ao capital. Essas são as forças naturais do trabalho social. Tampouco nada custam as forças físicas apropriadas para a produção, tais como a água, o vapor etc.; porém, para utilizá-las, são necessários certos aparelhos preparados pelo homem: para explorar a força motriz da água é preciso ter uma roda hidráulica, para explorar a elasticidade do vapor é necessária uma máquina. Se se tornou evidente que a indústria mecânica aumenta de um modo maravilhoso a produtividade do trabalho, surge a dúvida de determinar se o emprego das máquinas economiza mais trabalho do que o custo da sua construção e conservação.

Como qualquer outro elemento do capital constante, que é a parte adiantada em meios de produção, a máquina não produz valor e unicamente transmite o seu ao artigo que fabrica. Porém, a máquina, esse meio de trabalho da indústria moderna, é muito custoso, comparada com os meios de trabalho do ofício e da manufatura.

Ainda que a máquina seja utilizada sempre por completo para a criação de um produto, isto é, como elemento de produção, participa somente com frações para a formação do valor. Com efeito, uma vez criado o produto, a máquina subsiste ainda; serviu no seu conjunto para criá-lo, mas não desaparece nessa criação, ela está prestes a funcionar para a criação de um novo produto.

Nunca aumenta seu valor mais do que o seu desgaste e nem perde em média. Existe, portanto, uma grande diferença entre o valor da máquina e o valor que transmite ao seu produto, entre a máquina e o elemento de produção. Como uma máquina funciona durante prolongados períodos de trabalho e o seu desgaste e consumo se repartem entre imensas quantidades de produto, cada um dos seus produtos só absorve uma pequeníssima porção do seu valor e absorve menos proporcionalmente à produtividade da máquina.

Dada a proporção em que a máquina se gasta e transmite valor ao produto, a magnitude do valor transmitido depende do valor original da máquina. Quanto menos trabalho contém, menor é o seu valor e menor é o que adiciona ao produto. É evidente que há um simples deslocamento de lugar de trabalho; se na produção de uma máquina se gastou um tanto de tempo de trabalho que foi economizado com o seu uso, a quantidade total do trabalho exigido a produção de uma mercadoria e, portanto, no valor dessa mercadoria, não diminui.

Porém, se a compra de uma máquina custa tanto como a compra das forças de trabalho que substitui, não impede que diminua o valor transmitido ao produto, pois nesse caso a máquina substitui mais tempo de trabalho do que ela própria representa.

Com efeito, o preço da máquina expressa o seu valor, isto é, equivale a todo o tempo de trabalho nela contido, qualquer que seja a divisão que desse tempo se faça, em trabalho necessário e trabalho extraordinário, enquanto o mesmo preço pago aos operários a quem substitui, não equivale a todo o tempo de trabalho que empregam, e somente é igual a uma parte desse tempo, ao tempo de trabalho necessário.

Considerado exclusivamente como meio de tornar o produto mais barato, o emprego das máquinas encontra um limite: é necessário que o tempo de trabalho gasto na sua produção seja menor que o tempo de trabalho suprimido pelo seu uso.

Para o capitalista o emprego das máquinas encontra um limite ainda mais reduzido. O que paga não é trabalho, mas sim força de trabalho, e ainda o salário real do trabalhador é muitas vezes inferior ao valor da sua força. Assim, o capitalista guia-se nos seus cálculos pela diferença que há entre o preço das máquinas e o das forças de trabalho que elas podem inutilizar. Essa diferença é que determina o retorno sobre o investimento, com o qual decide se emprega ou não a máquina; com efeito, desse ponto de vista, o lucro provém da diminuição, não do trabalho que emprega, mas do trabalho que paga.

## III – Trabalho das mulheres e dos menores

A máquina, tornando inútil o trabalho muscular, permite empregar operários de pouca força física, porém, cujos membros são mais flexíveis por serem menos desenvolvidos. Quando o capital se apoderou da máquina, o seu grito foi: trabalho de mulheres, trabalho de crianças! A máquina, meio poderoso de suavizar os trabalhos do homem, converteu-se em seguida em meio de aumentar o número de assalariados. Obrigou, sob a vara do capital, a todos os membros da família, sem distinção de idade nem de gênero. O trabalho forçado de todos, em proveito do capital, usurpou o tempo dos divertimentos da infância e substituiu o trabalho livre, que tinha por objeto o sustento da família.

O valor da força de trabalho estava determinado pelas despesas de sustento do operário e da sua família. Lançando a família no mercado e distribuindo assim entre muitas forças o valor de uma só, a máquina a rebaixa. Pode suceder que as quatro forças, por exemplo, que uma família operária vende agora, lhe produzam mais do que só a força de seu chefe rendia anteriormente; porém, também são quatro jornadas de trabalho em lugar de uma; agora, é preciso que, em vez de uma sejam quatro as pessoas que fornecem ao capital, não só trabalho, mas também trabalho extraordinário, para que sua família possa viver. É assim que a máquina, ao aumentar a matéria humana explorável, eleva, ao mesmo tempo, o grau de exploração.

O emprego capitalista da maquinaria deturpa profundamente o contrato, cuja primeira condição estabelece que capitalistas e operários devem tratar-se simultaneamente como pessoas livres, ambos comerciantes, um possuidor de dinheiro ou de meios de produção; e outro, de força de trabalho. Tudo isso fica destruído, desde o momento que o capitalista compra mulheres e crianças. O operário anteriormente vendia a sua própria força de trabalho, da qual podia dispor livremente; agora vende mulher e filhos e converte-se em mercador de escravos.

Pela anexação ao pessoal de trabalho, de uma massa considerável de crianças e mulheres, a máquina conseguiu, por fim, romper a resistência que o trabalhador varão opunha ainda na manufatura ao despotismo do capital. A facilidade aparente do trabalho com a máquina e o elemento mais manejável, o mais dócil, das mulheres e das crianças ajuda a sua obra de avassalamento.

## Prolongamento da jornada de trabalho

A máquina cria novas condições, que permitem ao capital soltar o freio à sua tendência constante de prolongar a jornada de trabalho, e novos motivos que aumentam ainda mais a sua sede de trabalho alheio.

Quanto mais longo é o período durante o qual funciona a máquina, maior é a massa de produtos, entre a qual se distribui o valor que aquela transmite e menor é a parte que corresponde a cada mercadoria. Porém, o período de vida ativa da máquina está evidentemente determinado pela duração da jornada de trabalho, multiplicada pelo número de jornadas, durante as quais presta serviço. A depreciação material das máquinas apresenta-se sob um duplo aspecto. Por um lado depreciam-se pelo seu emprego e por outra pela sua inércia, como uma espada se enferruja na bainha. Só pelo uso se gastam proveitosamente, mas também se gastam em vão pela falta de uso, e por isso se procura reduzir o tempo de ociosidade; sendo possível, trabalha de dia e de noite.

A máquina acha-se, além disso, sujeita ao que se poderia chamar de depreciação moral. Ainda que se encontre em muito bom estado, perde o seu valor pela construção de máquinas mais avançadas, que vêm fazer-lhe concorrência. O prejuízo da sua depreciação moral é menor à medida que encurta o seu período de desgaste físico, e é evidente que uma máquina se inutiliza na medida em que a jornada de trabalho se torna mais longa.

O prolongamento da jornada permite expandir a produção, sem aumentar a parte do capital, representada pelos edifícios e máquinas; por consequência, aumenta a mais-valia e diminui as despesas necessárias para obtê-la. Por outro lado, o desenvolvimento da produção mecânica obriga a antecipar uma parte cada vez maior de capital em meios de trabalho, em máquinas etc., e cada interrupção do tempo de trabalho deixa de dar retorno financeiro, pelo tempo em que dure, ao capital cada vez mais considerável. A menor interrupção possível, um prolongamento crescente da jornada de trabalho é, portanto, o que deseja o capitalista.

Como vimos no Capítulo XI, a soma da mais-valia está determinada pela magnitude do capital variável, ou em outros termos, pelo número de operários empregados ao mesmo tempo e pela taxa de mais-valia.

Porém, se a indústria mecânica diminui o tempo de trabalho necessário pago e aumenta, assim, a taxa de mais-valia, só obtém esse resultado substituindo os operários por máquinas, isto é, diminuindo o número de operários ocupados por um capital determinado; transforma em máquinas, em capital constante que não produz mais-valia, uma parte do capital que, gasto anteriormente em forças de trabalho, a produzia.

O emprego das máquinas, com o objetivo de aumentar a mais-valia, encerra, portanto, uma contradição: pela diminuição do tempo de trabalho necessário aumenta a taxa de mais-valia; pela diminuição do número de operários para um dado capital diminui a soma da mais-valia. Essa contradição conduz instintivamente o capitalista a prolongar a jornada de trabalho com a mais extrema violência, a fim de compensar a diminuição do número proporcional dos operários explorados com o aumento do trabalho extraordinário, como grau da sua exploração.

A máquina nas mãos do capital cria, por consequência, motivos novos e também poderosos para prolongar desmesuradamente a jornada de trabalho. Alistando sob as ordens do capital elementos da classe operária, mulheres e crianças, anteriormente poupadas, deixa disponíveis os operários substituídos pela máquina, produzindo uma população operária superabundante, que se vê obrigada a deixar que lhe ditem a lei.

Disso provém o fenômeno econômico de que a máquina, o meio mais eficaz de diminuir o tempo de trabalho, se converta, mercê de uma estranha reviravolta, no meio mais infalível de transformar a vida inteira do trabalhador e de sua família em tempo consagrado a valorizar o capital.

### O TRABALHO MAIS INTENSIFICADO

O prolongamento exagerado do trabalho cotidiano, que a máquina entrega nas mãos dos capitalistas, e o definhamento da classe operária, que é a sua consequência, acabam por produzir uma reação da sociedade, que ao se sentir ameaçada até as raízes da sua existência, resolve decretar limites à jornada de trabalho. Desde que a rebelião cada vez maior da classe operária obrigou o Estado a impor uma jornada normal, o capital procurou ganhar, por um aumento da quantidade de trabalho feito no mesmo tempo, aquilo que se ficava proibido de obter por meio de uma multiplicação progressiva das horas de trabalho.

Com a redução legal da jornada, o operário viu-se obrigado a gastar, mediante um esforço superior da sua força, mais atividade em menos tempo. Desde esse momento começou-se a avaliar a magnitude do trabalho de uma dupla maneira: segundo a sua duração e segundo o seu grau de intensidade. Como se obtém no mesmo tempo um dispêndio maior de força vital? Como se torna mais intenso o trabalho?

Esse resultado da redução da jornada provém de uma lei evidente, segundo a qual a capacidade de ação de toda força animal aumenta à medida que o tempo durante o qual é utilizada se torna mais curto. Dentro de certos limites ganha-se em eficiência o que se perde em duração.

No momento em que a legislação diminui a jornada do trabalho, a máquina converte-se nas mãos do capitalista em meio sistemático de extorquir, em cada instante, mais trabalho. Porém, para que o maquinaria exerça essa pressão superior sobre os seus servidores humanos, é necessário aperfeiçoá-la continuamente; cada aperfeiçoamento do sistema mecânico converte-se em novo meio de exploração, cada vez que a redução da jornada obriga o capitalista a tirar dos meios de produção até ao extremo, o máximo possível, tudo que puder para economizar despesas.

## IV – A FÁBRICA

Acabamos de estudar o fundamento da fábrica, a maquinaria e a reação imediata da indústria mecânica sobre o trabalhador; examinemos agora a fábrica.

A fábrica moderna pode ser representada como um enorme autômato, composto de numerosos órgãos mecânicos e intelectuais – máquinas e operários – que trabalham em comum e sem interrupção para produzir um mesmo objeto, estando subordinados todos esses órgãos a uma potência motriz que se move por si própria.

A habilidade no manejo da ferramenta passa do operário à máquina; assim, a graduação hierárquica de operários dedicados a uma especialidade, que caracteriza a divisão manufatureira do trabalho, é substituída na fábrica pela tendência em igualar os trabalhos encomendados aos operários auxiliares da maquinaria.

A distinção fundamental que se estabelece é a de trabalhadores nas máquinas-ferramentas (compreendendo entre eles alguns operários encarregados de aquecer a caldeira a vapor) e serventes, quase todos recém-saídos da infância, subordinados aos primeiros. Ao lado dessas categorias principais coloca-se um pessoal, insignificante pelo seu número, de engenheiros, mecânicos etc., que vigiam a maquinaria geral e efetuam os reparos necessários.

Toda criança aprende com grande facilidade a adaptar os seus movimentos ao movimento contínuo e uniforme do instrumento mecânico. E, tendo em conta a facilidade e rapidez com que se aprende a trabalhar com a máquina, fica suprimida a necessidade de converter, como na manufatura, cada gênero de trabalho em ocupação exclusiva.

Devem, portanto, os operários ser bem distribuídos pelas diversas máquinas, não sendo, por isso, indispensável prender cada um à mesma tarefa. Como o movimento do conjunto da fábrica depende da máquina e não do operário, a variação contínua do pessoal não produziria nenhuma interrupção na marcha do trabalho.

Ainda que, do ponto de vista técnico, o sistema mecânico põe fim, por consequência, ao antigo sistema de divisão do trabalho, este se mantém, sem dúvida, na fábrica, primeiramente como tradição legada pela manufatura e, além disso, porque o capital dele se apodera para conservá-lo e reproduzi-lo de uma forma ainda mais repulsiva, como meio sistemático de exploração.

A especialidade, que consistia em manejar durante a vida toda uma ferramenta própria de uma operação parcial, converte-se na especialidade de servir durante toda a vida uma máquina fracionária. Abusa-se da maquinaria para transformar o operário, desde a sua mais tenra infância, em parte de uma máquina, a qual por sua vez forma parte de outra; sujeito assim a uma operação simples, sem aprender nenhum ofício, não serve para nada caso seja retirado dessa operação, ou por ser despedido, ou por um nova descoberta; desde esse momento fica consumada a sua dependência absoluta da fábrica e, portanto, do capital.

Na manufatura e no ofício, o operário serve-se de sua ferramenta; na fábrica ele serve a máquina. Na manufatura, o movimento do instrumento de trabalho é derivado dele; na fábrica não faz mais que seguir esse movimento. O meio de trabalho, transformado em autômato, levanta-se ante o operário, durante o curso do trabalho, em forma de capital, de trabalho morto, que domina e absorve a sua força viva. Ao mesmo tempo em que o trabalho mecânico excita ao último grau o sistema nervoso, impede o exercício variado dos músculos e dificulta a atividade livre do corpo e do espírito.

A própria facilidade do trabalho chega a ser um tormento no sentido de que a máquina não liberta o operário do trabalho, porque lhe tira todo o interesse.

A indústria moderna acaba de realizar a separação que já indicamos entre o trabalho manual e as potências intelectuais da produção, transformadas por ela em poderes do capital sobre o trabalho; faz da ciência uma força produtiva independente do trabalho, unida ao sistema mecânico e que, como este, é propriedade do *amo*.

Todas as forças de que o capitalista dispõe asseguram o domínio desse amo, aos olhos do qual o seu monopólio sobre as máquinas se confunde com a existência das máquinas.

A subordinação do operário à regularidade do mecanismo em movimento cria uma disciplina de quartel, perfeitamente organizada no regime da fábrica. Nela cessa, de fato e de direito, toda a liberdade. O operário come, bebe e dorme, em virtude de um comando. A despótica sineta obriga-o a interromper o seu descanso ou as suas refeições.

O fabricante é legislador absoluto; redige em fórmulas à sua vontade, o seu regulamento da fábrica, a sua autoridade tirânica sobre os seus operários. Aos trabalhadores que se queixam da arbitrariedade extravagante do capitalista lhes é respondido: posto que haveis aceitado voluntariamente esse contrato, deveis submeter-vos a ele.

O chicote do feitor de escravos é substituído pelo livro de castigos do contramestre. Todos esses castigos se transformam naturalmente em multas e retenções do salário, de sorte que o capitalista tira mais proveito ainda da violação que do cumprimento das suas leis.

E não falemos das condições materiais em que, por questão de economia se realiza o trabalho da fábrica: elevação da temperatura, atmosfera viciada e carregada de pó das matérias-primas, insuficiência de ar, ruído ensurdecedor das máquinas, sem contar os perigos que correm entre uma maquinaria terrível, que os rodeia por toda parte, e que contribui periodicamente com o seu contingente de mutilações e de óbitos industriais.

## V – Luta entre o trabalhador e a máquina

A luta entre o capitalista e o assalariado data das próprias origens do capital industrial e recrudesce durante o período manufatureiro; porém, o trabalhador não ataca o meio de trabalho até que se introduz a máquina. Revolta-se então contra essa forma particular do instrumento que se lhe apresenta como seu inimigo terrível.

É necessário tempo e experiência, antes que os operários, tendo aprendido a distinguir entre a máquina e o seu emprego capitalista, dirijam os seus ataques, não contra o meio material de produção, mas contra o modo social de exploração.

Sucede que, sob a forma de máquina, o meio de trabalho converte-se em seguida em inimigo do trabalhador, e esse antagonismo manifesta-se, sobretudo, quando se introduzem novas máquinas, vindo estas fazer a guerra dos processos ordinários do ofício e da manufatura. O sistema da produção capitalista fundamenta-se, por regra geral, em que o trabalhador vende a sua força como mercadoria.

A divisão do trabalho reduz essa força a ser apenas apta para manejar uma ferramenta de detalhe; no momento em que essa ferramenta seja manejada pela máquina, o operário perde a sua utilidade do mesmo modo que uma moeda desvalorizada não tem curso. Quando essa parte da classe operária, que a máquina por esse meio torna inútil para as necessidades momentâneas da exploração, não sucumbe, vegeta então em uma miséria que a mantém em reserva, sempre à disposição do capital, ou invade outras profissões, nas quais rebaixa o valor da força do trabalho.

O antagonismo da máquina e do operário aparece com efeitos semelhantes na indústria moderna, mesmo quando haja aperfeiçoamento da maquinaria. O objeto constante desses aperfeiçoamentos é diminuir o trabalho manual para o mesmo capital, que graças a esse aperfeiçoamento, exige o emprego de menos operários, substituindo cada vez mais os hábeis pelos dotados de menor destreza, os adultos pelas crianças, os homens pelas mulheres; porém, todas essas trocas ocasionam variações penosas para o trabalhador no tocante aos salários.

E a máquina não trabalha tão somente como um concorrente, cuja força superior está sempre a ponto de tornar inútil o assalariado. O capital emprega-a como potência inimiga do operário. Constitui a arma de guerra mais eficaz para reprimir as greves, essas rebeliões periódicas do trabalho contra o despotismo do capital. Com efeito, para vencer a resistência dos seus operários em greve, o capital tem sido conduzido a algumas das mais importantes aplicações mecânicas, novas invenções ou aperfeiçoamentos da maquinaria existente.

## VI – A TEORIA DA COMPENSAÇÃO

Alguns economistas burgueses sustentam que, ao colocar em disponibilidade de trabalho operários que estavam empregados, isto é, ao despedi-los e ao privá-los do seu salário, a máquina torna disponível por esse mesmo fato um capital destinado a empregá-lo de novo em outra ocupação qualquer; que consequentemente seria uma compensação. A privação de gêneros alimentícios ao operário, esses senhores chamam de deixar víveres disponíveis para o operário como novo meio de empregá-lo em outra indústria. Como se vê, tudo depende da maneira de se expressar.

A verdade é que os operários colocados em disponibilidade pela máquina são rejeitados da fábrica para o mercado de trabalho onde vão aumentar as forças já disponíveis para a exploração capitalista.

Repelidos de um gênero de indústria podem seguramente buscar ocupação em outra; porém, se a encontram, podem de novo ter meios de consumir os víveres que por sua privação do salário haviam ficado disponíveis, isto é, que não lhes era permitido comprar; a sua privação de salários é devida a um novo capital que se apresenta no mercado de trabalho e não ao capital em atividade, o qual se transformou em máquinas. Se bem que as probabilidades de encontrar ocupação são muito poucas, porque, fora da sua antiga ocupação, esses homens, imperfeitos pela divisão do trabalho, para pouco servem e são admitidos apenas em empregos inferiores, mal pagos e que pela sua própria singeleza são solicitados por muitos.

A máquina é inocente das misérias a que dá lugar; não é culpa sua se no nosso meio social separa o operário dos seus meios de subsistência. Em todas as partes onde se introduz torna o produto mais barato e mais abundante. Antes como depois da sua introdução, a sociedade possui sempre, ao menos, a mesma quantidade de víveres para os trabalhadores que têm que mudar de emprego, prescindindo da imensa porção do seu produto anual desperdiçado pelos ociosos.

Se a máquina se converte em instrumento para escravizar o homem; se em meio infalível para diminuir o trabalho cotidiano, o prolonga; se em varinha mágica para aumentar a riqueza do produtor, o empobrece, é por estar nas mãos dos capitalistas. Essas contradições e esses antagonismos inseparáveis do emprego das máquinas no meio burguês provêm não da máquina, mas da sua exploração capitalista.

Ainda que suprima um número maior de operários quer em ofícios quer em manufaturas, onde se introduz, a máquina pode ocasionar, sem dúvida, um aumento de empregos em outros ramos de produção. Sendo maior, com o emprego das máquinas, a quantidade de artigos fabricados, torna-se necessário mais matérias-primas, e, por conseguinte, é preciso que as indústrias que as fornecem aumentem a quantidade dos seus produtos.

É verdade que esse aumento pode resultar da elevação da intensidade ou da duração do trabalho e não exclusivamente da do número de operários. As máquinas dão origem a uma espécie de operários consagrados exclusivamente à sua fabricação, e quanto maior é o número de máquinas mais numerosa é essa classe de operários.

À medida que as máquinas causam o aumento das matérias-primas, instrumentos de trabalho etc., as indústrias que utilizam essas matérias dividem-se cada vez mais em ramos diferentes, e a divisão social do trabalho desenvolve-se mais poderosamente que sob a ação da manufatura propriamente dita.

O sistema mecânico aumenta a mais-valia. Esse aumento de riqueza na classe capitalista, acompanhada, como sempre, de uma diminuição relativa dos trabalhadores empregados na produção das mercadorias de primeira necessidade, dá origem, com as novas necessidades de luxo, a novos meios de satisfazê-las: a produção de luxo aumenta; e a com ela, em uma proporção cada vez maior, aumenta a classe doméstica, composta de criados, cocheiros, cozinheiros etc.

O aumento dos meios de trabalho e de subsistência dá impulso ao desenvolvimento das empresas de comunicação e de transporte: aparecem novas indústrias e abrem-se novas oportunidades de trabalho. Porém, todos esses aumentos de empregos não têm nada em comum com a chamada teoria de compensação.

## VII – Os operários alternadamente deslocados da fábrica e atraídos por ela

Todo o progresso do mecanismo diminui o número de operários necessários e afasta da fábrica, por períodos, uma parte do pessoal. Porém, quando a exploração mecânica se introduz ou se aperfeiçoa em um ramo de indústria, os lucros extraordinários que não tardam em procurar os que fazem a primeira aplicação dela ocasionam rapidamente um período de atividade febril.

Esses lucros atraem o capital, que busca colocações privilegiadas; o novo processo generaliza-se; o estabelecimento de novas fábricas e o engrandecimento das antigas que resulta no aumento do número total de operários ocupados. O aumento das fábricas, ou, em outros termos, uma modificação quantitativa na indústria mecânica, atrai, portanto, os operários, enquanto o aperfeiçoamento da maquinaria, ou de outro modo, uma troca quantitativa, os afasta.

Porém, a elevação da produção, consequência da multiplicação das fábricas, vai seguida de uma superabundância de produtos no mercado, que, por sua vez, produz um desaceleramento, uma paralisação da produção. A vida da indústria converte-se assim em séries de períodos de produtividade média, de prosperidade, de excesso de produção e de inércia. Os operários são alternadamente atraídos e deslocados, levados daqui para ali, e esse movimento vai acompanhado de trocas contínuas na idade, gênero e habilidade dos operários empregados; a incerteza, as altas e as baixas a que a exploração mecânica submete o trabalhador acabam por ser o seu estado normal.

## VIII – Supressão da cooperação fundamentada no ofício e na divisão do trabalho

A exploração mecânica suprime a cooperação baseada no ofício; por exemplo, a máquina ceifadora substitui a cooperação de determinado número de ceifeiros; suprime igualmente a manufatura baseada na divisão do trabalho manual, fornecendo um exemplo disso a máquina de fabricar alfinetes. Uma mulher basta para vigiar quatro dessas máquinas, que produzem muito mais que anteriormente um número considerável de homens produzia, por meio da divisão do trabalho.

Quando uma máquina-ferramenta substitui a cooperação ou a manufatura, pode chegar por si mesma a ser a base de um novo ofício; todavia, essa organização do ofício de um mecânico sobre a base da máquina só serve de transição ao regime da fábrica, que aparece ordinariamente desde o momento em que a água ou o vapor substituam os músculos humanos como força motriz. A pequena indústria pode, sem dúvida, funcionar momentaneamente com um motor mecânico, alugando o vapor ou servindo-se de pequenas máquinas matrizes particulares, como as máquinas movidas a gás.

## Reação da fábrica sobre a manufatura e o trabalho domiciliar

À medida que se desenvolve a indústria moderna, vê-se transformar a característica de todos os ramos da indústria. Ao introduzir-se nas antigas manufaturas o mecanismo para uma ou outra operação, desconcerta a sua organização, devido a uma divisão consagrada do trabalho, e transtorna por completo a composição do seu pessoal operário, baseado doravante na divisão do trabalho, no emprego das mulheres, das crianças, dos operários menos qualificados, em suma, no emprego de trabalho barato.

A maquinaria opera também de igual modo sobre a chamada indústria domiciliar; aquele praticado na própria habitação do operário ou em pequenas oficinas, que é na verdade um anexo da fábrica, da manufatura ou do armazém de mercadorias.

A confecção dos artigos de vestuário, por exemplo, é em grande parte executada por esses trabalhadores chamados domiciliários, não como anteriormente para consumidores individuais, mas para fabricantes, donos de armazéns etc., que lhes fornecem os elementos de trabalho encarregando-lhes tarefas. Assim, portanto, além dos operários da fábrica, os operários manufatureiros e os mecânicos concentrados em grandes massas e em vastas oficinas, o capital possui um exército industrial disperso nas grandes cidades e nos campos.

A exploração dos trabalhadores baratos pratica-se com mais cinismo na manufatura moderna que na fábrica propriamente dita, porque a substituição da força muscular por máquinas, aplicada nesta última, falta em grande parte na manufatura.

Essa exploração é ainda mais escandalosa na indústria domiciliar do que na manufatura, porque o poder de resistência dos trabalhadores é menor por efeito da sua dispersão; porque entre o empresário e o operário se introduz todo um bando de intermediários, de parasitas vorazes, porque o operário é demasiado pobre para conseguir as condições de espaço, de ar, de luz etc., muito necessárias para o seu trabalho, e por último, porque entre eles a concorrência entre trabalhadores atinge o seu ponto máximo. Esses antigos sistemas de produção, modificados e desfigurados sob a influência da indústria moderna, reproduzem e ainda exageram essas monstruosidades até o dia em que se veem obrigados a desaparecer.

### DA MANUFATURA E DO TRABALHO DOMICILIAR À INDÚSTRIA MODERNA

A redução do preço da força de trabalho pelo emprego abusivo de mulheres e crianças, pela brutal privação das condições normais de vida e da atividade com o excesso de trabalho e o abuso do trabalho noturno encontra, por fim, obstáculos físicos que os limites das forças humanas não permitem transpor. Neles se baseiam também, por conseguinte, a redução do preço das mercadorias, obtida por esses procedimentos, e a exploração capitalista fundada sobre eles.

Todavia, é certo que são necessários alguns anos para chegar a esse ponto, mas então é chegada a hora de transformação do trabalho em domicílio e da manufatura em fábrica. A marcha dessa revolução industrial é mais rápida pela regularização legal da jornada, pela exclusão das crianças, menores de certa idade etc., obrigando o capitalista manufatureiro a multiplicar o número de suas máquinas e a substituir os músculos pelo vapor como força motora. Quanto ao trabalho em domicílio, sua única arma na guerra da concorrência é a exploração ilimitada das forças de trabalho barato. Assim, portanto, está condenado a morrer desde o momento em que a jornada esteja limitada e o trabalho infantil restrito.

### IX – Contradição entre a natureza da indústria moderna e a sua forma capitalista

Entretanto se o ofício e a manufatura são a base da produção social, a subordinação do trabalhador a uma profissão exclusiva é o obstáculo que se opõe ao desenvolvimento de suas várias aptidões, possibilitando que seja considerado necessário ao processo produtivo. Os diferentes ramos industriais formam outras tantas profissões seletas para todo aquele que se ache habituado aos segredos e rotina do ofício.

A ciência moderníssima da tecnologia, criada pela indústria moderna, ensina hoje esses segredos, descreve os diversos processos industriais, analisa-os, reduz a sua prática a algumas formas fundamentais do movimento mecânico e averigua os aperfeiçoamentos de que são susceptíveis esses processos. A indústria moderna não considera e não trata nunca como definitivo o modo atual de um processo.

No entanto, se a manutenção do seu modo consagrado de produção era a primeira condição de existência de todas as antigas classes industriais, a burguesia, ao modificar constantemente os instrumentos de trabalho, modifica por essa mesma razão, de uma maneira contínua, as relações da produção e todas as relações sociais no seu conjunto, que têm por base a forma da produção material. Portanto, a sua base é revolucionária, enquanto a de todos os sistemas passados de produção era essencialmente conservadora.

Se a própria natureza da indústria moderna necessita a troca contínua do trabalho, a transformação frequente das funções e a mobilidade do trabalhador, por outro lado, na sua forma capitalista, reproduz a antiga divisão do trabalho, todavia mais odiosamente; se o operário estava acostumado durante a sua vida a uma operação fracionária e detalhada, ela faz dele o acessório de uma máquina parcial.

Sabemos que essa contradição absoluta entre as necessidades técnicas da indústria moderna e as características sociais que revestem o regime capitalista acaba por destruir todas as garantias de vida do trabalhador, sempre ameaçado, segundo vimos no parágrafo IV do presente capítulo, de se ver privado, juntamente com o meio de trabalho, dos meios de subsistência, e de ficar inútil pela supressão da sua função particular; esse antagonismo dá origem, como vimos também no número V, à monstruosidade de um exército industrial de reserva, que, pela miséria, está à disposição da procura capitalista; conduz às sangrias periódicas da classe operária, ao desperdício mais desenfreado das forças de trabalho, aos estragos da anarquia social, que faz de cada progresso industrial uma calamidade pública para a classe operária.

## A FÁBRICA E A INSTRUÇÃO

Apesar dos obstáculos que a variação no trabalho encontra sob o regime capitalista, as próprias catástrofes que a indústria moderna ocasiona impõem a necessidade de reconhecer o trabalho diversificado e, por conseguinte, o maior desenvolvimento possível das diferentes aptidões do trabalhador como uma lei de produção moderna, sendo necessário que as circunstâncias se adaptem ao exercício normal dessa lei; essa é uma questão de importância vital.

Com efeito, a indústria moderna obriga a sociedade, sob pena de morte, a substituir o indivíduo fracionado, sobre o qual pesa uma função produtiva pormenorizada, pelo indivíduo completo, que sabe fazer face às exigências mais diversas do trabalho e que em funções alternativas não faz mais que dar livre curso às suas diferentes capacidades naturais ou adquiridas.

A burguesia, que, ao criar para seus filhos as escolas especiais, obedecia tão somente às tendências íntimas da produção moderna, concedeu unicamente aos proletários uma sombra de ensino profissional. Porém, se a legislação se viu na necessidade de combinar a instrução elementar, se bem que seja mesquinha, com o trabalho industrial, a inevitável conquista do poder político pela classe trabalhadora introduzirá nas escolas públicas o ensino de tecnologia prática e teórica. Na educação do futuro, o trabalho manual produtivo será conjugado com a instrução e a ginástica para todos os jovens de um e outro gênero, que passem de certa idade, e os exercícios militares para os varões; esse é o único método para formar seres humanos completos.

Evidentemente, o desenvolvimento dos elementos novos, que chegará por último a suprimir a antiga divisão do trabalho, na qual cada operário está consagrado a uma operação parcial, acha-se em flagrante contradição com o sistema industrial capitalista e com o meio econômico em que coloca o operário; porém, é o único caminho pelo qual um sistema de produção e a organização social correspondente marcham para a sua ruína e renovação, e para o desenvolvimento histórico de suas contradições e antagonismos.

"Sapateiro, volta aos teus sapatos!" Essa frase, última expressão de sensatez durante o período do ofício e da manufatura, passa a ser uma loucura no dia em que o relojoeiro Watt inventa a máquina a vapor; o barbeiro Artwright, o tear contínuo; e o ourives Fulton, o barco a vapor.

## A FÁBRICA E A FAMÍLIA

Ante a vergonhosa exploração do trabalho das crianças, os legisladores têm-se visto na necessidade de intervir, pondo cobro não somente aos direitos senhoriais do capital, mas também à autoridade dos pais; ainda que afeto ao capital, vendo a torpe crueldade deste, o legislador tem tido precisão de preservar as gerações vindouras de uma decadência prematura; os representantes das classes que dominam têm tido necessidade de ditar medidas contra os excessos da exploração capitalista; há alguma coisa que possa caracterizar melhor esse sistema de produção como a necessidade dessas medidas?

Não foi o abuso da autoridade paterna que criou a exploração dos menores, pelo contrário, a exploração capitalista é que tem feito que essa autoridade degenere em abuso; a intervenção da lei é a confissão oficial de que a indústria moderna tem feito uma fatalidade econômica da exploração de mulheres e crianças pelo capital, que, ao decompor o lar doméstico, tem destruído a família operária de outras épocas; é a confissão de que a indústria moderna converteu a autoridade paterna em dependência da maquinaria social, destinada a fornecer direta ou indiretamente crianças ao capitalista pelo proletário, que sob pena de morte tem que desempenhar o seu papel de abastecedor e de mercador de escravos.

Assim, portanto, a legislação só atende a impedir os excessos desse sistema de escravatura.

Por terrível e desagradável que pareça, no meio atual, a dissolução dos antigos laços da família, a indústria moderna, pela decisiva importância que concede às mulheres e às crianças fora do círculo doméstico na produção socialmente organizada, não deixa por isso de criar a nova base econômica, sobre a qual se há de constituir uma forma superior de família e de relações entre os sexos.

Tão absurdo é considerar como absoluta e definitiva a atual constituição da família como as suas constituições oriental, grega e romana. A própria composição do trabalhador coletivo, por indivíduos dos dois gêneros e de todas as idades, fonte de corrupção e de escravidão, sob a denominação capitalista, contém os germes de uma próxima evolução social. Na história como na Natureza, a putrefação é o laboratório da vida.

### Consequências revolucionárias da legislação da fábrica

Ainda que imponham a uniformidade e a regularidade a cada estabelecimento industrial, considerado isoladamente, as leis sobre a limitação da jornada de trabalho, que se têm tornado indispensáveis para proteger física e moralmente a classe operária, multiplicam a anarquia e as crises da produção social pelo enérgico impulso que dão ao desenvolvimento mecânico; exageram a intensidade do trabalho e aumentam a concorrência entre o operário e a máquina; apressam a transformação do trabalho isolado em trabalho organizado em grande escala e a concentração de capitais.

Ao destruir a pequena indústria e o trabalho em domicílio, suprime o último refúgio de uma massa de trabalhadores aos quais priva dos seus meios de subsistência, ficando por esse motivo à disposição do capital para o dia em que a este lhe convenha admiti-los a trabalhar; suprime, portanto, a válvula de segurança de todo o mecanismo social. Generaliza ao mesmo tempo a luta direta entabulada contra a dominação do capital, e desenvolve, por sua vez, com os elementos de formação de uma nova sociedade, as forças destruidoras da antiga.

### X – Indústria moderna e agricultura

Se o emprego das máquinas na agricultura se acha em grande parte isento dos inconvenientes e perigos físicos a que expõem o operário da fábrica, a sua tendência em suprimir, em tirar do seu posto o trabalhador, realiza-se nela com maior força. A indústria moderna obra no domínio da agricultura mais revolucionariamente que em nenhum outro ponto, porque faz desaparecer o lavrador, baluarte da sociedade antiga, e o substituí pelo assalariado. As necessidades de transformação social e a luta de classe ficam assim reduzidas, nos campos, ao mesmo nível que nas cidades.

Na agricultura, como na manufatura, a transformação capitalista da produção parece ser por si só o suplício do trabalhador; o meio de trabalho, um meio de subjugar, de explorar e empobrecer o trabalhador; e a combinação social do trabalho, a opressão combinada da sua independência individual. Porém, a desagregação dos trabalhadores agrícolas em vastos espaços quebra a força de resistência, enquanto a concentração aumenta a força dos operários das cidades.

Na agricultura moderna, de igual modo que na indústria das cidades, o aumento de produtividade e o rendimento superior do trabalho obtém-se à custa da destruição da força de trabalho. Além disso, cada progresso da agricultura capitalista é um passo não somente na arte de explorar o trabalhador, mas também na de esgotar o solo; cada progresso na arte de torná-la mais fértil, por um dado tempo, é um passo na ruína dos seus princípios de fertilidade.

A produção capitalista só desenvolve o sistema da produção social, esgotando por sua vez as duas fontes de toda a riqueza: a terra e o trabalhador.

## Seção quinta
# NOVAS CONSIDERAÇÕES DA PRODUÇÃO DA MAIS-VALIA

## Capítulo XVI
## MAIS-VALIA ABSOLUTA E MAIS-VALIA RELATIVA

O que caracteriza o trabalho produtivo. A produtividade do trabalho e a mais-valia.

### O QUE CARACTERIZA O TRABALHO PRODUTIVO

Como vimos no Capítulo VII, no que se considera o ato de trabalho – desde o ponto de vista do seu resultado, que é o produto –, meio e objeto de trabalho apresentam-se ao mesmo tempo como meios de produção e o próprio trabalho como trabalho produtivo.

Ao adaptar um objeto exterior às suas necessidades, o homem cria um produto, realiza um trabalho produtivo; mas durante essa operação, o trabalho manual e o trabalho intelectual estão unidos por laços indissolúveis, do mesmo modo que o braço e a cabeça não operam um sem o outro.

Não obstante, desde que o produto individual se transformou em produto social, em produto de um trabalho coletivo, cujos diferentes membros tomam parte em variadas operações para a confecção do produto, se essa determinação do trabalho produtivo, derivada da própria natureza da produção material, é verdadeira no que se refere ao trabalhador coletivo considerado uma só pessoa, não é aplicável a cada um dos seus membros individualmente.

Para efetuar um trabalho produtivo não é necessário que se execute um trabalho manual, basta apenas ser um membro do trabalho coletivo ou desempenhar uma função qualquer dele. Porém, não é isso o que caracteriza de uma maneira especial o trabalho produtivo no sistema capitalista.

Neste, o objeto da produção é a mais-valia e só se reputa como trabalho produtivo o do trabalhador que produz mais-valia ao capitalista, ou cujo trabalho fecunda o capital.

Por exemplo, um professor, em uma escola, é um trabalhador produtivo, não porque forme utilmente o ânimo de seus alunos, mas porque fazendo isso produz dinheiro ao seu patrão. Que este haja colocado o seu capital em uma fábrica de lições, como se colocasse em uma fábrica de embutidos, importa pouco para a questão de negócio; é preciso, antes de tudo, que o capital produza.

Para o futuro, a ideia do trabalho produtivo não indica já simplesmente uma relação entre atividade e resultado útil, mas uma relação social, que converte o trabalho em instrumento imediato para fazer produzir valor ao capital. Também a economia política clássica tem sustentado sempre que o que caracterizava o trabalho produtivo era a criação de mais-valia.

## A PRODUTIVIDADE DO TRABALHO E A MAIS-VALIA

A produção da mais-valia absoluta consiste, como se vê, no Capítulo XII, no prolongamento da jornada de trabalho além do tempo necessário ao operário para produzir um equivalente da sua subsistência, e na consignação desse trabalho ao capitalista. A fim de aumentar esse trabalho extraordinário, diminui-se o tempo de trabalho necessário, fazendo produzir o equivalente do salário em menos tempo, e a mais-valia, assim realizada, é a mais-valia relativa.

A produção da mais-valia absoluta só afeta a duração do trabalho, mas a produção da mais-valia relativa transforma completamente os seus processos técnicos e as suas combinações sociais. A mais-valia desenvolve-se, portanto, juntamente com o sistema de produção capitalista propriamente dito. Uma vez estabelecido e generalizado este, a diferença entre mais-valia relativa e mais-valia absoluta desaparece quando se trata de elevar a taxa de mais-valia.

Supondo-se paga a força de trabalho no seu justo valor, dados os limites da jornada de trabalho, a taxa de mais-valia não pode elevar-se a não ser aumentando a intensidade ou a produtividade do trabalho. Pelo contrário, permanecendo da mesma forma a intensidade e a produção do trabalho, a taxa de mais-valia só pode elevar-se por mercê de um prolongamento da jornada.

Não obstante, qualquer que seja a duração da jornada, o trabalho não criará mais-valia se não possuir o mínimo de produtividade que põe o operário em condições de produzir, somente em uma parte da jornada, o equivalente à sua própria subsistência.

Suponhamos que o trabalho necessário para o sustento do produtor e de sua família absorva todo o seu tempo disponível: como encontraria meio de trabalhar gratuitamente para outros? Sem um determinado grau de produtividade do trabalho não há tempo disponível; sem esse excesso de tempo não há trabalho extraordinário e, por conseguinte, não há mais-valia, nem produto nato, nem tampouco há capitalistas, nem escravagistas, nem senhores feudais; em suma, não há classe proprietária.

Tem-se tratado de explicar esse grau de produtividade necessária, como uma qualidade natural do trabalho; porém, esta seria uma produtividade precoce com que a Natureza teria dotado o homem ao colocá-lo no mundo.

Pelo contrário, as faculdades do homem primitivo não se formam senão lentamente, sob a pressão das suas necessidades físicas. Quando, mercê de rudes esforços, os homens conseguem elevar-se sobre o seu primeiro estado animal, e quando já, por conseguinte, o seu trabalho está de certo modo socializado, então, e somente então, se produzem condições tais que o trabalho extraordinário de um pode chegar a ser origem de vida para o outro que se descarrega sobre ele do peso do trabalho, o qual nunca se efetua sem o auxílio da força, que submete um ao outro.

A produtividade do trabalho é o resultado de um longo desenvolvimento histórico. Exceção feita do modo social de produção, a produtividade do trabalho depende das condições naturais em que se efetua o mesmo. Todas estas condições podem referir-se ao próprio homem, à sua raça, ou à natureza que o rodeia.

As condições naturais exteriores decompõem-se, do ponto de vista econômico, em duas grandes classes: riqueza natural em meios de subsistência, isto é, fertilidade do solo, pesca abundante etc., e riqueza natural em meios de trabalho, tais como quedas de água, rios navegáveis, madeiras, metais, carvão etc. Nas origens da civilização, prepondera a primeira das duas classes; em uma sociedade mais adiantada, a civilização está representada pela segunda.

A vantagem das circunstâncias naturais proporciona, querendo-se, a possibilidade; porém, nunca a realidade do trabalho extraordinário, nem, por conseguinte, do produto nato ou da mais-valia.

Se o clima é mais ou menos temperado, o solo mais ou menos fértil etc., o número das primeiras necessidades (alimento, vestuário), os esforços que a sua satisfação exige serão maiores ou menores; de sorte que, em circunstâncias por outro lado semelhantes, o tempo de trabalho necessário variará de um país a outro.

Porém, o trabalho extraordinário não pode começar senão onde acaba o trabalho. As influências físicas que determinam a extensão relativa deste último impõem, portanto, um limite natural do trabalho extraordinário; esse limite natural retrocede à medida que a indústria avança e, com ela, os meios de produção.

Na sociedade, em que o trabalhador só obtém licença de trabalhar para atender à sua subsistência, com a condição de produzir mais-valia, crê-se geralmente que criar mais-valia é uma qualidade do trabalho humano.

Fixemo-nos, por exemplo, no habitante das ilhas orientais do arquipélago asiático, onde a palmeira sagu abunda nos bosques. Do interior de cada árvore extraem-se, em média, de 140 a 180 quilos de farinha comestível. Ali vai-se ao bosque e extrai-se o pão, como fazemos para lhe cortar a lenha.

Suponhamos que um habitante dessas ilhas cumpra uma jornada de trabalho de um dia, a fim de procurar o necessário para a satisfação das suas necessidades durante uma semana; vê-se, portanto, que a natureza lhe outorgou um favor, isto é, muito descanso; e só obrigado pela força empregaria esse tempo de ócio em trabalhar para outro, em trabalho extraordinário.

Se a produção capitalista se introduzisse na sua ilha, o bom insular deveria trabalhar talvez seis dias por semana, para poder ministrar à sua subsistência o produto de uma jornada de trabalho.

A concessão da natureza não explicaria porque trabalhava agora seis dias por semana em lugar de um, que anteriormente bastava para a sua subsistência, em outros termos, não explicaria porque criava mais-valia. Unicamente explicaria porque o trabalho extraordinário pode ser de cinco dias e o trabalho necessário somente de um. Em resumo, a produtividade explica o grau alcançado pela mais-valia; porém, nunca é causa dela; a causa da mais-valia é sempre o trabalho extraordinário, qualquer que seja o modo de obtê-lo.

## Capítulo XVII
# VARIAÇÕES NA RELAÇÃO DA INTENSIDADE ENTRE A MAIS-VALIA E O VALOR DA FORÇA DE TRABALHO

> I. A duração e a intensidade do trabalho não mudam, a sua produtividade muda. II. A duração e a produtividade do trabalho não mudam, a sua intensidade muda. III. A intensidade e a produtividade do trabalho não mudam, a sua duração muda. IV. Mudanças simultâneas na duração, na intensidade e na produtividade do trabalho.

Como se viu, a relação da intensidade entre a mais-valia e o preço da força de trabalho está determinada: *1º)* pela duração do trabalho ou o seu grau de extensão; *2º)* pelo seu grau de intensidade, segundo o qual diferentes quantidades de trabalho são consumidas no mesmo tempo; *3º)* pelo seu grau de produtividade, segundo o qual a mesma quantidade de trabalho produz, no mesmo tempo, diferentes quantidades de produtos.

Em primeiro lugar, isso dará lugar a variadas combinações e, em segundo, que um desses três elementos mude de intensidade e os outros dois não mudem, ou que dois, ou os três, mudem ao mesmo tempo. Além disso, um deles pode aumentar quando o outro diminui, ou simplesmente aumentar ou diminuir mais que este. Examinemos as principais combinações.

## I – A DURAÇÃO E A INTENSIDADE DO TRABALHO NÃO MUDAM, A SUA PRODUTIVIDADE MUDA

Admitidas essas condições, obtemos as três leis seguintes:

**1ª)** A jornada de trabalho de uma dada duração produz sempre o mesmo valor, quaisquer que sejam as mudanças efetuadas na produtividade do trabalho. Se uma hora de trabalho de intensidade ordinária produz um valor de 50 centavos, uma jornada de 12 horas não produzirá mais que um valor de seis moedas-padrão. Suponhamos que o valor do dinheiro seja sempre invariável. Se a produtividade do trabalho aumenta ou diminui, a mesma jornada oferecerá simplesmente mais ou menos produtos, e o valor de seis moedas-padrão distribuir-se-á assim entre mais ou menos mercadorias.

**2ª)** A mais-valia e o valor da força de trabalho mudam em sentido oposto, um em face do outro. A mais-valia aumenta ao mesmo tempo em que a produtividade do trabalho; ou diminui em igual medida, isto é, muda no mesmo sentido; enquanto o valor da força de trabalho muda em sentido contrário; aumenta quando a produtividade diminui, e reciprocamente.

A jornada de doze horas produz sempre o mesmo valor, seis moedas-padrão, por exemplo, cuja mais-valia forma uma parte desse valor e outra o equivalente da força de trabalho, ou seja, três moedas-padrão cada uma. É evidente que, não podendo exceder seis moedas-padrão as duas partes reunidas, a mais-valia não pode alcançar um preço de quatro moedas-padrão sem que a força de trabalho fique reduzida a duas moedas-padrão e vice-versa.

Se um aumento de produtividade permite proporcionar em quatro horas a mesma massa de produtos que antes exigia seis horas, estando determinado o valor da força obreira pelo valor dos ditos produtos, diminui de três moedas-padrão a 2; porém, esse mesmo valor eleva-se de três moedas-padrão a quatro, se uma diminuição de produtividade exige oito horas de trabalho, onde antes só se necessitavam 6. Posto que a mais-valia aumenta quando o valor da força de trabalho diminui e, reciprocamente, deduz-se que o aumento de produtividade, ao diminuir o valor da força de trabalho, deve aumentar a mais-valia, e que a diminuição de produtividade, ao aumentar o valor da força de trabalho, deve diminuir a mais-valia; sabe-se que as únicas alterações de produtividade que atuam sobre o valor da força obreira são as concernentes às indústrias, cujos produtos entram no consumo ordinário do trabalhador.

Dessa mudança, em sentido contrário, não deve deduzir-se que não haja mudança mais que na mesma proporção. Com efeito, se, supondo sempre que uma jornada produz um valor de seis moedas-padrão e o valor da força de trabalho é de quatro moedas-padrão, a mais-valia será duas moedas-padrão; se em consequência de um aumento de produtividade, o valor da força de trabalho desce a três moedas-padrão, a mais-valia eleva-se em seguida a três moedas-padrão; esta mesma diferença de uma moeda-padrão diminui o valor da força de trabalho, que era de quatro moedas-padrão, em uma quarta parte, ou 25%, e aumenta a mais-valia, que era de duas moedas-padrão, em metade, ou seja, 50%.

3ª) O aumento ou a diminuição da mais-valia é sempre o efeito e nunca a causa da diminuição ou do aumento correspondente ao valor da força de trabalho.

Suponhamos que o valor de seis moedas-padrão de uma jornada de trabalho de 12 horas se divida em quatro moedas-padrão, valor da força de trabalho, e em uma mais-valia de duas moedas-padrão, ou, em outros termos, que há oito horas de trabalho necessário e quatro de trabalho extraordinário. Se a produtividade do trabalho se duplica, então o operário só necessitará metade do tempo que até então necessitava para produzir o equivalente da sua subsistência cotidiana.

O seu trabalho necessário descerá de oito horas a quatro e, por conseguinte, o seu trabalho extraordinário elevar-se-á de quatro a oito horas, assim como o valor da sua força de trabalho descerá de quatro moedas-padrão a duas e esta baixa elevará a mais-valia de duas moedas-padrão a quatro. Logo, a mudança da produtividade do trabalho é o que principalmente faz aumentar ou diminuir o valor da força de trabalho; enquanto o movimento ascendente ou descendente desta produz, por sua parte, um movimento da mais-valia em sentido contrário.

Não obstante, essa redução do preço da força de trabalho com seu valor, determinada pela dos produtos necessários para o sustento do operário, pode tropeçar, segundo o grau de resistência deste e a pressão do capital, com obstáculos que não lhe permitam realizar-se senão incompletamente. A força de trabalho pode pagar-se em mais do seu valor, ainda que o seu preço não varie ou diminua, o trabalho excede do seu novo valor se, como no exemplo precedente, segue sendo superior a duas moedas-padrão, depois de se haver duplicado a produtividade do trabalho.

Alguns economistas têm sustentado que a mais-valia pode elevar-se sem que diminua a força de trabalho, reduzindo os impostos que paga o capitalista. Uma diminuição de impostos não afeta absolutamente nada a quantidade de trabalho extraordinário, e, por conseguinte, da mais-valia, que o capitalista arranca do operário. Unicamente troca a proporção, segundo a qual o capitalista embolsa a mais-valia ou tem que reparti-lo com outros. Não altera, portanto, a relação que existe entre a mais-valia e o valor da força de trabalho.

## II – A DURAÇÃO E A PRODUTIVIDADE DO TRABALHO NÃO MUDAM, A SUA INTENSIDADE MUDA

Se a sua produtividade aumenta, o trabalho rende, no mesmo tempo, mais produtos, porém não mais valor. Se a sua intensidade aumenta rende no mesmo tempo não somente mais produtos, mas também mais valor, posto que, nesse caso, o aumento de produtos provém de um aumento de trabalho. Dada a sua duração e a sua produção, o trabalho cria, portanto, tanto mais valor quanto mais excede o seu grau de intensidade da intensidade média social.

## III – A INTENSIDADE E A PRODUTIVIDADE DO TRABALHO NÃO MUDAM, A SUA DURAÇÃO MUDA

Sob o aspecto da mudança de duração, o trabalho pode reduzir-se ou prolongar-se. Nas mencionadas condições, obtemos as leis seguintes:

1ª) O valor realizado em uma jornada de trabalho aumenta ou diminui ao mesmo tempo que a sua duração.

2ª) Toda a mudança na relação de quantidade entre a mais-valia e o valor da força de trabalho provém de uma mudança da quantidade do trabalho extraordinário e, por conseguinte, da mais-valia.

3ª) O valor absoluto da força de trabalho não pode mudar, senão mediante a ação que exerce sobre a sua depreciação e prolongamento do trabalho extraordinário ; toda a mudança desse valor absoluto é, portanto, o efeito e nunca a causa de uma troca na quantidade da mais-valia.

Suponhamos que a jornada de trabalho, composta de 12 horas, seis de trabalho necessário e seis de trabalho extraordinário, produza um valor de 50 centavos por hora, ou seja, seis moedas-padrão, do qual recebe metade o operário e a outra metade o capitalista.

Comecemos reduzindo a dez horas a jornada de trabalho, que antes era de 12. Ao reduzir-se, não produz mais que um valor de cinco moedas-padrão.

Sendo o trabalho necessário de seis horas, o trabalho extraordinário fica reduzido de seis para quatro horas e a mais-valia baixa de três para duas moedas-padrão. Ainda, invariavelmente, o valor da força de trabalho ganha em quantidade, relativamente à mais-valia, mercê da diminuição desta, que é, com efeito, como três está para duas, de 150% em vez de ser como três está para três, ou de 100%.

O capitalista não poderia desforrar-se senão pagando pela força de trabalho menos do seu valor. No fundo das locubrações ordinárias contra a redução da jornada de trabalho, adverte-se a suposição de que as coisas se acham nas condições aqui admitidas, isto é, que se supõem inalteráveis a produtividade e a intensidade do trabalho, cujo aumento, em suma, segue sempre a redução da jornada.

Se se prolonga a jornada de 12 a 14 horas, essas duas horas juntam-se ao trabalho extraordinário e a mais-valia eleva-se de três a quatro moedas-padrão. Ainda que o valor nominal da força de trabalho seja o mesmo, perde em quantidade, relativamente à mais-valia, por causa do aumento desta; com efeito, a mais-valia é, como três está para quatro, de 75%, em vez de ser, como três está para três, de 100%.

O valor da força de trabalho pode diminuir com uma jornada do trabalho prolongada, ainda que o seu preço não mude nem se eleve, este preço não compensa o grande gasto da força vital que o trabalho prolongado impõe ao operário.

## IV – MUDANÇAS SIMULTÂNEAS NA DURAÇÃO, NA INTENSIDADE E NA PRODUTIVIDADE DO TRABALHO

Não nos deteremos a examinar todas as combinações possíveis, fáceis de resolver pelo que antecede; só nos deteremos em um caso de interesse especial; no aumento da intensidade e da produtividade do trabalho junto com a diminuição da sua duração.

O aumento da produtividade do trabalho e da sua intensidade multiplica a massa das mercadorias obtidas em um dado tempo e, portanto, encurta a parte da jornada em que o operário não faz mais que produzir um equivalente da sua subsistência. Essa parte necessária, porém suscetível de diminuição, da jornada de trabalho forma o limite absoluto desta, a qual é impossível baixar sob o regime capitalista.

Suprimido esse regime, o trabalho extraordinário desapareceria e a jornada inteira teria por limite o tempo de trabalho necessário. Sem dúvida, não se deve olvidar que uma parte do trabalho extraordinário, a parte consagrada à formação de um fundo de reserva e de acumulação, se contaria então como trabalho necessário, enquanto a extensão atual desse trabalho está limitada somente pelos gastos da manutenção de uma classe de assalariados, destinada a produzir a riqueza dos seus donos.

Quanto maior for a força produtiva do trabalho, menor pode ser a sua duração, e quanto mais curta for a sua duração, mais pode aumentar a sua intensidade. Do ponto de vista social, aumenta-se também a produtividade do trabalho, suprimindo todo o gasto inútil, já em meios de produção, já em força vital.

É certo que o regime capitalista impõe a economia dos meios de produção para cada estabelecimento tomado isoladamente; porém, além de fazer da insensata derrocada da força operária um meio de economia para o explorador, acarreta também, pelo seu sistema de competição anárquica, o desperdício mais desenfreado do trabalho produtivo e dos meios sociais de produção, fora das muitas funções parasitas que engendra e que o mesmo capitalista torna mais ou menos indispensáveis.

Determinada a intensidade e a produtividade do trabalho, o tempo que a sociedade deve consagrar à produção material é tão curto quanto o tempo disponível para o livre desenvolvimento dos indivíduos e tão longo quanto a distribuição do trabalho entre todos os membros da sociedade mais equitativamente; e quanto menos uma classe sobrecarrega sobre outra essa necessidade imposta pela natureza. Neste sentido, a diminuição da jornada encontra o seu último limite na generalização do trabalho manual: trabalhando todos, corresponderá a cada um o menor tempo de trabalho possível.

A sociedade capitalista compra o descanso, a folga, de uma só classe mediante a transformação da vida inteira das massas em tempo de trabalho.

## Capítulo XVIII
# EXPRESSÕES DA TAXA DE MAIS-VALIA

> Fórmulas diversas que explicam essa taxa. A mais-valia provém do trabalho não pago.

### Fórmulas diversas que explicam essa taxa

Como se viu no Capítulo IX, a taxa de mais-valia é igual à relação da mais-valia com o capital variável, ou à relação da mais-valia com o valor da força de trabalho, ou ainda à relação do trabalho extraordinário com o trabalho necessário. A taxa de mais-valia expressa-se, finalmente, pela relação do trabalho não pago com o trabalho pago.

## A MAIS-VALIA PROVÉM DO TRABALHO NÃO PAGO

O que o capitalista paga não é o trabalho, o produto, mas sim a força de trabalho, a faculdade de produzir. Ao comprar essa força por um dia, uma semana etc., o capitalista obtém em troca o direito de explorá-la durante um dia, uma semana etc. O tempo de exploração divide-se em dois períodos. Durante um, a atividade da sua força produz só um equivalente do seu preço; durante o outro é gratuito e produz, por consequência, ao capitalista um valor pelo qual não paga contraprestação alguma, que não lhe custa nada. Neste caso, o trabalho extraordinário de onde se extrai a mais-valia pode denominar-se trabalho não pago.

Vê-se agora quão pouco há que fiar da opinião de pessoas interessadas em ocultar a verdade, as quais se esforçam em dar a essa troca da parte variável do capital pelo uso da força de trabalho, que conduz à apropriação do produto pelo não produtor, a falsa aparência de uma relação de associação, na qual o operário e o capitalista partilham o produto, em atenção à quantidade de elementos fornecidos por cada um.

O capital não é somente, como disse Adam Smith, a faculdade de dispor do trabalho de outro, mas também é principalmente a faculdade de dispor de um *trabalho não pago*.

Toda a mais-valia, qualquer que seja a sua forma particular, lucro, dividendos, rendas etc., é, em substância, a materialização de um trabalho não pago. Todo o segredo do poder que tem o capital de procriar se estriba no fato de que dispõe de certa quantidade de trabalho de outro, que não paga.

# Seção sexta
# O SALÁRIO

## Capítulo XIX
## TRANSFORMAÇÃO DO VALOR DA FORÇA DE TRABALHO EM SALÁRIO

O salário é o preço, não do trabalho, mas sim da força de trabalho.
A forma-salário oculta a relação verdadeira entre capital e trabalho.

### O SALÁRIO É O PREÇO, NÃO DO TRABALHO, MAS SIM DA FORÇA DE TRABALHO

Caso se examinasse apenas superficialmente a sociedade burguesa, parece que nela o salário do trabalhador é a retribuição do trabalho, isto é, que se paga certa quantidade de dinheiro pela outra quantidade determinada de trabalho. O trabalho está, portanto, considerado como uma mercadoria, cujos preços correntes oscilam, aumentando ou diminuindo o seu valor.

Porém, que coisa é o valor? O valor representa o trabalho social gasto na produção de uma mercadoria. E, como medir a quantidade de valor de uma mercadoria? Pela quantidade de trabalho que contém. Como se determinará, por exemplo, o valor de um trabalho de 12 horas? Pelas 12 horas de trabalho que contém, o que, evidentemente, carece de sentido.

Para ser levado e vendido no mercado, a título de mercadoria, o trabalho deveria, em todos os casos, existir de antemão. Porém, se o trabalhador pudesse prestar-lhe uma existência material, separada e independente da sua pessoa, venderia então mercadoria e não trabalho.

Quem no mercado se apresenta diretamente ao capitalista não é o trabalho, mas sim o trabalhador. O que este vende é o seu próprio ser, a sua força de trabalho. Desde o momento que começa a pôr em atividade a sua força, isto é, desde que começa a trabalhar, desde que o seu trabalho existe, esse trabalho deixou de pertencer-lhe e não pode ser vendido por ele.

O trabalho é a substância e a medida dos valores, porém, ele por si próprio não tem valor algum. A expressão "valor do trabalho" é uma expressão inexata, que tem origem nas formas aparentes das relações da produção.

Uma vez admitido esse erro, a economia política clássica perguntou como se havia determinado o preço do trabalho. Desde então reconheceu que, tanto a respeito do trabalho como de qualquer outra mercadoria, a relação entre a oferta e a procura não significa outra coisa senão as oscilações do preço do mercado sobre determinada taxa. Enquanto a oferta e procura se equilibram, cessam as variações do preço que haviam ocasionado, porém também cessa naquele ponto o efeito da oferta e da procura.

No seu estado de equilíbrio, o preço do trabalho não depende mais da sua ação; de que depende, portanto? Esse preço não pode ser, tanto para o trabalho como para outra mercadoria, mais que o seu valor expresso em dinheiro; esse valor foi determinado pela economia política pelo valor dos produtos necessários para o sustento e reprodução do trabalhador.

Não resta dúvida de que desse modo substituiu o objeto aparente de suas investigações, o valor do trabalho, pelo valor da força de trabalho, força que só existe na pessoa do trabalhador e que se diferencia de sua função, o trabalho, como uma máquina se diferencia das operações que executa. Porém, a economia política clássica não reparou sequer na confusão introduzida.

## A FORMA-SALÁRIO OCULTA E A RELAÇÃO VERDADEIRA ENTRE CAPITAL E TRABALHO

Com efeito, segundo todas as aparências, o que o capitalista paga é o valor da utilidade que o operário lhe produz, o valor do trabalho. Além disso, o trabalhador só percebe o seu salário depois de haver feito entrega do seu trabalho.

Assim, como meio de paga, o dinheiro não faz mais que realizar tardiamente o valor ou o preço do artigo produzido, ou seja, no caso precedente, o valor ou o preço do trabalho executado. Apenas a experiência da vida prática não ressalta a dupla utilidade do trabalho: a propriedade de satisfazer uma necessidade, propriedade que tem em comum com todas as mercadorias, e a de criar valor, propriedade que o distingue de todas as mercadorias e o impede, por ser elemento que cria valor, de tê-lo por si próprio.

Examinemos uma jornada de 12 horas, que produz um valor de seis moedas-padrão e de que a metade é equivalente ao valor cotidiano da força de trabalho. Confundindo o valor da força com o valor da sua função, com o trabalho que executa, obtém-se esta fórmula: o trabalho de 12 horas tem um valor de três moedas-padrão, chegando-se assim ao resultado absurdo de que um trabalho que cria um valor de seis moedas-padrão não vale mais que 3.

Porém, isso não é visível na sociedade capitalista. O valor de três moedas-padrão, para cuja produção são necessárias apenas seis horas de trabalho, apresenta-se nela como o valor da jornada inteira de trabalho.

Ao receber um salário cotidiano de três moedas-padrão, parece que o operário recebe o valor íntegro do seu trabalho, sucedendo isso precisamente porque o excedente do valor do seu produto sobre o do seu salário afeta a forma de uma mais-valia de três moedas-padrão, criado pelo capital e não pelo trabalho.

A forma-salário, ou paga direta do trabalho, faz desaparecer, portanto, todo o vestígio da divisão da jornada em trabalho necessário e trabalho extraordinário, em trabalho pago e em trabalho não pago, de sorte que se considera pago todo o trabalho do operário livre.

O trabalho que o servo executa para si próprio e o que está obrigado a executar para o seu senhor são perfeitamente diferentes um do outro e têm lugar em locais diversos.

No sistema escravagista, ainda a parte da jornada em que o escravo supre o valor da sua subsistência e na qual trabalha realmente para si próprio, parece que trabalha somente para o seu proprietário; todo o seu trabalho reveste a aparência do trabalho não pago.

Sucede o contrário com o trabalho assalariado; ainda o trabalho extraordinário ou trabalho não pago afeta a aparência de trabalho pago. Na escravatura, a relação de propriedade oculta o trabalho do escravo para si próprio; no salariado, a relação monetária encobre o trabalho gratuito que o assalariado produz para o seu capitalista.

Compreende-se agora a imensa importância que tem na prática essa mudança de forma, a qual faz aparecer a retribuição da força de trabalho, como salário do trabalho, o preço da força como preço da sua função.

A forma aparente torna invisível a relação efetiva entre capital e trabalho; dessa forma aparente dimanam todas as noções jurídicas do assalariado e do capitalista, todas as mistificações da produção capitalista, todas as ilusões liberais e todas as glorificações justificativas da economia política vulgar.

## Capítulo XX
# O SALÁRIO POR JORNADA

O preço do trabalho. Paragens parciais e redução geral da jornada de trabalho. O preço inferior do trabalho e a prolongação da jornada.

O salário apresenta, por sua vez, formas muito variadas; examinaremos as suas duas formas fundamentais: o salário por jornada e o salário por empreitada.

### O PREÇO DO TRABALHO

A venda da força de trabalho tem sempre lugar, como já vimos, por um período de tempo determinado. O valor diário, semanal etc., da força de trabalho apresenta-se, portanto, sob a forma aparente do salário por jornada, isto é, por dias, por semanas etc. No salário por jornada há que fazer distinção entre a importância total do salário diário, semanal etc., e o preço do trabalho. Com efeito, é evidente que, segundo a extensão da jornada, o mesmo salário cotidiano, semanal etc., pode representar preços de trabalhos muito diversos.

O preço médio do trabalho obtém-se dividindo o valor médio diário da força de trabalho pelo número médio de horas de jornada de trabalho. Se o valor diário é, por exemplo, de três moedas-padrão e a jornada de trabalho de 12 horas, o preço de uma hora é igual a três moedas-padrão, divididos por 12, ou seja, vinte e cinco centavos de moeda-padrão. O preço da hora assim averiguado é a medida do preço do trabalho.

O salário pode ficar invariável e o preço do trabalho pode aumentar ou diminuir. Se, por exemplo, a jornada é de dez horas e o salário é o mesmo, de três moedas-padrão, a hora de trabalho paga-se por 30 centavos; se a jornada é de 15 horas então só se paga a hora por 20 centavos. Pelo contrário, o salário pode elevar-se, ainda que o preço do trabalho não varie ou diminua.

Se a jornada média é de dez horas e o valor cotidiano da força de trabalho é de três moedas-padrão, o preço da hora é de 30 centavos; se, em consequência de um aumento de trabalho, o operário trabalha 12 horas em lugar de dez, então sem mudar o preço desse trabalho o salário cotidiano se elevará a três moedas-padrão e sessenta centavos; há que se advertir que, nesse último caso, apesar da elevação do salário, à força de trabalho paga-se por menos do seu valor, portanto essa elevação não compensa o maior dispêndio da força resultante do aumento de trabalho.

Em geral, dada a duração do trabalho diário ou semanal, o salário cotidiano ou semanal dependerá do preço do trabalho; dado o preço do trabalho, o salário por dia ou por semana dependerá da duração do trabalho diário ou semanal.

## Paragens parciais e redução geral da jornada de trabalho

Como já dissemos, o preço de uma hora de trabalho, medida do salário por jornada, obtém-se dividindo o valor diário da força de trabalho pelo número de horas da jornada ordinária.

Porém, se o patrão não dá ocupação ao operário, com regularidade, durante esse número de horas, este recebe somente uma parte do seu salário regular. É aqui, portanto, a origem dos males que resultam para o operário de uma ocupação insuficiente, de uma colocação parcial.

Se o tempo que serviu de base para o cálculo do salário por jornada é de 12 horas, por exemplo, e o operário não está ocupado mais do que seis ou oito, o seu salário por horas, que, multiplicado por 12, equivale ao valor de sua subsistência necessária, baixa deste valor indispensável desde que, em consequência de uma redução de ocupação, não se acha multiplicado somente por seis ou por oito, isto é, por um número inferior a 12.

Como é lógico, não se deve confundir o efeito dessa insuficiência de ocupação com a sua diminuição, que resultaria de uma baixa geral da jornada de trabalho.

No primeiro caso, o preço ordinário do trabalho calcula-se supondo que a jornada regular é de 12 horas, se o operário trabalha menos, suponhamos oito horas, não recebe o suficiente; enquanto, no segundo caso, o preço ordinário do trabalho se calcularia estabelecendo que a jornada regular fosse, por exemplo, de oito horas e, por consequência, o preço da hora seria mais elevado.

Poderia, então, ainda ocorrer que o operário não recebesse o seu salário regular; porém, isso só ocorreria se estivesse ocupado menos de oito horas, enquanto o primeiro caso ocorre não estando ocupado 12 horas.

## O PREÇO INFERIOR DO TRABALHO E A PROLONGAÇÃO DA JORNADA

Em certos ramos da indústria, em que domina o salário por jornada, é costume contar como regular uma jornada de certo número de horas, dez por exemplo. Depois começa o trabalho suplementar, o qual, tomando como tipo a hora de trabalho, está logo mais remunerado.

Por causa da inferioridade do preço do trabalho durante o tempo regulamentar, vê-se o operário obrigado, para obter um salário suficiente, a trabalhar durante o tempo suplementar, que está menos mal pago. Isso conduz, em proveito do capitalista, a um prolongamento da jornada de trabalho. A limitação legal da jornada de trabalho põe fim a essa canalhice.

Vê-se, portanto, que, dado o preço do trabalho, o salário cotidiano ou semanal depende da duração do trabalho executado. Resulta disto que, quanto mais inferior for o preço do trabalho, mais longa deve ser a jornada para que o operário alcance um salário suficiente.

Se o preço da hora de trabalho é de um e meio centavos, o operário deve trabalhar 15 horas para obter um salário cotidiano de 22,50 moedas-padrão, se o preço da hora de trabalho é de 25 centavos de moeda-padrão, uma jornada de 12 horas é insuficiente para obter um salário cotidiano de três moedas-padrão. O preço inferior do trabalho, portanto, torna forçosa a extensão do tempo de trabalho.

Porém, se a extensão da jornada é o efeito natural do preço inferior do trabalho, pode também ser causa de uma baixa no preço do trabalho e, por conseguinte, no salário cotidiano ou semanal. Se, mercê da extensão da jornada, um homem executa a tarefa de dois, a oferta de trabalho aumenta, por mais que não haja variado o número de operários que há no mercado.

A competição, assim criada entre os operários, permite ao capitalista reduzir o preço do trabalho, redução que, como já vimos, permite por sua vez que prolongue ainda mais a jornada. Por conseguinte, o capitalista tira duplo proveito: da diminuição do preço corrente do trabalho e da sua duração extraordinária.

Não obstante, essa faculdade de dispor de uma quantidade considerável de trabalho não pago não tarda em converter-se em meio de competição entre os próprios capitalistas; para atrair o maior número de compradores, rebaixam o preço de venda das mercadorias, que lhes saem por menor custo; esse preço conclui por fixar-se em uma quantidade excessivamente pequena, a qual, a partir desse momento, forma a base normal de um salário miserável para os operários daqueles industriais.

## Capítulo XXI
# O SALÁRIO POR EMPREITADA

> Essa forma do salário não altera em nada a sua natureza. Particularidades que fazem dessa forma do salário a mais conveniente para a produção capitalista.

### Essa forma do salário não altera em nada a sua natureza

O salário por empreitada parece, à primeira vista, demonstrar que se paga ao operário não o valor da sua força, mas o do trabalho já realizado no produto, e que o preço desse trabalho está determinado pela capacidade de execução do produtor. Na realidade, só é uma transformação do salário por jornada.

Suponhamos que a jornada ordinária de trabalho é de 12 horas, seis de trabalho necessário e seis de trabalho extraordinário, seis pagas e seis não pagas, e que o valor produzido é de seis moedas-padrão. O produto de uma hora de trabalho será, por conseguinte, de 50 centavos.

A experiência estabeleceu que um operário, trabalhando com um grau médio de intensidade e de habilidade e empregando, portanto, só o tempo de trabalho socialmente necessário para a produção de um artigo, entrega em 12 horas doze desses produtos ou frações de produto.

Essas doze porções, deduzidos os meios de produção que contêm, valem seis moedas-padrão e cada uma delas vale 50 centavos. O operário recebe, por fração, 25 centavos e ganha assim três moedas-padrão em 12 horas, enquanto as mercadorias, produto de 12 horas de trabalho, valem seis moedas-padrão, deduzidos os meios de produção consumidos.

Assim, no sistema do salário por jornada, é indiferente dizer que o operário trabalha seis horas para si e seis para o capitalista, ou a metade de cada hora para ele e a outra metade para o patrão; ainda assim, nesse caso, pode dizer-se indiferentemente que cada fração de produto está metade paga e metade não paga, ou que o preço de seis frações de produto não é mais que um equivalente da força de trabalho, uma vez que a mais-valia está contida nas outras seis, executadas gratuitamente pelo operário.

No salário por jornada, este se mede pela sua duração imediata; no salário por empreitada, mede-se pela quantidade de produtos executados em um espaço de tempo determinado; porém, em ambos os casos, o valor de uma jornada está determinado pelo valor diário da força de trabalho. O trabalho por empreitadas não é, portanto, mais que uma forma modificada do salário por jornada.

Se a produtividade do trabalho aumenta, se a quantidade de produtos realizável em certo tempo se duplica, por exemplo, o salário por empreitada baixará na mesma proporção, diminuirá pela metade, de sorte que o salário cotidiano não variará absolutamente.

De uma maneira ou de outra, o que o capitalista paga não é o trabalho, mas sim a força de trabalho. Tal forma de retribuição pode ser mais favorável que qualquer outra para o desenvolvimento da produção capitalista, porém, nenhuma modifica a natureza do salário.

### Particularidades que fazem dessa forma do salário a mais conveniente para a produção capitalista

Dentro dessa forma de salário, a obra deve ser de uma qualidade média, para que à fração de produto se pague o preço estipulado. Sob esse conceito, o salário por empreitadas é um manancial inesgotável de pretextos para reter parte do salário do operário e para privá-lo do que lhe pertence. Ao mesmo tempo fornece ao capitalista uma média exata da intensidade do trabalho. Não se paga mais tempo de trabalho que o que contém uma massa de produtos, determinada de antemão e estabelecida experimentalmente. Se o operário não possui a capacidade média de execução, se não pode fornecer na sua jornada o mínimo fixado, despede-se.

Assegurada assim a qualidade e a intensidade do trabalho, pela forma do salário, torna-se desnecessária uma grande parte do trabalho de vigilância. Nisto se fundamenta não só o trabalho moderno em domicílio, mas também todo um sistema de opressão e de exploração hierarquicamente constituído.

Esse sistema apresenta duas formas fundamentais. Por um lado, o salário por empreitada facilita a intervenção de parasitas entre o capitalista e o trabalhador, ou seja, o tarefeiro. O lucro dos tarefeiros provém exclusivamente da diferença que existe entre o preço do trabalho que paga o capitalista e a porção deste preço que eles designam ao operário.

Por outro lado, o salário por empreitada permite ao capitalista ajustar em um tanto cada fração de produto com um operário principal, chefe de grupo ou turma etc., o qual se encarrega, pelo estipulado, de procurar o pessoal necessário e de lhe pagar. A exploração dos trabalhadores pelo capital complica-se nesse caso com uma exploração do trabalhador pelo trabalhador.

Como o salário por empreitada, o interesse pessoal impele o operário a redobrar as suas forças todo o possível, o que facilita a elevação da intensidade ordinária do trabalho; o operário está igualmente interessado em prolongar a jornada de trabalho, portanto é o único modo de aumentar o seu salário cotidiano ou semanal. Daqui se origina uma reação semelhante à que falamos no final do Capítulo anterior.

O salário por jornada supõe, com raras exceções, a igualdade de remuneração para os operários encarregados de uma mesma tarefa. O salário por empreitada, no qual o preço do tempo de trabalho se mede por uma quantidade determinada do produto, varia naturalmente de modo que a quantidade de produto executado em um dado tempo exceda do mínimo estabelecido.

A diferença de habilidade, de força, de energia, de perseverança, entre os trabalhadores individuais, ocasionam nessa forma de salário grandes diferenças nos seus respectivos interesses.

Portanto, isso não altera em coisa alguma a relação geral existente entre o capital e o salário do trabalhador. Em primeiro lugar, essas diferenças individuais nivelam-se no conjunto da oficina. Em segundo lugar, a proporção entre o salário e a mais-valia não está modificada nesse segundo sistema de salário, pois ao salário individual de cada operário corresponde a massa de mais-valia executada por ele.

O salário por empreitada tende por isso mesmo a desenvolver, por um lado, o espírito de independência e de autonomia nos trabalhadores, e por outro, a competição que se encontre entre eles. Segue-se daqui uma elevação dos salários individuais sobre o seu nível geral, acompanhada de uma baixa desse mesmo nível.

Por último, o salário por empreitada permite ao patrão aplicar o sistema já indicado: não ocupar regularmente o operário durante a jornada ou durante a semana. Tudo isso demonstra que o salário por empreitada é a forma de salário mais conveniente do sistema de produção capitalista.

## Capítulo XXII
# DIFERENÇA NA TAXA DOS SALÁRIOS NACIONAIS

Como podem comparar-se as diferentes taxas nacionais do salário.
Modificações da lei do valor na sua aplicação internacional.

### COMO PODEM COMPARAR-SE AS DIFERENTES TAXAS NACIONAIS DO SALÁRIO

Para comparar a taxa do salário entre diferentes nações, é preciso, em primeiro lugar, ter em conta as circunstâncias de que depende em cada uma delas o valor da força de trabalho, tais como a quantidade das necessidades ordinárias, o preço das subsistências, o número médio de indivíduos das famílias operárias, as despesas de educação do trabalhador, o papel que desempenha o trabalho das mulheres e das crianças, e, enfim, a produtividade, a duração e a intensidade do trabalho.

Conhecendo a duração cotidiana do trabalho e o salário da jornada em cada país, se achará para cada um o preço da hora de trabalho nos mesmos ramos da indústria; e só então poderão ser comparadas as taxas nacionais do salário por jornada. Depois será necessário reduzir o salário por jornada a salário por empreitada, único que indica os diferentes graus de intensidade e de produtividade do trabalho.

### MODIFICAÇÕES DA LEI DO VALOR NA SUA APLICAÇÃO INTERNACIONAL

Existe em cada país certa intensidade ordinária em virtude da qual um produto consome mais tempo de trabalho do que o socialmente necessário; porém, qualquer que seja o tempo que haja consumido, no mercado nacional só se encontra o valor correspondente ao tempo socialmente necessário para a sua produção.

O valor não se regula senão pela duração desse tempo, e semelhante regra só se modifica quando o trabalho alcança um grau de intensidade superior à intensidade ordinária nacional.

Não ocorre o mesmo no mercado universal, onde se encontram os produtos dos diversos países. A intensidade ordinária do trabalho nacional não é a mesma em todos eles. Maior aqui, menor ali, os diversos graus nacionais formam uma escala, que tem por medida o grau de intensidade média internacional que a sua comparação proporciona. Em comparação com o trabalho nacional mais intenso, o trabalho nacional menos intenso cria, no mesmo tempo, menos valor, que se traduz em menos dinheiro.

Outra modificação mais profunda da lei do valor na sua aplicação ao mercado universal consiste em que o trabalho nacional mais produtivo se considera nesse mercado como trabalho mais intenso, isto é, como trabalho que produz não só maior quantidade de produtos, mas, também, mais quantidade de valor, sempre que a nação mais produtiva não se veja obrigada pela concorrência a baixar o preço da venda das suas mercadorias no nível do seu valor real.

Se a produção capitalista está mais desenvolvida em um país, o trabalho nacional alcança nele, em decorrência disso, uma produtividade e uma intensidade ordinárias mais acentuadas que a produtividade e a intensidade médias internacionais, e a quantidade de valor produzido no mesmo tempo é então mais elevado e expressa-se por uma quantidade maior de dinheiro, o qual vale relativamente menos nesse país que em outro, em que a produção capitalista está menos desenvolvida.

# Seção sétima
# ACUMULAÇÃO DO CAPITAL

## Introdução

Circulação do capital. Do estudo do mecanismo fundamental da acumulação.

### CIRCULAÇÃO DO CAPITAL

A transformação de uma quantidade de dinheiro em meios de produção e em força de trabalho, que é a primeira manifestação do movimento do valor destinado a funcionar como capital, tem lugar no mercado, dentro do domínio da circulação.

O ato de produção, segunda manifestação do movimento, termina, enquanto os meios de produção se transformam em mercadorias, cujo valor é maior que o dos elementos que contribuíram para as formar; isto é, contêm uma mais-valia a mais do dinheiro adiantado. É então quando as mercadorias devem ser postas em circulação, sendo necessário vendê-las, realizar o seu valor em dinheiro para depois transformar de novo esse dinheiro em capital e assim sucessivamente. Esse movimento, portanto, é o que constitui a circulação do capital.

### DO ESTUDO DO MECANISMO FUNDAMENTAL DA ACUMULAÇÃO

A primeira condição da acumulação é que o capitalista consiga vender as suas mercadorias e volte a transformar em capital a maior parte do dinheiro dessa forma obtido; é necessário que o capital tenha circulado com regularidade, e suponhamos que assim tenha sido, com efeito.

O capitalista que produz uma mais-valia, isto é, que arranca diretamente ao operário trabalho não pago, apropria-se primeiro, porém não é só ele quem o desfruta. A mais-valia divide-se em diversas partes, que incluem diferentes categorias de pessoas sob várias formas, tais como lucro industrial, juros, lucro comercial, renda agrícola etc. Porém, essa participação não muda a natureza da mais-valia nem as condições pelas quais se converte em origem da acumulação. Qualquer que seja a parte da mais-valia que o empresário capitalista retenha para si, ele é sempre o primeiro que se apropria por completo e o único que a transforma em capital; podemos, portanto, considerar o capital como representante de todos os que repartem o bolo.

O movimento intermediário da circulação e a divisão da mais-valia em várias partes apresentam formas diversas, que complicam e obscurecem o ato fundamental da acumulação. Assim, portanto, e a fim de simplificar a sua análise, é necessário deixar de lado tudo o que oculte o jogo íntimo do seu mecanismo e estudar a acumulação do ponto de vista da produção.

## Capítulo XXIII
# REPRODUÇÃO SIMPLES

> A parte do capital adiantada em salário é só uma parte do trabalho efetuado pelo trabalhador. Todo o capital adiantado se transforma com mais ou menos rapidez em capital acumulado. Consumo produtivo e consumo individual do trabalhador. A simples reprodução mantém o trabalhador na situação de assalariado.

A produção, qualquer que seja a sua forma social, deve ser contínua. Uma sociedade não pode deixar de produzir, tampouco de consumir. Para seguir produzindo, é obrigada a transformar continuamente uma parte de seus produtos em meio de produção, em elementos de novos produtos. Para manter a sua riqueza à mesma altura, em iguais circunstâncias, necessita substituir os meios de trabalho, as matérias-primas, as matérias auxiliares, em suma, os meios de produção consumidos, por exemplo, durante um ano, por idêntica quantidade anual de artigos da mesma espécie, ou, de outra forma, é necessário que haja reprodução da riqueza. Se a produção afeta a forma capitalista, de igual forma a afetará a reprodução. Do primeiro ponto de vista, o ato de trabalho serve então de auxiliar para criar mais-valia; do segundo, serve de meio para reproduzir ou perpetuar como capital, isto é, como valor que produz valor, a parte monetária adiantada.

Como aumento periódico do valor adiantado, a mais-valia adquire a forma de uma *renda* procedente do capital.

Se o capitalista consome essa renda e a gasta na mesma medida que se vai produzindo, só haverá simples reprodução, dadas as mesmas circunstâncias; em outros termos, o capital continuará funcionando sem aumentar. Não obstante, as mesmas operações repetidas por um capital na mesma escala, se revestem de certas características que vamos examinar.

## A PARTE DO CAPITAL ADIANTADA EM SALÁRIOS É SÓ UMA PARTE DO TRABALHO EFETUADO PELO TRABALHADOR

Examinemos, em primeiro lugar, a parte do capital adiantada em salários, ou seja, o capital variável. Antes de começar a produzir, o capitalista compra uma quantidade de forças de trabalho por um tempo determinado, porém apenas paga depois de o operário ter trabalhado e acrescentado ao produto o valor da sua própria força e uma mais-valia.

Além dessa mais-valia, que constitui o recurso de consumo do capitalista, o operário produziu, portanto, esse recurso com a sua própria paga, que é o capital variável, antes de recebê-lo sob forma de salário. Uma parte do trabalho executado por ele na semana precedente ou no mês anterior serve para pagar o seu trabalho de hoje ou do próximo mês. Essa parte do seu produto, que volta ao trabalhador convertida em salário, é paga a ele, é certo, em dinheiro; porém o dinheiro só é o portador do valor das mercadorias e não afeta em nada o fato de que o salário recebido pelo operário, sob a forma de adiantamento do capitalista, não é outra coisa senão parte de seu próprio trabalho já realizado.

Sem dúvida, antes de tomar novo impulso, esse movimento de produção deveria ter um princípio e durar certo tempo, durante o qual o operário, não tendo ainda produzido, não poderia ser pago com o seu próprio produto, como tampouco manter-se apenas de ar. Não se deverá, portanto, supor que a primeira vez que a classe capitalista se apresenta no mercado para comprar a força de trabalho tem já acumulado, ainda que pelos seus próprios esforços ou pelas suas próprias economias, capitais que lhe permitam adiantar as subsistências do operário em forma monetária? Aceitaremos provisoriamente essa solução, cujo fundamento examinaremos no capítulo sobre a acumulação primitiva.

## TODO O CAPITAL ADIANTADO SE TRANSFORMA COM MAIS OU MENOS RAPIDEZ EM CAPITAL ACUMULADO

Ainda que assim seja, a reprodução contínua muda de imediato a característica primitiva do conjunto do capital adiantado, composto de parte variável e parte constante.

Se um capital de 25.000 moedas-padrão produz anualmente uma mais-valia de 5.000 moedas-padrão, que consome o capitalista, é evidente que, depois de se haver repetido cinco vezes esse movimento, a soma da mais-valia consumida será igual a 5.000 moedas-padrão multiplicados por cinco, ou seja, 25.000 moedas-padrão, isto é, o valor total do capital adiantado.

Se, por exemplo, só se consumisse a metade da mais-valia anual, obter-se-ia o mesmo resultado em dez anos, em vez de em cinco, pois multiplicando a metade da mais-valia, que são 2.500 moedas-padrão, por dez, obtém-se a mesma quantidade de 25.000 moedas-padrão. Em termos gerais, dividindo-se o capital adiantado pela quantidade de mais-valia consumida anualmente, acha-se o número de anos, ao cabo dos quais o capital primitivo foi consumido inteiramente pelo capitalista, e, por conseguinte, eliminado.

Segundo isto, depois de certo tempo, o valo do capital que pertencia ao capitalista torna-se igual à soma de mais-valia que este adquiriu gratuitamente durante esse mesmo tempo; a soma de valor que adiantou iguala a que consumiu.

É certo que tem sempre em mãos um capital, cuja quantidade não variou. Porém, quando um homem consome a sua fazenda pelas dívidas que contrai, o valor dela só representa o importe das suas dívidas; do mesmo modo, quando o capitalista tenha consumido o equivalente do capital que havia adiantado, o valor desse capital não representa mais que a soma da mais-valia monopolizada por ele.

Por consequência, a reprodução simples basta para transformar com mais ou menos rapidez todo o capital adiantado em capital acumulado ou em mais-valia capitalizada. Ainda que à sua entrada no domínio da produção fosse adquirida pelo trabalho pessoal do empresário, ao cabo de certo tempo se converteria em valor adquirido sem equivalente; seria a materialização do trabalho, não pago, de outro.

## Consumo produtivo
## e consumo individual do trabalhador

O trabalhador toma um consumo duplo. No ato da produção consome, pelo seu trabalho, meios de produção, com objetivo de transformá-los em produtos de um valor superior ao do capital adiantado; este é o seu *consumo produtivo*, que significa ao mesmo tempo consumo da sua força pelo capitalista, a quem pertence. Porém, o dinheiro desembolsado para a compra dessa força é empregado pelo trabalhador em meios de subsistência, e isto é o que constitui o seu *consumo individual*.

O consumo produtivo e o consumo individual do trabalhador são, portanto, perfeitamente distintos. No primeiro, o operário atua com força que põe em atividade o capital e pertence ao capitalista; no segundo, pertence a si próprio e executa funções vitais independentemente do ato de produção. O resultado do primeiro é a vida do capital, o resultado do segundo é a vida do próprio operário.

Ao transformar em força de trabalho uma parte do seu capital, o capitalista assegura a conservação e a redução em valor do seu capital por completo. Fazendo isso, mata dois pássaros com uma mesma pedrada; tira benefício do que recebe do operário e, além disso, de quem lhe paga.

O capital que serve para pagar a força de trabalho é trocado pela classe operária pelas substâncias, cujo consumo fortalece os músculos, os nervos e o cérebro dos trabalhadores existentes e forma novos trabalhadores. Dentro dos limites do estritamente necessário, o consumo individual da classe operária não é mais que a transformação das substâncias, a qual lhe permite que venda a sua força de trabalho, em nova matéria explorável pelo capital. Por contribuir à produção e reprodução do instrumento mais indispensável ao capitalista, que é o trabalhador, o consumo individual deste é, portanto, um elemento da reprodução do capital.

É certo que o trabalhador efetua o seu consumo individual para sua própria satisfação e não para a do capitalista. Porém, as bestas de carga também querem correr; acaso, por isto, a sua alimentação não contribui para dar utilidade ao proprietário?

O resultado é que o capitalista não necessita cuidar do consumo individual dos operários; isto o deixa à mercê dos instintos de conservação e de reprodução do trabalhador livre; o seu único interesse nessa matéria é o de limitá-lo ao estritamente necessário.

Por isso, o reles cortesão do capital, o economista vulgar, só considera como produtiva a parte do consumo individual que necessita fazer a classe operária para se perpetuar e aumentar, e sem ela o capital não acharia força de trabalho que consumir, ou não encontraria a suficiente. Tudo quanto o trabalhador pode gastar, à parte da sua alimentação em espairecimento, seja físico ou intelectual, é um consumo improdutivo que em seu ponto de vista é como se cometesse um crime.

O consumo individual do trabalhador pode considerar-se, com razão, como improdutivo, porém, só no que lhe diz respeito, pois o consumo não reproduz senão ao indivíduo necessitado; em conclusão, é produtivo para o capitalista e para o Estado, pois dá origem à força criadora de toda a riqueza.

## A SIMPLES REPRODUÇÃO MANTÉM O TRABALHADOR NA SITUAÇÃO DE ASSALARIADO

Do ponto de vista social, a classe operária é, por conseguinte, como qualquer outro instrumento de trabalho, uma dependência do capital, cujo movimento de produção exige, em certos limites, o consumo individual dos trabalhadores. Esse consumo individual que os sustenta e os reproduz destrói ao mesmo tempo os produtos que se haviam procurado vender, e obriga-os a reaparecer constantemente no mercado.

Como vimos no Capítulo VI não bastam a produção e a circulação das mercadorias para acrescentar o capital. Seria necessário, contudo, que o homem de dinheiro encontrasse no mercado outros homens livres, porém forçados a vender voluntariamente a sua força de trabalho, não tendo outra coisa que vender. A separação entre produto e produtor, entre uma categoria de pessoas dotadas de todas as coisas necessárias para se realizar o trabalho e outra categoria de indivíduos cujo único patrimônio se reduz à sua força de trabalho, tal era o ponto de partida da produção capitalista.

Porém, o que foi ponto de partida converteu-se bem depressa, mercê da simples reprodução, em resultado constantemente renovado. Por um lado, o movimento de produção cessa de transformar a riqueza material em capital e em meios de satisfação para o capitalista; por outro lado, o operário é depois o mesmo exatamente que era antes: origem de riqueza, privado de seus próprios meios de realização. A repetição periódica do movimento de produção capitalista transforma continuamente o produto do assalariado em valor que absorve a força criadora deste, em meios de produção que dominam o produtor, em meios de subsistência que servem para avassalar o operário.

O sistema de produção capitalista reproduz, portanto, por si mesmo, a separação entre o trabalhador e as condições do trabalho. Por isto somente reproduz e perpetua as condições que obrigam o operário a vender-se para viver e permitem ao capitalista comprá-lo para enriquecer. Não é o acaso que os coloca frente a frente no mercado como vendedor e comprador, é o próprio fato do sistema de produção o que lança sempre o operário no mercado como vendedor da sua força de trabalho e o que transforma o seu produto em meio de compra para o capitalista.

Na realidade, o trabalhador pertence à classe capitalista, à classe que dispõe dos meios de vida, antes de se vender a um capitalista individual. A sua escravidão econômica oculta-se sob a renovação contínua desse ato de venda, pelo engano do livre contrato, pela troca de dons individuais e pelas oscilações dos preços que o trabalho alcança no mercado.

Considerado o movimento da produção capitalista em sua continuidade, ou como reprodução, não produz somente mercadorias e mais-valia, mas reproduz também a sua base: o trabalhador na condição de assalariado.

## Capítulo XXIV
# TRANSFORMAÇÃO DA MAIS-VALIA EM CAPITAL

> I. Reprodução em maior escala. Quanto mais acumula o capitalista, mais pode acumular. A apropriação capitalista não é mais que a aplicação das leis da produção mercantil. II. Ideias falsas acerca da acumulação. III. Divisão da mais-valia em capital e em renda. Teoria da abstinência. IV. Circunstâncias que influem na extensão da acumulação. Grau de exploração da força operária. Produtividade do trabalho. Diferença crescente entre o capital empregado e o capital consumido. Quantidade do capital adiantado. V. O fundo de trabalho.

### I – Reprodução em maior escala

Vimos nos capítulos precedentes como a mais-valia nasce do capital, agora vamos ver como o capital nasce da mais-valia.

Se, em vez de ser consumida, a mais-valia se adianta e emprega como capital forma-se um novo, que se junta ao anterior. Consideremos desde logo essa operação no que toca ao capitalista individual.

Um industrial financeiro, por exemplo, adianta 250.000 moedas-padrão; as quatro quintas partes, ou seja, 200.000 moedas-padrão, em algodão, máquinas etc., e a restante em salários. Com isso produz anualmente 75.000 quilogramas de fio de um valor de quatro moedas-padrão cada quilograma, ou seja, um total de 300.000 moedas-padrão. A mais-valia, que é desde logo de 50.000 moedas-padrão, encontra-se no *produto nato* de 12.500 quilogramas, que é a sexta parte do *produto bruto*, pois vendidos a quatro moedas-padrão o quilograma produzem uma soma igual de 50.000 moedas-padrão, e essa quantidade vale sempre 50.000 moedas-padrão. A sua característica de mais-valia indica como chegaram às mãos do capitalista, porém não altera absolutamente o seu caráter de valor ou de dinheiro.

Para capitalizar a nova soma de 50.000 moedas-padrão, o industrial não faz mais do que adiantar as quatro quintas partes dela para a compra de algodão e demais materiais necessários e a parte restante para adquirir fiandeiras suplementares. Depois disso feito, o novo capital de 50.000 moedas-padrão funciona na fiação e produz, por sua vez, uma mais-valia de 10.000 moedas-padrão.

De princípio o capital foi adiantado em forma de dinheiro; a mais-valia, ao contrário, existe como valor de certa quantidade de produto bruto. Se a venda deste último, a sua troca por dinheiro, dá ao capital a sua forma primitiva, a forma dinheiro também transforma o modo de ser primitivo da mais-valia, que é a forma de mercadoria. Porém, depois da venda do produto bruto, valor do capital e mais-valia são igualmente somas de dinheiro e a sua transformação em capital, que tem lugar em seguida, efetua-se de idêntica forma para ambas as quantidades. O capitalista adianta, portanto, as duas somas para comprar as mercadorias, com cujo auxílio volta a começar de novo, e agora em maior escala, a fabricação do seu produto.

Sem dúvida, para poder comprar os elementos constitutivos daquela fabricação, é necessário que os encontre no mercado. A produção anual deve proporcionar, por consequência, não somente todos os artigos necessários para substituir os elementos materiais do capital gasto durante o ano, mas também uma quantidade dos ditos artigos, maior que a consumida assim como forças de trabalho suplementares a fim de que possa funcionar o novo valor do capital, que é então maior que o primitivo.

O mecanismo da produção capitalista proporciona esse excesso de força de trabalho, reproduzindo a classe operária como classe assalariada, cujo salário usual assegura não só o sustento, mas ainda a multiplicação. Unicamente se necessita para isso que uma parte do trabalho extraordinário anual se haja empregado em criar meios de produção e de subsistência além dos necessários para a reposição do capital adiantado, não havendo então mais que fazer senão juntar as novas forças de trabalho providas cada ano em idades diversas pela classe operária ao excesso de meios de produção que contém a produção anual. A acumulação resulta, por consequência da reprodução do capital em crescente proporção.

## QUANTO MAIS ACUMULA O CAPITALISTA, MAIS PODE ACUMULAR

O capital primitivo formou-se, no exemplo anterior, pelo adiantamento de 250.000 moedas-padrão. De onde alcançou essas riquezas o capitalista? Do seu próprio trabalho ou de seus antepassados, respondem em coro as eminências da economia política; e a sua suposição parece que, com efeito, é a única de acordo com as leis da produção mercantil.

Não ocorre o mesmo com o novo capital de 50.000 moedas-padrão. A sua procedência não é perfeitamente conhecida; provém da mais-valia capitalista. Desde a sua origem, não contém a mínima parcela de valor que não provenha do trabalho de outro não pago.

Os meios de produção, aos quais se junta a força operária suplementar, assim como os produtos que a mantém, são partes do produto nato do tributo arrancado anualmente à classe operária pela classe capitalista. O fato de que esta última, mediante certa quantidade do dito tributo, compra à classe operária um excesso de força, ainda que pelo seu justo valor, assemelha-se à magnanimidade de um conquistador que se acha disposto a pagar generosamente as mercadorias dos vencidos com o dinheiro que lhes arrancou. Mercê do seu trabalho extraordinário de um ano, a classe operária cria o novo capital que permitirá no ano próximo criar mais trabalho; isso é o que se chama criar capital por meio do capital.

A acumulação de 50.000 moedas-padrão pelo primeiro capital supõe que a soma de 250.000 moedas-padrão, adiantada como capital primitivo provém do próprio recurso do seu possuidor, do seu "trabalho primitivo". Porém, a acumulação de 10.000 moedas-padrão pelo segundo capital supõe a acumulação precedente do capital de 50.000 moedas-padrão que é a mais-valia capitalizada do capital primitivo. Segue-se disso que, quanto mais o capitalista acumula, mais meios de acumular adquire. Em outros termos: de quanto mais trabalho de outro, não pago, se haja apropriado anteriormente, mais ainda pode monopolizar na atualidade.

## A APROPRIAÇÃO CAPITALISTA NÃO É MAIS QUE A APLICAÇÃO DAS LEIS DA PRODUÇÃO MERCANTIL

Esse modo de se enriquecer deriva, é necessário compreendê-lo bem, não da violação, mas sim, pelo contrário, da aplicação das leis que regem a produção mercantil. Para nos convencermos disso, basta lançar um golpe de vista sobre as operações sucessivas que tendem à acumulação.

Como vimos, a transformação positiva de uma soma de valor em capital faz-se conforme as leis da troca. Um dos dois que trocam vende a sua força de trabalho, que o outro compra. O primeiro recebe o valor da sua mercadoria e o uso desta, que é o trabalho, pertencente ao segundo, e é quem transforma então os meios de produção, que lhe pertencem, com o auxílio de um trabalho que lhe pertence também, em um novo produto que é seu com todo direito.

O valor desse produto contém desde logo o dos meios de produção consumidos; porém, o trabalho não empregaria utilmente esses meios se o seu valor não passasse ao produto. O referido valor encerra, além disso, o equivalente da força de trabalho e uma mais-valia. Esse resultado é devido a que a força obreira vendida por um tempo determinado, um dia, uma semana etc., possui mais valor do que o seu uso produz no mesmo tempo. Porém, ao obter o valor da troca da sua força, o trabalhador aliena o valor do uso dela, como ocorre em toda a compra e venda de mercadorias.

Por mais que o uso desse artigo particular, o trabalho, seja proporcionar trabalho, e, por conseguinte, produzir valor, isto não altera em nada a dita lei geral da produção mercantil. Se, portanto, a soma do valor adiantado em salários se torna a encontrar no produto com um excesso, este não provém de um engano cometido com o vendedor, que recebe o equivalente da sua mercadoria, mas sim do consumo que desta faz o comprador. A lei das trocas não exige a igualdade senão na relação do valor trocável dos artigos alienados mutuamente, porém, supõe uma diferença entre os seus valores de uso, e não tem nada que ver com o seu consumo, que só começa depois de se haver realizado a venda.

A transformação primitiva do dinheiro em capital efetua-se, portanto, conforme as leis econômicas da produção de mercadorias e o direito de propriedade que delas se origina. Como se dá o fato pelo qual o capitalista transforma, em seguida, a mais-valia em capital? Acabamos de dizer que essa mais-valia é propriedade sua; e os novos operários que a mais-valia recruta, funcionando ao mesmo tempo com o capital, não têm nada que ver com ele ter sido produzido anteriormente por operários. Tudo o que esses novos operários podem exigir é que o capitalista lhes pague também igualmente a sua força de trabalho.

As coisas não se apresentariam assim caso se examinasse as relações que há entre o capitalista e os operários, não mais separadamente, mas no seu encadeamento, e caso se tivesse em conta a classe capitalista e a classe operária. Mas como a produção mercantil só põe frente a frente vendedores e compradores, independentes uns de outros, para julgar essa produção segundo as suas próprias leis, é preciso considerar cada transação isoladamente, e não na sua união com a que lhe precede ou com a que segue. Além disso, como as compras e vendas se fazem sempre de indivíduo para indivíduo, não devem se buscar nelas as relações entre uma e outra classe.

Deste modo, cada um dos esforços em função do capital presta-lhe novo impulso; e conforme o direito da produção mercantil, no regime capitalista a riqueza pode ser cada dia mais monopolizada, mercê da apropriação sucessiva do trabalho de outro, não pago. Que ilusão é, portanto, a de certas escolas socialistas que pretendem enfraquecer o regime do capital aplicando-lhe as leis da produção mercantil!

## II – Ideias falsas acerca da acumulação

As mercadorias que o capitalista compra como meios de gozo não lhe servem evidentemente como meios de produção e de multiplicação do seu valor; o trabalho que paga com o mesmo fim tampouco é trabalho produtivo. Deste modo, dissipa a mais-valia a título de lucro, em vez de fazê-la frutificar como capital. Também a economia política burguesa preconiza, como o primeiro dos deveres cívicos, a acumulação, isto é, o emprego de uma grande parte das utilidades no recrutamento de trabalhadores produtivos, que produzem mais do que recebem.

Combate, além disso, a crença popular que confunde a acumulação capitalista com o amontoamento de tesouros, como se o guardar dinheiro a sete chaves não fosse o método mais seguro para não o capitalizar. Não deve, portanto, confundir-se a acumulação capitalista, que é um ato de produção, com o aumento dos bens que figuram no fundo de consumo dos ricos e que se gastam lentamente, tampouco com a formação de reservas ou provisões, fato comum a todos os sistemas de produção.

A economia política clássica tem sustentado, com perfeita razão, que o rasgo mais característico da acumulação é que as pessoas que vivem do produto nato devem ser trabalhadores produtivos e não improdutivos. Engana-se, porém, quando daí tira a conclusão de que a parte do produto nato que se transforma em capital é consumida pela classe operária.

Deduz-se, desta maneira, de ver que toda a mais-valia, transformada em capital, se adianta unicamente em salários. A mais-valia divide-se, ao contrário, tal como o valor do capital de onde procede em preço de compra de meios de produção e de força de trabalho. Para poder se transformar em força de trabalho suplementar, o produto líquido há de conter um excesso de substâncias de primeira necessidade, porém, para que essa força suplementar possa ser explorada, deve conter, além disso, novos meios de produção que não entram no consumo pessoal dos trabalhadores, tampouco no dos capitalistas.

### III – Divisão da mais-valia em capital e em renda

Uma parte da mais-valia é consumida pelo capitalista como lucro, e a outra ele acumula como capital. Sendo idênticas todas as demais circunstâncias, a proporção segundo a qual se faz essa divisão determinará a quantidade de acumulação. O proprietário da mais-valia, o capitalista, é quem divide, segundo a sua vontade. Da parte do tributo arrecadado por ele, e que ele mesmo acumula, se diz que o poupa, porque não o consome, isto é, porque cumpre o seu papel de capitalista, que é o de enriquecer.

O capitalista não tem nenhum valor histórico, nenhum direito histórico à vida, nenhuma razão de ser social, porquanto não funciona como capital personificado. Apenas sob essa condição, a necessidade momentânea da sua própria existência é uma consequência da necessidade passageira do sistema de produção capitalista. O fim determinante da sua atividade não é, portanto, nem o valor de uso nem a satisfação, mas o valor da troca e o seu contínuo crescimento. Agente fanático da acumulação, ele obriga incessantemente os homens a produzir para produzir, impulsionando-os assim instintivamente a desenvolver as potências produtoras e as condições materiais que por si só podem formar a base de uma sociedade nova e superior.

O desenvolvimento da produção capitalista exige um crescimento contínuo do capital convertido em uma empresa, e a competição obriga a cada capitalista individual a agir por vontade ou por força conforme as leis da produção capitalista. A competição não permite conservar o seu capital sem o aumentar e não pode continuar a aumentá-lo a não ser mediante uma acumulação cada vez mais considerável. A sua vontade e a sua consciência não expressam mais que as necessidades do capital que representa; no seu consumo pessoal, não vê nada além de uma espécie de roubo, ou de empréstimo pelo menos – pretexto para a acumulação.

Porém, à medida que se desenvolve o regime de produção capitalista, e com ele a acumulação e a riqueza, o capitalista deixa de ser simples personificação do capital. Enquanto o capitalista tradicional, à antiga, suprime toda a despesa individual que não é indispensável, não vendo nela mais que uma usurpação feita à riqueza, o capitalista modernizado é capaz de ver na capitalização da mais-valia um obstáculo para as suas necessidades insaciáveis de prazeres.

Nos começos da produção capitalista – e esse fato renova-se na vida privada de todo o industrial principiante – a avareza e o afã de enriquecer o dominam exclusivamente. Porém, o progresso da produção não apenas cria todo um novo mundo de satisfações, mas também abre, com a especulação e o crédito, mil fontes de súbito enriquecimento. Chegado a certo grau de desenvolvimento, impõe ainda ao *infeliz* capitalista uma prodigalidade puramente convencional: mostrar por sua vez riqueza e crédito. O luxo chega a ser uma necessidade do ofício e entra nas despesas de representação do capital.

Isso ainda não é tudo. O capitalista não enriquece, como o lavrador ou o artífice independente, em proporção ao seu trabalho particular e à sobriedade pessoal, mas proporcionalmente ao trabalho gratuito de outro a quem absorve, e à privação de todos os prazeres da vida que inflige aos seus operários. A sua prodigalidade aumenta à medida que acumula, sem que a sua acumulação esteja necessariamente restringida pela despesa. De todas as formas, há nele luta entre a tendência para a acumulação e a tendência ao prazer.

## Teoria da abstinência

Economizar, economizar constantemente, isto é, volver a transformar sem descanso em capital a maior parte possível da mais-valia ou do produto líquido, acumular para acumular, produzir para produzir, tal é o lema da economia política ao proclamar a missão histórica do período burguês; se o proletário não é mais que uma máquina que capitaliza esta mais-valia! Porém, depois de 1820, na época em que se propagavam as doutrinas socialistas, o fourierismo e sansimonismo na França, o owenismo em Inglaterra, enquanto o proletariado das cidades tocava em Lyon a sineta de alarme e, na Inglaterra o proletariado do campo passeava o facho incendiário, a economia política revelou ao mundo uma doutrina maravilhosa para salvar a sociedade ameaçada.

A dita doutrina transformou instantaneamente as condições do movimento de trabalho do capitalista em outras tantas práticas de "abstinência" do capitalista, ainda que admitindo que o seu operário não se abstém de trabalhar para ele. O capitalista "impõe-se", escreve M. G. Molinari, "uma privação ao prestar os seus instrumentos de produção ao trabalhador": ou dito de outro modo, impõe-se uma privação quando faz valer os meios de produção como capital, acrescentando-lhes a força operária, em vez de comer cru as pastagens, os animais de lida, o algodão, as máquinas a vapor etc.

Em resumo, todo mundo se compadeceu das mortificações do capitalismo. Não é somente a acumulação; não, "a simples conservação de um capital exige um esforço constante para resistir à tentação de consumi-lo" (Courcelle Senevil). Seria preciso, em verdade, haver renunciado a todo o sentimento humanitário, para não procurar o modo de livrar o capitalista das suas tentações e do seu martírio, livrando-o do capital.

## IV – Circunstâncias que influem na extensão da acumulação

Determinada a produção segundo a qual a mais-valia se divide em capital e em lucro, a quantidade do capital acumulado depende evidentemente da quantidade da mais-valia; suponhamos, por exemplo, que a proporção é de 80% o capitalizado e de 20% o consumido; então o capital acumulado eleva-se a 2.000 moedas-padrão ou a 1.200, segundo a mais-valia seja de 3.000 ou de 1.500 moedas-padrão. Assim, todas as circunstâncias que determinam a quantidade da mais-valia contribuem para determinar a extensão da acumulação. Recapitulemo-las desse último ponto de vista.

### Grau de exploração da força operária

Sabe-se que a taxa de mais-valia depende, em primeiro lugar, do grau de exploração da força operária. Ao tratar da produção da mais-valia, supomos sempre que o operário recebe o justo valor da sua força. Os cerceamentos feitos a esse valor exercem, não obstante, na prática, um papel importante. De certo modo, esse procedimento transforma o fundo de consumo necessário para o sustento do trabalhador em fundo de acumulação do capitalista. A tendência do capital é também reduzir os salários o máximo possível e, ainda, eliminar do consumo operário o que ele chama de supérfluo. O capital tem sido auxiliado nessa tarefa pela competição cosmopolita que o desenvolvimento da produção capitalista fez nascer entre todos os trabalhadores do planeta. Hoje, trata-se nada menos do que fazer baixar em uma época mais ou menos próxima o nível europeu dos salários ao nível chinês. Além disso, uma exploração mais intensa da força de trabalho permite aumentar a quantidade de trabalho sem aumentar a maquinaria, isto é, o conjunto de meios de trabalho, máquinas, aparelhos, instrumentos, edifícios, construções etc. Um estabelecimento que emprega, por exemplo, cem homens trabalhando oito horas por dia, receberá diariamente oitocentas horas de trabalho.

Se, para aumentar esse total em mais uma metade, o capitalista admitisse cinquenta novos operários, necessitaria fazer um adiantamento, não só em salários, mas também em maquinarias. Porém, fazendo trabalhar os seus cem operários doze horas diárias em lugar de oito, obtém o mesmo resultado, e o antigo maquinaria é suficiente. Como adiantamento, essa maquinaria vai funcionar em maior escala, inutilizando-se mais depressa e havendo que repô-la com antecedência; é esse o resultado.

Obtido desta maneira um excedente de trabalho por um esforço mais considerável exigido à força operária, aumenta a mais-valia ou o produto líquido, fundamento de acumulação, sem que haja necessidade de um aumento prévio e proporcional da parte do capital adiantado em maquinaria.

Um simples excedente de trabalho, o obtido do mesmo número de operários, basta na indústria extrativa, a de minas, por exemplo, para aumentar o valor e a massa do produto que fornece gratuitamente a natureza, e, por consequência, o fundo de acumulação. Na agricultura, em que só a ação mecânica do trabalho sobre o solo aumenta maravilhosamente a sua fertilidade, um excedente de trabalho idêntico produz maior efeito; como na indústria extrativa, a ação direta do homem sobre a natureza fornece a acumulação.

Além disso, como a indústria extrativa e a agricultura fornecem matérias à indústria manufatureira, o acréscimo de produtos que o excedente de trabalho obtém das duas primeiras, sem aumento de adiantamentos, resulta em proveito da última. Mercê unicamente à força operária e à terra, fontes primitivas da riqueza, o capital aumenta, portanto, os seus elementos de acumulação.

### Produtividade do trabalho

Outro elemento importante da acumulação é o grau de produtividade do trabalho social.

Estando determinada a mais-valia, a abundância do produto líquido, da qual ela é o valor, corresponde à produtividade do trabalho posto em função. Assim, portanto, à medida que o trabalho desenvolve as suas faculdades produtivas, aumentando a eficácia e a quantidade dos meios de produção, rebaixando o seu preço, o das subsistências e o das matérias-primas auxiliares, o produto líquido encerra mais meios de prazer e de acumular.

Deste modo, a parte da mais-valia que se capitaliza pode aumentar a expensas da outra que constitui a renda, sem que o consumo do capitalista diminua por isso; portanto, na continuação, um valor menor se realiza em uma quantidade maior de objetos úteis.

### DIFERENÇA CRESCENTE ENTRE O CAPITAL EMPREGADO E O CAPITAL CONSUMIDO

A propriedade natural do trabalho, ao criar novos valores, é de conservar os antigos, portanto o trabalho transmite ao produto o valor dos meios de produção consumidos. À medida, portanto, que os seus meios de produção aumentam em atividade, em massa e em valor, isto é, à medida que se torna mais produtivo e favorece mais a acumulação, o capital conserva e perpetua um valor de capital sempre crescente.

A parte do capital que se adianta em forma de maquinaria funciona sempre por completo na produção, enquanto, se inutilizando apenas pouco a pouco, só transmite o seu valor por frações às mercadorias que ajuda a confeccionar sucessivamente. O seu aumento produz uma diferença de quantidade cada vez mais considerável entre a totalidade do capital empregado e a parte deste consumido de uma só vez. Compare-se, por exemplo, o valor das estradas de ferro europeias, diariamente exploradas, com a quantidade de valor que perdem pelo seu uso cotidiano. Logo, esses meios criados pelo homem prestam serviços gratuitos, em proporção dos efeitos úteis que contribuem a produzir sem aumento de despesas. Esses serviços gratuitos do trabalho de outro período, postos em atividade pelo trabalho de hoje, acumulam-se, mercê do desenvolvimento das forças produtivas e da acumulação que o acompanha.

O concurso cada vez mais potente que, em forma de maquinaria, o trabalho passado repassa ao trabalho de hoje é atribuído pelos economistas não ao operário que executou a obra, mas ao capitalista que dela se apropriou. Desse ponto de vista, o instrumento de trabalho e o caráter de capital que ele apresenta no atual meio social não podem jamais separar-se, assim como, na mente do plantador da Georgia, o próprio trabalhador tampouco podia separar-se da sua característica de escravo.

### QUANTIDADE DO CAPITAL ADIANTADO

Estando determinado o grau de exploração da força obreira, a quantidade de mais-valia determina-se pelo número de operários explorados de cada vez; esse número corresponde, ainda, em proporções variáveis, à quantidade do capital adiantado. Logo, quanto mais se acrescenta o capital mediante acumulações sucessivas, mais se acrescenta também o valor que se há de dividir em fundo de consumo e em fundo de nova acumulação.

## V – O FUNDO DE TRABALHO

Os capitalistas, seus filhos, e os seus governos dissipam cada ano uma parte considerável do produto líquido anual: além disso, guardam como seu fundo de consumo uma porção de objetos que se gastam lentamente e são aptos para um emprego reprodutivo, e tornam estéreis, ao colocar ao seu serviço pessoal, uma multidão de forças obreiras.

A quantidade de riqueza que se capitaliza não é, portanto, nunca tão grande como poderia ser. A relação de quantidade com o total da riqueza social varia com toda a troca na divisão da mais-valia em renda pessoal e em novo capital. Assim, longe de ser uma parte determinada de adiantamento e uma parte fixa da riqueza social, o capital social só é uma porção variável desta.

Sem dúvida, certos economistas acham-se propensos a não ver no capital social mais que uma parte determinada de adiantamento da riqueza social, e aplicam essa teoria ao que eles chamam "fundo de salário" ou "fundo de trabalho". Segundo eles, este é uma porção particular da riqueza social, o valor de uma dada quantidade de produtos cuja natureza fixa em cada momento os limites fatais que a classe trabalhadora trata inutilmente de franquear.

De sorte que, estando assim determinada a soma que se deve distribuir entre os assalariados, segue-se que, se a parte que toca a cada um é demasiado pequena, sucede isso porque o seu número é demasiado grande, e que, finalmente, a sua miséria é um fato, não de ordem social, mas sim de ordem natural.

Em primeiro lugar, os limites que o sistema capitalista impõe ao consumo do produtor não são "naturais", mas, sim, dentro do meio adequado a esse sistema, da mesma maneira que o chicote não funciona como aguilhão "natural" do trabalho mais que no sistema da escravatura. Com efeito, é próprio da natureza da produção capitalista limitar a parte do produtor ao que é indispensável para o sustento da força obreira, e atribuir o excesso do seu produto ao capitalista. O que seria essencial demonstrar antes de tudo é que, apesar da sua origem completamente recente, o sistema capitalista da produção social é, não obstante, o seu sistema irrevogável e "natural".

Porém, como característica do sistema capitalista, é falso que o "fundo de salário" esteja determinado de antemão pela soma da riqueza social ou do capital social. Posto que este é somente uma porção variável da riqueza social, o fundo de salário, que não é mais que uma parte desse capital, não seria uma parte fixa e determinada, de antemão, da riqueza social.

# Capítulo XXV
# LEI GERAL DA ACUMULAÇÃO CAPITALISTA

I. A composição do capital. Circunstâncias em que a acumulação do capital pode provocar uma alta dos salários. A magnitude do capital não depende do número da população operária. II. A parte variável do capital diminui relativamente à sua parte constante. Concentração e centralização. III. Procura de trabalho relativa e procura de trabalho efetiva. A lei de população adequada à época capitalista. Formação de um exército industrial de reserva. O que determina a taxa geral dos salários. A lei de oferta e procura é um engano. IV. Formas diversas do excesso relativo de população. O pauperismo é a consequência fatal do sistema capitalista.

## I – A composição do capital

Vamos agora tratar da influência que o acréscimo do capital exerce na maioria da classe operária. O elemento mais importante para a solução desse problema é a composição do capital e as mudanças que este experimenta com o progresso da acumulação.

A composição do capital pode ser considerada de um duplo ponto de vista. Com relação ao valor, acha-se determinada pela proporção segundo a qual o capital se divide em parte constante (o valor dos meios de produção) e em parte variável (o valor da força obreira). Com relação à sua matéria, tal como aparece no ato de produção, todo o capital consiste em meios de produção e em força obreira ativa, e a sua composição está determinada pela proporção que existe entre a massa dos meios de produção empregados e a quantidade de trabalho necessário para fazê-los funcionar.

A primeira composição do capital é a *composição de valor*; a segunda, a *composição técnica*. E, a fim de expressar o laço íntimo existente entre ambas, chamaremos *composição orgânica* do capital à sua composição de valor, sempre que esta dependa da sua composição técnica, e que, por conseguinte, as mudanças ocorridas na quantidade de meios de produção e de força obreira influam no seu valor. Quando falamos em geral da composição com capital, trata-se sempre da sua composição orgânica.

Os numerosos capitais colocados em um mesmo ramo de produção e que funcionam em mãos de uma multidão de capitalistas independentes uns de outros diferem mais ou menos na sua composição; porém, o termo médio das suas composições particulares constitui composição com capital social, consagrado a esse ramo de produção. A composição média do capital varia muito de um a outro ramo de produção, porém, o termo médio de todas essas composições médias constitui a composição do capital social empregado em um país, sendo desta última que se trata nas seguintes investigações.

## Circunstâncias em que a acumulação do capital pode provocar uma alta dos salários

Certa quantidade de mais-valia capitalizada deve ser adiantada em salários. Logo, supondo que a composição do capital seja a mesma, a procura de trabalho marchará paralelamente à acumulação, e a parte variável do capital aumentará pelo menos na mesma proporção que a sua massa total.

Neste caso, o progresso constante da acumulação deve provocar, cedo ou tarde, uma elevação gradual dos salários. Porque, proporcionando cada ano ocupação a um número de assalariados maior que o do ano precedente, as necessidades dessa acumulação, a qual sempre aumenta, acabarão por sobrepujar a oferta ordinária de trabalho e, de imediato, se elevará o tipo dos salários.

Não obstante, as circunstâncias mais ou menos favoráveis no meio das quais a classe operária se reproduz e se multiplica não alteram no mínimo o caráter fundamental da reprodução capitalista. Assim como a reprodução simples volta a trazer constantemente a mesma relação social, capitalismo e salariado, assim também a acumulação não faz mais que reproduzir, com mais capitalistas ou capitalistas mais poderosos por um lado, mais assalariados por outro. A reprodução do capital encerra a do seu grande instrumento de criar valor: a força de trabalho. Acumulação do capital é, portanto, ao mesmo tempo, aumento do proletariado, dos assalariados que transformam a sua força obreira em força vital do capital e se convertem assim, por vontade ou por força, em servos do seu próprio produto, que é propriedade do capitalista.

Na situação que supomos, e que é a mais favorável possível para os operários, o seu estado de dependência apresenta, todavia, as formas mais suportáveis. Em vez de ganhar em intensidade, a exploração e a dominação capitalista ganham simplesmente em extensão à medida que aumenta o capital e, com ele, o número de seus vassalos. Então toca a estes uma parte maior do produto líquido sempre crescente, de sorte que se acha em disposição de estender o círculo dos seus prazeres, de se alimentarem melhor, de se vestirem, de se proverem de móveis etc., e de formar pequenas reservas pecuniárias. Porém, se um trato melhor para com o escravo, uma alimentação mais abundante, vestuários mais decentes, e um pouco mais de dinheiro por aumento não podem romper as cadeias da escravatura, ocorre o mesmo com as do salariado.

Com efeito, não esqueçamos que a lei absoluta do sistema de produção capitalista é fabricar mais-valia. Ao que se propõe o comprador da força obreira é enriquecer fazendo valer o seu capital, produzindo mercadorias que contêm mais trabalho do que paga por elas, e com cuja venda realiza, portanto, uma porção de valor que nada lhe custou. Sejam quais forem as condições da venda da força obreira, a natureza do salário é pôr sempre em movimento certa quantidade de trabalho gratuito.

O aumento do salário não indica, contudo, nada além de uma diminuição relativa do trabalho gratuito que o operário deve proporcionar sempre, porém, essa diminuição não chegará nunca a ser tal que ponha em perigo o sistema capitalista.

Admitamos que a taxa dos salários se tenha elevado mercê de um aumento do capital superior ao do trabalho oferecido. Então fica apenas esta alternativa: ou os salários continuam subindo, e sendo esse movimento motivado pelos progressos da acumulação é evidente que a diminuição do trabalho gratuito dos operários não impede ao capital estender a sua dominação, ou ainda a alta contínua dos salários começa a prejudicar a acumulação, e esta chega a diminuir; porém, essa diminuição nunca proporciona o desaparecimento da causa que deu motivo à alta, que não é outra senão o excesso do capital comparado com a oferta do trabalho; imediatamente a taxa de salário volta a descer a um nível em harmonia com as necessidades do movimento do capital, nível que pode ser superior, igual ou inferior ao que era no momento de se efetuar a alta dos salários.

Assim, o mecanismo da produção capitalista vence por si só o obstáculo que pode chegar a criar, ainda dado o caso de que não varie a composição do capital. Porém, a alta dos salários é um poderoso estímulo que impele ao aperfeiçoamento da maquinaria e, portanto, à mudança na composição do capital, a qual traz por consequência a baixa dos salários.

## A MAGNITUDE DO CAPITAL NÃO DEPENDE DO NÚMERO DA POPULAÇÃO OPERÁRIA

Devemos, antes de tudo, reconhecer a fundo a relação que existe entre os movimentos do capital em vias de acumulação e as oscilações do tipo dos salários a que aqueles se referem.

Ora é um excesso de capital procedente de uma acumulação mais rápida, a qual faz que o trabalho oferecido seja relativamente insuficiente, e tende, por consequência, a elevar o seu preço; ora uma diminuição da acumulação, a qual resulta que o trabalho oferecido seja relativamente superabundante, e rebaixa o seu preço. O movimento de aumento e de diminuição do capital em vias de acumulação produz, portanto, alternativamente, a insuficiência e a superabundância relativas do trabalho oferecido, porém, nem uma baixa efetiva do número da população operária faz com que o capital abunde no primeiro caso, nem um aumento efetivo do dito número torna o capital insuficiente no segundo.

A relação entre a acumulação do capital e a taxa de salário não é mais que a relação entre o trabalho pago que exige esse capital suplementar para ser posto em atividade. Não é precisamente uma relação entre dois termos independentes um de outro, a saber: por um lado a soma do capital e, por outro, o número da população operária, mas sim, em último termo, uma relação entre o trabalho gratuito e o trabalho pago da mesma população operária. Se a quantidade de trabalho gratuito que a classe operária fornece e que a classe capitalista acumula aumenta tão rapidamente que a sua transformação em novo capital necessita um suplemento extraordinário de trabalho pago, em suma, se o aumento de capital produz uma procura mais considerável de trabalho, o salário sobe e, sendo as mesmas as demais circunstâncias, o trabalho gratuito diminui proporcionalmente.

Porém, desde o momento em que, em consequência dessa diminuição do trabalho extraordinário, haja diminuição de acumulação, sobrévem uma reação, a parte da renda que se capitaliza é menor, a procura do trabalho diminui e o salário baixa.

O preço do trabalho não pode jamais elevar-se senão em certos limites que deixem intactas as bases do sistema capitalista e assegurem a reprodução do capital em uma maior escala. Como poderia ocorrer outra coisa onde o trabalhador existe unicamente para aumentar a riqueza alheia criada por ele? Assim como, no mundo religioso, o homem se acha dominado pela obra da sua mente, de igual modo está, no mundo capitalista, pela obra das suas mãos.

## II – A PARTE VARIÁVEL DO CAPITAL DIMINUI RELATIVAMENTE À SUA PARTE CONSTANTE

Não dependendo a alta dos salários senão do progresso contínuo da acumulação e do seu grau de atividade, torna-se indispensável esclarecer as condições em que tem lugar esse progresso.

"A mesma causa" – diz Adam Smith – "que faz com que se elevem os salários do trabalho, o aumento do capital, tende a aumentar as forças produtivas do trabalho, e a pôr uma menor quantidade de trabalho em estado de produzir maior quantidade de obra".

Como se obtém esse resultado? Mediante uma série de trocas na maneira de produzir, que põe uma dada quantidade de força obreira em condições de manejar uma massa cada vez maior de meios de produção. Nesse momento, em relação à força obreira empregada, os meios de produção desempenham um duplo papel. Uns, tais como máquinas, edifícios, fornos, aumentam em número, extensão e eficácia para tornar o trabalho mais produtivo, enquanto outros, matérias-primas e auxiliares, aumentam porque o trabalho, ao tornar-se mais produtivo, consome maior quantidade delas em um determinado tempo.

No progresso da acumulação não há somente aumento quantitativo dos diversos elementos do capital; o desenvolvimento das potências produtivas que esse progresso traz, manifesta-se ainda por trocas qualificativas na composição técnica do capital; a massa dos meios de produção, maquinaria e materiais, aumenta cada vez mais em comparação com a quantidade de força obreira necessária para fazê-los funcionar. Essas trocas na composição técnica do capital operam sobre a sua composição de valor e trazem consigo um aumento sempre crescente da sua parte constante, a expensas da sua parte variável; de sorte que se, por exemplo, em uma época atrasada se transformam 50% do valor do capital em meios produtivos e outros 50% em trabalho, em uma época mais adiantada se empregarão 80% do valor do capital em meios de produção e só 20% em trabalho.

Porém, esse aumento de valor dos meios de produção só indica ligeiramente o aumento muito mais rápido e mais considerável da sua massa; a razão disso é que esse mesmo progresso das potências do trabalho, que se manifesta pelo aumento da maquinaria e dos materiais postos em atividade com auxílio de uma menor quantidade de trabalho, diminui o valor da maior parte dos produtos, e principalmente o dos que funcionam como meios de produção; o seu valor não se eleva, portanto, tanto como a sua massa.

Por outro lado, há que se notar que o progresso da acumulação, ao diminuir o capital variável relativamente ao capital constante, não impede o seu aumento efetivo. Suponhamos que um valor capital de 6.000 moedas-padrão se divida primeiro por metade em parte constante e em parte variável, e que mais tarde, havendo chegado, em consequência da acumulação, à quantidade de 18.000 moedas-padrão, a parte variável dessa quantidade não é mais que a quinta, e apesar da sua diminuição relativa de metade à quinta parte, a dita parte variável se elevou de 3.000 a 3.600 moedas-padrão.

A cooperação, a divisão manufatureira do trabalho, a fabricação mecânica etc., em resumo, os métodos apropriados para desenvolver as forças do trabalho coletivo, não podem introduzir-se senão onde a produção tenha já lugar em grande escala, e, à medida que esta se estende, aquelas forças se desenvolvem mais e mais. A escala das operações depende, tomando por base o regime do salário, em primeiro lugar, da soma dos capitais acumulados entre as mãos dos empresários privados. Assim, e como acumulação prévia, cuja origem examinaremos depois, chega a ser o ponto de partida do sistema de produção capitalista. Porém, todos os meios que emprega esse sistema de produção para tornar mais produtivo o trabalho são outros tantos métodos para aumentar a mais-valia ou o produto líquido, para aumentar a fonte de acumulação. Se, portanto, a acumulação deve ter alcançado certo grau de extensão para que possa estabelecer-se o modo de produção capitalista, este acelera de pronto a acumulação, cujo novo progresso, ao permitir um novo adicionamento das empresas, estende de novo a produção capitalista.

Esse desenvolvimento recíproco ocasiona, na composição técnica do capital, as variações que vão diminuindo cada vez mais à sua parte variável, pagando a força de trabalho com relação à parte constante, que representa o valor dos meios de produção empregados.

### Concentração e centralização

Cada um dos capitais individuais de que se compõe o capital social representa desde logo certa *concentração*, nas mãos de um capitalista, de meios de produção e de meios de subsistência do trabalho e, à medida que a acumulação se produz, esta concentração se estende. Ao aumentar os elementos reprodutivos da riqueza, a acumulação opera, portanto, ao mesmo tempo, a sua concentração cada vez maior nas mãos de empresários privados.

Todos esses capitais individuais que compõem o capital *social* levam a cabo juntamente o seu movimento de acumulação, isto é, de reprodução em uma escala cada vez maior. Cada capital se enriquece com os elementos suplementares que resultam dessa reprodução; conserva assim, aumentando-se, a sua existência distinta e limita o círculo de ação dos demais. Logo, o movimento de concentração não só se espalha em tantos pontos como a acumulação, mas também a divisão do capital social em uma multidão de capitais independentes uns de outros se mantém precisamente porque todo o capital individual funciona como centro de concentração.

O aumento dos capitais individuais acrescenta outro tanto o capital social. Porém, a acumulação do capital resulta não só do acréscimo sucessivo dos capitais individuais, mas também ainda do aumento do seu número; pela transformação, por exemplo, em capitais de valores improdutivos. Além disso, capitais enormes lentamente acumulados dividem-se em um dado momento, em muitos capitais diferentes, como ocorre na ocasião da partilha de uma herança nas famílias capitalistas. A concentração desaparece com a formação de novos capitais e com a divisão dos antigos.

O movimento da acumulação social apresenta, portanto, por um lado, uma concentração cada vez maior dos elementos reprodutivos da riqueza entre mãos de empresários privados e, por outro, a disseminação e a multiplicação dos centros de acumulação e de concentração. Em certo ponto do progresso econômico, essa divisão do capital social em multidão de capitais individuais vê-se contrariada pelo movimento oposto, mercê do qual, atraindo-se mutuamente, se reúnem diferentes centros de acumulação e de concentração. Um determinado número de capitais funde-se então em um número menor, em suma, realiza-se a *concentração* propriamente dita. Examinemos rapidamente essa atração do capital pelo capital.

A guerra de concorrência faz-se baixando cada qual os preços o máximo possível. A redução de preço dos produtos depende, sendo iguais as demais circunstâncias, da produtividade do trabalho, e esta da escala das empresas. Os grandes capitais derrotam os pequenos. Como já vimos nos Capítulos XI e XIII, quanto mais se desenvolve o sistema de produção capitalista mais aumenta o *minimum* dos adiantamentos necessários para explorar uma indústria nas suas condições regulares. Os pequenos capitais dirigem-se, portanto, para os ramos da produção de que a indústria moderna ainda se não apoderou, ou de que só se apoderou de uma maneira imperfeita. A competição é nesse terreno violentíssima, e termina sempre com a ruína de um bom número de pequenos capitalistas, cujos capitais perecem em parte e passam, também em parte, às mãos do vendedor.

O desenvolvimento da produção capitalista dá origem a uma potência completamente nova, o crédito, que, em seus princípios, se introduz cautelosamente qual modesto auxiliar da acumulação, converte-se em seguida em uma nova e terrível arma de guerra de concorrência e transforma-se, por último, em um imenso aparelho social destinado a centralizar os capitais.

À medida que a acumulação e a produção capitalistas se estendem, a competição e o crédito, os mais poderosos agentes da centralização desenvolvem-se também. Por isso, na nossa época, a tendência para a centralização é mais poderosa que em nenhuma outra época histórica. O que principalmente torna diferente a centralização da concentração, que não é outra coisa senão a consequência da reprodução em maior escala, é que a centralização não depende de um aumento efetivo do capital social; os capitais individuais, cuja reunião dá o capital social, a matéria que se centraliza, podem ser mais ou menos consideráveis, pois isso depende dos progressos da acumulação, porém, a centralização não admite mais que uma troca de distribuição dos capitais existentes, uma só modificação no número dos capitais individuais que compõem o capital social.

Num ramo de produção particular, a centralização não chegaria ao seu último limite senão no momento em que todos os capitais individuais que nela estivessem empenhados não formassem mais que um só capital individual. Em uma dada sociedade, tampouco chegaria ao seu limite senão quando o capital nacional inteiro não formasse mais que um só capital e se achasse em mãos de um só capitalista ou de uma só companhia de capitalistas.

A centralização não faz mais que ajudar a obra de acumulação, pondo os industriais em situação de dilatar o círculo das suas operações. Que esse resultado se deva à acumulação ou à centralização; que esta se efetue pelo violento sistema da anexação, derrotando uns capitais com outros e enriquecendo-se com os seus elementos desunidos; ou que a fusão de uma multidão de capitais se verifique pelo procedimento mais suave das sociedades por ações etc., o efeito econômico dessa transformação não deixará de ser o mesmo. A extensão do círculo das empresas será constantemente o ponto de partida de uma organização mais vasta do trabalho coletivo, de um desenvolvimento mais amplo dos seus expedientes materiais ou, em outros termos, da transformação cada vez maior de movimentos de produção parciais e rotineiros em movimentos de produção socialmente combinados e ordenados cientificamente.

É, porém, evidente que a acumulação, o acréscimo gradual do capital, mercê da sua reprodução em uma escala crescente, não é mais do que um procedimento lento comparado com a centralização, a qual, em primeiro lugar, muda unicamente a disposição quantitativa das partes componentes do capital.

O mundo careceria ainda do sistema das estradas de ferro, por exemplo, se estivesse à espera do momento em que os capitais individuais se acrescentassem suficientemente pela acumulação, para se achar em estado de tomar a seu cargo empresa de tamanha importância, que a centralização do capital, mercê do auxílio das sociedades por ações, tem efetuado, por assim dizer, em um abrir e fechar de olhos. Os grandes capitais criados pela centralização reproduzem-se como os demais, porém mais rapidamente, e convertem-se por sua vez em poderosos agentes da acumulação social. Ao aumentar e tornar mais rápidos os efeitos da acumulação, a centralização estende e precipita as variações na composição técnica do capital, variações que aumentam a sua parte constante a expensas da sua parte variável, ou ainda ocasionam na procura do trabalho uma diminuição relativamente à quantidade do capital.

## III – Procura de trabalho relativa e procura de trabalho efetiva

A procura de trabalho efetiva que ocasiona um capital não depende da quantidade absoluta desse capital, mas da quantidade absoluta da sua parte variável, única que se troca pela força obreira. A procura de trabalho relativa que ocasiona um capital, isto é, a proporção entre a quantidade desse capital e a soma de trabalho que absorve, está determinada pela quantidade proporcional da sua parte variável relativamente à sua quantidade total.

Acabamos de ver que a acumulação que acrescenta o capital social reduz ao mesmo tempo a quantidade relativa da sua parte variável e diminui assim a procura de trabalho relativa. Qual é agora a influência desse movimento na sorte da classe operária? É evidente que, para resolver esse problema, é preciso examinar desde logo de que modo uma diminuição na procura de trabalho relativa exerce a sua ação sobre a procura de trabalho efetiva.

Suponhamos um capital de 1.200 moedas-padrão, a quantidade relativa da parte variável é a metade desse capital. Não variando este e baixando aquela de metade à terça parte, a quantidade efetiva dessa parte não é mais que de 400 moedas-padrão em lugar de ser de 600; enquanto não varia a quantidade de um capital, toda a diminuição na quantidade relativa da sua parte variável é ao mesmo tempo uma diminuição da quantidade efetiva daquele.

Tripliquemos o capital de 1.200 moedas-padrão, que se converterá em 3.600 moedas-padrão; a quantidade relativa da parte variável diminui nessa mesma proporção; isto é, é dividida por três, e baixa então de metade à sexta parte; a sua quantidade efetiva será de 600 moedas-padrão, como no seu princípio, pois 600 é a sexta parte de 3.600 e a metade de 1.200; variando a quantidade total do capital, o fundo dos salários, não obstante uma diminuição da sua quantidade relativa, conserva a mesma quantidade efetiva, se essa diminuição tem lugar na mesma proporção que o aumento total do capital.

Se o capital de 1.200 moedas-padrão se duplica, será de 2.400 moedas-padrão; se a quantidade relativa da parte variável diminui em maior proporção do aumento do capital, e baixa, por exemplo, como no caso anterior, de metade à sexta parte, a sua quantidade efetiva não será mais que de 400 moedas-padrão; se a diminuição da quantidade relativa da parte variável tem lugar em maior proporção que o aumento do capital adiantado, o fundo de salário sofre uma diminuição efetiva apesar do aumento do capital.

O mesmo capital de 1.200 moedas-padrão, triplicado de novo, é igual a 3.600 moedas-padrão; a quantidade relativa da parte variável diminui, porém, em menor proporção que o aumento do capital; dividida por dois enquanto o capital foi multiplicado por três, baixa de metade à quarta parte; a sua quantidade efetiva ascende a 900 moedas-padrão; se a diminuição da quantidade relativa da parte variável tem lugar em uma proporção menor que o aumento total do capital, o fundo do salário experimenta um aumento efetivo, apesar da diminuição da sua quantidade relativa. Estes são, por sua vez, os períodos sucessivos por que atravessam as massas do capital social distribuídas entre os diferentes ramos de produção, e as diversas condições que apresentam ao mesmo tempo diferentes ramos de produção.

Temos os exemplos de fábricas em que um mesmo número de operários basta para pôr em atividade uma quantidade crescente de meios de produção; o aumento do capital procedente do acréscimo da sua parte constante faz que, nesse caso, diminua outro tanto a quantidade relativa da força operária explorada, sem variar a sua quantidade efetiva. Há também exemplos de diminuição efetiva do número de operários ocupados em certos ramos de indústria e do seu aumento simultâneo em outros, ainda que em todos tenha havido aumento de capital invertido.

No Capítulo XV indicamos as causas que, não obstante as tendências contrárias, fazem que as filas dos assalariados vão engrossando com os progressos da acumulação. Recordaremos aqui, portanto, o que se relaciona com o nosso assunto.

O mesmo desenvolvimento do mecanismo que ocasiona uma diminuição não só relativa, mas também frequentemente efetiva, do número de operários empregados em certos ramos de indústria permite a estes fornecer uma massa maior de produtos por baixo preço; as ditas indústrias dão impulso, desta maneira, ao desenvolvimento de outras indústrias, aquelas a que proporcionam meios de produção, ou ainda, aquelas de onde obtém as suas matérias-primas, instrumentos etc., formando assim outros tantos novos mercados para o trabalho. Além disso, há momentos em que os transtornos técnicos não se fazem tanto sentir, em que a acumulação se apresenta melhor como um movimento de extensão sobre a última base técnica estabelecida.

Então, começa de novo a operar mais ou menos a lei segundo a qual a procura de trabalho aumenta na mesma proporção que o capital. Porém, ao mesmo tempo em que o número de operários atraídos pelo capital chega ao seu máximo, os produtos vêm a ser tão abundantes que, ao menor obstáculo que se oponha à sua circulação, o mecanismo social parece que se detém, e o trabalho se interrompe, diminui. A necessidade que obriga o capitalista a economizá-lo engendra aperfeiçoamentos técnicos que reduzem, por consequência, o número dos operários necessários. A duração dos momentos em que a acumulação favorece mais a procura de trabalho é cada dia menor.

Assim, desde que a indústria mecânica alcançou a supremacia, o progresso da acumulação redobra a energia das forças que tendem a diminuir a procura de trabalho relativa, e debilita as forças que tendem a aumentar a procura de trabalho efetiva. O capital variável, e por consequência a procura de trabalho, aumenta com o capital social de que faz parte, porém, aumenta em proporção decrescente.

## A LEI DE POPULAÇÃO ADEQUADA À ÉPOCA CAPITALISTA

Achando-se regida a procura de trabalho não somente pela quantidade de capital variável posto já em atividade, mas também pelo termo médio do seu aumento contínuo (Capítulo XXIV), a oferta de trabalho, no entanto, continua sendo normal, segue esse movimento. Porém, quando o capital variável chega a um termo médio de aumento inferior, a mesma oferta de trabalho, que até então era normal, torna-se superabundante, de sorte que uma parte mais ou menos considerável da classe salariada, deixando de ser necessária para pôr em atividade o capital, é então supérflua, supranumerária. Como semelhante fato se repete com o progresso da acumulação, esta arrasta atrás de si uma sobra de população que continuamente aumenta.

O progresso da acumulação e o movimento que a acompanha – de diminuição proporcional do capital variável e de diminuição correspondente na procura de trabalho relativa, os quais, como acabamos de ver, dão resultam no aumento efetivo do capital variável e da procura do trabalho em uma proporção decrescente – tendem, finalmente, por completo, à criação de uma sobra de população relativa. Chamamos-lhe "relativa" porque provém não de um aumento real da população operária, mas da situação do capital social, que lhe permite prescindir de uma parte mais ou menos considerável dos seus operários. Como essa sobra de população não existe mais que com relação às necessidades momentâneas da exploração capitalista, pode aumentar ou diminuir repentinamente, segundo os movimentos de expansão e de contração da produção.

Ao produzir a acumulação do capital, e à medida que o consegue, a classe salariada produz, portanto, os instrumentos da sua anulação ou da sua transformação em sobra de população relativa. Tal é a *lei da população* que distingue a época capitalista e corresponde ao seu sistema de produção particular. Cada um dos sistemas históricos da produção social tem a sua lei de população adequada, lei que só a ele se aplica, que passa com ele e não tem, por consequência, mais que um valor histórico.

## Formação de um Exército Industrial de Reserva

Se a acumulação, o progresso da riqueza sobre a base capitalista, cria necessariamente uma sobra de população operária, esta converte-se, por sua vez, em auxiliar mais poderoso da acumulação, em uma condição de existência da produção capitalista, no seu estado de completo desenvolvimento. Essa sobra de população forma um exército de reserva industrial que pertence ao capitalista de uma maneira tão absoluta como se o houvesse educado e disciplinado a expensas suas; exército que provê às suas necessidades variáveis de trabalho; matéria humana sempre explorável e sempre disponível, independentemente do aumento natural da população. A presença dessa reserva industrial, a sua entrada de novo, parcial ou geral, no serviço ativo, e a sua reconstituição com respeito a um plano mais vasto, tudo isso se encontra no fundo da vida acidentada que atravessa a indústria moderna, com a repetição quase regular cada dez anos, fora das demais sacudidas irregularidades, do mesmo período composto de atividade ordinária, de produção excessiva, de crises e de inação.

Essa marcha singular da indústria não se encontra em nenhuma das épocas anteriores da humanidade. Só da época em que o progresso mecânico, havendo criado raízes bastante profundas, exerceu uma influência preponderante sobre toda a produção nacional; em que, graças a ele, o comércio exterior começou a sobrepor-se ao comércio interior, em que o mercado universal se anexou sucessivamente em vastos territórios da América, da Ásia e da Austrália; em que, finalmente, as nações rivais se tornam bastante numerosas, dessa época somente datam os períodos florescentes que vão sempre parar em uma crise geral, fim de um período e ponto de partida de outro. Até o presente, a duração desses períodos é de dez a onze anos, porém, não há razão alguma para que esse número seja imutável. Ao contrário, deve deduzir-se das leis da produção capitalista, tais como acabamos de desenvolvê-las, que esse número variará e que os períodos se irão encurtando.

O progresso industrial que segue a marcha da acumulação, ao mesmo tempo em que reduz cada vez mais o número de operários necessários para pôr em atividade uma massa sempre crescente de meios de produção, aumenta a quantidade de trabalho que o operário individual deve proporcionar.

À medida que o progresso desenvolve as potências produtivas do trabalho, e faz, por consequência, que se obtenham mais produtos de menos trabalho, o sistema capitalista desenvolve também os meios de obter mais trabalho do assalariado, já prolongando a sua jornada ou ainda tornando mais intenso o seu trabalho, ou de aumentar na aparência o número dos trabalhadores empregados, substituindo uma força superior e mais cara por muitas forças inferiores e mais baratas, isto é, o homem pela mulher, o adulto pela criança, um operário americano por três chineses.

Tem diferentes métodos para diminuir a procura de trabalho e tornar superabundante a sua oferta, em suma, para fabricar supranumerários. O excesso de trabalho imposto à parte da classe salariada que se acha em serviço ativo, aos ocupados, engrossa as filas dos desocupados, da reserva, e a competição destes últimos, que procuram naturalmente colocação, contra os primeiros, exerce sobre estes uma pressão que os obriga a suportar mais docilmente os mandatos do capital.

## O QUE DETERMINA A TAXA GERAL DE SALÁRIOS

A proporção diferente segundo a qual a classe operária se decompõe em exército ativo e exército de reserva, o aumento ou a diminuição da sobra de população relativa, correspondente ao fluxo e refluxo do período industrial, é o que determina exclusivamente as variações no tipo geral dos salários.

Em vez de basear a oferta do trabalho no aumento e diminuição alternáveis do capital que funciona, isto é, nas necessidades momentâneas da classe capitalista, o evangelho economista burguês faz depender o movimento do capital de um movimento no número efetivo da população operária.

Segundo a sua doutrina, a acumulação produz uma alta de salários, que pouco a pouco origina o aumento do número de operários, até o ponto que estes obstruem de tal maneira o mercado que o capital não basta para ocupá-los todos a um tempo. Então o salário baixa. Esse descenso é mortal para a população operária, impedindo-lhe pelo menos aumentar-se, de tal modo que, por causa do escasso número de operários, o capital torna a ser superabundante, a procura de trabalho começa outra vez a ser maior que a oferta, os salários voltam a subir e assim sucessivamente.

E um movimento dessa natureza seria possível com o sistema de produção capitalista! Porém, antes que a alta dos salários houvesse provocado o menor aumento efetivo na cifra absoluta da população realmente apta para trabalhar, deixar-se-ia decorrer vinte vezes o tempo necessário para começar a campanha industrial, empenhar a luta e conseguir a vitória. Por muito rápida que seja a reprodução humana, necessita, em todo o caso, o intervalo de uma geração para substituir os trabalhadores adultos.

Pois bem, o lucro dos fabricantes depende principalmente da possibilidade de explorar o momento favorável de uma procura abundante; é necessário que possam então imediatamente, segundo o capricho do mercado, ativar suas operações; é preciso, portanto, que encontrem nele em seguida braços disponíveis;

não podem aguardar que a sua procura de braços produza, mediante uma alta de salários, um movimento de população que lhes proporcione os braços de que necessitam. A expansão da produção, em um dado momento, não é possível senão com um exército de reserva às ordens do capital, com uma sobra de trabalhadores aparte do aumento natural da população.

Os economistas confundem as leis que regem o tipo geral do salário e expressam relações entre o capital e a força obreira, consideradas ambas no conjunto, com as leis que em particular distribuem a população entre os diversos ramos de indústria.

Há circunstâncias especiais que favorecem a acumulação nesse ou naquele ramo. Enquanto os lucros excedem o tipo médio em um deles, acodem a estes novos capitais, à procura de trabalho faz-se sentir, torna-se mais necessária e eleva os salários. A alta atrai uma grande parte da classe assalariada ao ramo de indústria privilegiada até que, pelo fato dessa influência contínua, o salário volta a descer ao seu nível ordinário ou mais baixo ainda. Desde esse momento, não só cessa a invasão daquele ramo pelos operários, como também dá lugar à sua emigração para outros ramos de indústria. A acumulação do capital produz uma alta nos salários; esta alta, um aumento de operários; este aumento, uma baixa nos salários, e esta, por último, uma diminuição de operários. Contudo, os economistas não têm razão ao proclamar como lei geral do salário o que não é mais que uma oscilação local do mercado de trabalho, produzida pelo movimento de distribuição dos trabalhadores entre os diversos ramos de produção.

## A LEI DE OFERTA E PROCURA É UM ENGANO

Uma vez convertido em eixo sobre o qual gira a lei de oferta e procura de trabalho, a sobra relativa de população não lhe permite funcionar senão dentro de uns limites que não se oponham ao espírito de dominação e de exploração do capital.

A esse propósito, recordemos uma teoria que já mencionamos no Capítulo XV. Quando uma máquina deixa sem ocupação operários até então ocupados, os utopistas da economia política pretendem demonstrar que essa operação deixa disponível ao mesmo tempo um capital destinado a empregá-los de novo em algum outro ramo de indústria. Demonstramos que não sucede nada disso; nenhuma parte do antigo capital fica disponível para os operários despedidos, ao contrário, são eles que ficam à disposição de novos capitais, se os há. Pode agora apreciar-se quão pouco fundamento tem a suposta "teoria de compensação".

Os operários destituídos pela máquina e que ficam disponíveis encontram-se à disposição de todo novo capital no momento de entrar em jogo. Que esse capital os ocupe a eles ou a outros, o efeito que produz sobre a procura geral de trabalho será sempre nulo, se esse capital pode retirar do mercado tantos braços quantos a ele arrojaram as máquinas. Se retira menos, o número dos desocupados aumentará fatalmente; por último, se retira mais, a procura geral de trabalho aumentará só com a diferença entre os braços que atrai e os que a máquina haja substituído. O aumento que, por efeito de novos capitais em vias de colocação, teria tido a procura geral de braços, encontra-se, portanto, em todo o caso, anulada até a ocupação dos braços arrojados ao mercado pelas máquinas.

Tal é o efeito geral de todos os métodos que contribuem para formar trabalhadores supranumerários. Graças a eles, a oferta e a procura de trabalho deixam de ser movimentos procedentes de dois pólos opostos, o do capital e o da força obreira. O capital influi em ambos os pólos simultaneamente. Se a acumulação aumenta a procura de braços, sabemos que aumenta também a sua oferta ao fabricar supranumerários. Nessas condições, a lei da oferta e da procura de trabalho completa o despotismo capitalista.

Assim, quando os trabalhadores começam a notar que a sua função de instrumentos que fazem valer o capital é cada vez mais incerta à medida que o seu trabalho e a riqueza dos seus donos aumentam; logo que compreendem que a violência mortífera da competição que entre eles se faz depende inteiramente da pressão exercida pelos supranumerários; e quando, portanto, a fim de diminuir o funesto efeito desta lei "natural" da acumulação capitalista, se unem para organizar a cooperação e a ação comum entre os ocupados e os desocupados, vê-se imediatamente o capital e o seu defensor titular, o economista burguês, clamar contra semelhante sacrilégio e contra tal violação da lei "eterna" da oferta e da procura.

## IV – FORMAS DIVERSAS DO EXCESSO RELATIVO DE POPULAÇÃO

Por mais que o excesso relativo de população apresente matrizes que variam até o infinito, distinguem-se, sem dúvida, algumas grandes categorias, algumas diferenças de forma muito conhecidas; a forma flutuante, a forma oculta e a forma permanente.

Os centros da indústria moderna, oficinas mecânicas, manufaturas, fundições, minas etc. não cessam de atrair e de repelir alternadamente os trabalhadores; porém, em geral, acabam por atrair mais do que repelem, de sorte que o número de operários explorados vai aumentando, ainda que diminua proporcionalmente na escala da proporção. O excesso de população existe ali no estado flutuante.

As fábricas, a maior parte das grandes manufaturas, só empregam os operários varões até a sua maioridade. Passado esse período, conservam unicamente uma escassa minoria e despedem quase sempre os restantes. Esse elemento do excesso de população aumenta à medida que se estende a indústria moderna; o capital necessita uma proporção maior de mulheres, de crianças e de jovens do que de homens adultos. Por outro lado, é tal a exploração da força obreira pelo capital que o trabalhador encontra-se aniquilado em metade da sua carreira. Ao chegar à maioridade, deve deixar o seu posto a uma força mais jovem, descer um degrau da escala social, e ditoso dele se não se vê relegado definitivamente entre os supranumerários. Além disso, o índice médio de vida, mais baixo, encontra-se nos operários da indústria moderna. Dadas essas condições, as filas dessa fração do proletariado só podem engrossar mudando frequentemente de elementos individuais. É necessário, portanto, que as gerações se renovem frequentemente, necessidade social que é atendida por meio de matrimônios precoces e mercê da influência que a exploração das crianças assegura à sua produção.

Desde quando a produção capitalista se apodera da agricultura e nela introduz o emprego das máquinas, a procura de trabalho diminui efetivamente à medida que o capital se acumula nesse ramo; uma parte da população agrícola encontra-se sempre pronta a transformar-se em população urbana e manufatureira. Para que a população dos campos se dirija, como o faz, às cidades, é preciso que, nos próprios campos haja um excesso de população oculta, cuja extensão não se deixa ver senão no momento em que a emigração dos campos às cidades tem lugar em grande escala. Por conseguinte, o operário agrícola acha-se reduzido ao mínimo de salário e tem um pé no lodo do pauperismo.

Por outro lado, apesar desse excesso relativo de população, os campos ficam ao mesmo tempo insuficientemente povoados. Isso se deixa sentir não de uma maneira local nos pontos onde se opera um rápido trânsito de homens para as cidades, minas, estradas de ferro etc., mas geralmente na primavera, no verão e no outono, épocas em que a agricultura tem necessidade de um suplemento de braços. Ainda que havendo demasiados operários para as necessidades ordinárias, há escassez deles para as necessidades excepcionais e temporais da agricultura.

A terceira categoria do excesso relativo de população, a permanente, pertence ao exército industrial ativo, porém, ao mesmo tempo, a extremada irregularidade das suas ocupações faz dele um depósito inesgotável de forças disponíveis. Acostumado à miséria crônica, a condições de existência completamente incertas e vergonhosamente inferiores ao nível ordinário da classe operária, converte-se em extensa base de ramos especiais de exploração nos quais o tempo de trabalho chega ao seu máximo e a taxa de salário ao seu mínimo.

O chamado trabalho em domicílio oferece-nos um exemplo espantoso dessa categoria. Essa camada social, que se recruta sem cessar entre os supranumerários da indústria moderna e da agricultura, reproduz-se em escala crescente. Se as mortes são nela numerosas, o número dos nascimentos é, em troca, muito elevado. Semelhante fenômeno traz à memória a reprodução extraordinária de certas espécies animais débeis e constantemente perseguidas. "A pobreza" – diz Adam Smith – "parece favorável à proliferação".

Finalmente, o último resíduo do excesso relativo de população habita o inferno do pauperismo. Sem contar os vagabundos, os criminosos, as prostitutas, os mendigos, e todo esse mundo que chamam de "classes perigosas", essa camada social compõe-se de três categorias.

A primeira compreende os operários aptos para trabalhar: a sua massa, que engrossa em cada crise e diminui quando os negócios recobram a sua atividade. A segunda compreende os filhos dos pobres socorridos e os órfãos. Estes são outros tantos candidatos da reserva industrial, os quais nas épocas de maior prosperidade entram em massa no serviço ativo. A terceira categoria compreende os mais miseráveis: em primeiro lugar, os operários e operárias a quem o desenvolvimento social, por assim dizer, desvalorizou, suprimindo a obra por miúdo, fracionada, que, pela divisão do trabalho, era o seu único recurso; depois os que, por desgraça, ultrapassam a idade produtiva do assalariado, e por último as vítimas diretas da indústria, enfermos, mutilados, viúvas etc., cujo número se eleva com os das máquinas perigosas, as minas, as manufaturas químicas etc.

## O PAUPERISMO É A CONSEQUÊNCIA FATAL DO SISTEMA CAPITALISTA

O pauperismo é o quartel dos inválidos no exército do trabalho. A sua produção está compreendida na do excesso relativo da população, na sua necessidade deste, e forma com ele uma condição de existência da riqueza capitalista.

As mesmas causas que desenvolvem com a potência produtiva do trabalho a acumulação do capital, criando a facilidade de dispor da força obreira, fazem com que aumente a reserva industrial com os expedientes materiais da riqueza. Porém, quanto mais aumenta a reserva, comparativamente ao exército do trabalho, mais aumenta também o pauperismo oficial. É, portanto, a lei geral, absoluta, da acumulação capitalista. A ação dessa lei, como a de qualquer outra, está naturalmente sujeita às modificações de circunstâncias particulares.

A análise da mais-valia relativa (seção quarta) conduz-nos ao seguinte resultado: no sistema capitalista, em que os meios de produção não estão ao serviço do trabalhador, mas sim o trabalhador a serviço dos meios de produção, todos os métodos para multiplicar os recursos e a potência do trabalho coletivo se praticam a expensas do trabalhador individual; todos os meios de desenvolver a produção se transformam em meios de dominar e explorar o produtor; fazem dele um homem truncado, parcelado, ou o acessório de uma máquina; opõem-lhe, como outros tantos poderes inimigos, as potências científicas da produção; substituem o trabalho atrativo pelo trabalho forçado; tornam cada vez mais penosas as condições em que se efetua o trabalho, e submetem o operário durante o seu serviço a um despotismo tão mesquinho como ilimitado; transformam a sua vida inteira em tempo de trabalho e encerram a sua mulher e os seus filhos nos presídios capitalistas.

Porém, todos os métodos que ajudam a produção da mais-valia, favorecem igualmente a acumulação, e toda a extensão desta necessita por sua vez daqueles. Disso resulta que, quaisquer que sejam os tipos de salário, alto ou baixo, a condição do trabalhador deve piorar à medida que o capital se acumula; de tal sorte que, acumulação de riqueza por um lado significa acumulação igual de pobreza, de sofrimento, de ignorância, de embrutecimento, de degradação física e moral, e de escravidão por outro, ou seja, do lado da classe que produz o próprio capital.

## Seção oitava
# ACUMULAÇÃO PRIMITIVA

## Capítulo XXVI
# O SEGREDO DA ACUMULAÇÃO PRIMITIVA

I. Separação do produtor e dos meios de produção. Explicação do movimento histórico que substituiu o regime feudal pelo regime capitalista. II. Depois de ter sido submetido à exploração pela força bruta, o trabalhador acaba por se submeter a ela voluntariamente. III. Estabelecimento do mercado interior para o capital industrial.

I – SEPARAÇÃO DO PRODUTOR E DOS MEIOS DE PRODUÇÃO

Já vimos como o dinheiro se converte em capital, o capital em origem da mais-valia, e a mais-valia em origem de um novo capital. Porém, a acumulação capitalista admite a presença da mais-valia, e este o modo da produção capitalista, o qual, por sua vez, depende da acumulação já operada, em mãos de produtores mercantis, de capitais bastante consideráveis. Todo esse movimento, por consequência, parece que gira em um círculo vicioso de que não se poderia sair sem admitir uma *acumulação primitiva*, que sirva de ponto de partida à produção capitalista, em vez de proceder dela. Qual é a origem dessa acumulação primitiva?

Segundo a história real e verdadeira, a conquista, a servidão, o roubo à mão armada, o reinado da força bruta é o que sempre tem triunfado. Nos manuais de economia política é, pelo contrário, o idílio, o que sempre tem florescido; nunca houve outros meios de se enriquecer senão com o trabalho e o direito.

Na realidade, os métodos da acumulação primitiva são tudo o que se queira, exceto matéria de idílio. O escamoteio dos bens das igrejas e hospitais, a alienação fraudulenta dos domínios do Estado, o roubo das terras comunais, a transformação territorial da propriedade feudal em propriedade moderna privada, tais são as origens idílicas da acumulação primitiva.

Se na relação entre capitalista e assalariado o primeiro desempenha o papel de dono e o segundo o de servidor, é mercê a um contrato pelo qual não só se põe o assalariado a serviço e, portanto, sob a dependência do capitalista, como também até renuncia ele a todo o direito de propriedade sobre o seu próprio produto. Por que faz o assalariado semelhante convenção? Porque não possui mais que a sua força pessoal, o trabalho em estado de potência, enquanto todas as condições exteriores requeridas para dar corpo a essa potência, a matéria e os instrumentos necessários para o exercício útil do trabalho, a faculdade de dispor das substâncias indispensáveis para a vida se encontram no lado oposto.

A base do sistema capitalista é a separação radical do produtor e dos meios de produção. Para que esse sistema se estabeleça é necessário, portanto, que, em parte pelo menos, os meios de produção tenham sido anteriormente arrancados aos produtores que os empregavam em realizar a sua própria potência de trabalho, e que esses meios se encontrem igualmente detidos por produtos mercantis, que se empregam em especular com o trabalho alheio. O movimento histórico que dá por resultado o divórcio entre o trabalho e suas condições, os meios de produção, tal é o significado da acumulação primitiva.

### Explicação do movimento histórico que substituiu o regime feudal pelo regime capitalista

A ordem econômica capitalista saiu do seio da ordem econômica feudal. A dissolução de uma desagregou os elementos constitutivos da outra.

Para que o trabalhador, o produtor imediato, pudesse dispor da sua própria pessoa, necessitava, antes de mais nada, não estar sujeito a uma terra ou a outra pessoa; tampouco podia chegar a ser vendedor livre de trabalho, levando a sua mercadoria, a força de trabalho, onde para ela encontrasse mercado, sem se haver subtraído ao regime dos grêmios com os seus patronos, os seus jurados, as suas leis de aprendizagem etc.

O movimento histórico que transforma os produtores em assalariados apresenta-se, portanto, como a sua emancipação da servidão e do regime dos grêmios. Por outro lado, e se esses emancipados se vendem a si próprios é porque se vêm obrigados a isso para viver, porque foram despojados de todos os meios de produção e de todas as garantias de existência oferecidas pela antiga ordem de coisas. A história da sua expropriação não tem réplica, pois se acha escrita na história da humanidade com letras indeléveis de sangue e fogo.

No tocante aos capitalistas empresários, esses novos potentados não só tinham que destituir os mestres de ofícios, mas também os detentores feudais das fontes de riqueza. O seu advento apresenta-se, desse ponto de vista, como o resultado de uma luta vitoriosa contra o poder senhorial com os seus irritantes privilégios e contra o regime dos grêmios pelos entraves que opunha ao livre desenvolvimento da produção e à livre exploração do homem pelo homem. O progresso consistiu em variar a forma da exploração; a exploração feudal converteu-se em exploração capitalista.

## II – Depois de ter sido submetido à exploração pela força bruta, o trabalhador acaba por se submeter a ela voluntariamente

Não basta que, por um lado, se apresentem as condições materiais do trabalho em forma de capital e, por outra, homens que nada têm a vender, senão a sua força de trabalho. Não basta tampouco que se os obrigue pela força a venderem-se "voluntariamente".

A burguesia nascente – e este é um momento essencial da acumulação primitiva – não podia prescindir da intervenção constante do Estado para prolongar a jornada de trabalho (Capítulo X), para "regulamentar" o salário, isto é, para conservar o trabalhador no grau de dependência requerido, esmagando-o sob o jugo do salariado mediante leis de um terrorismo grotesco, leis que iam dirigidas até ao Ocidente da Europa, pelos fins do século XV e durante o século XVI, contra o proletariado sem casa nem lugar, contra os pais da classe operária de hoje, castigados por terem sido reduzidos ao estado de vagabundos e de pobres, a maior parte das vezes em resultado de expropriação violenta.

Não esqueçamos que a burguesia, desde o princípio da Revolução Francesa, se atreveu a despojar a classe operária do direito de associação que esta apenas acabava de conquistar. Por uma lei de 14 de junho de 1791, se consignou que todo o acordo tomado pelos trabalhadores para a defesa dos seus interesses comuns fosse declarado "atentatório à liberdade e à declaração dos direitos do homem", e castigado com multa e privação dos direitos de cidadão.

Com o progresso da produção capitalista formou-se uma classe cada vez mais numerosa de trabalhadores que, graças à educação, aos costumes transmitidos, se conforma com as exigências do atual regime econômico de um modo tão instintivo como se conforma com as variações atmosféricas.

Enquanto esse modo de produção adquire certo desenvolvimento, o seu mecanismo destrói toda a resistência; a presença constante de um excesso relativo de população mantém a lei da oferta e da procura de trabalho, e por consequência o salário dentro dos limites adequados às necessidades do capital; a pressão surda das relações econômicas remata o despotismo do capital sobre o trabalhador. Às vezes recorre-se, todavia, à violência, ao emprego da força bruta, porém só por exceção. No curso ordinário das coisas, o trabalhador pode ficar abandonado à ação das "leis naturais" da sociedade, isto é, à dependência do capital engendrada, defendida e perpetuada pelo próprio mecanismo da produção.

### III – Estabelecimento do mercado interior para o capital industrial

A contínua expropriação dos lavradores, fomentada por leis selvagens contra os vagabundos, introduziu violentamente nas indústrias das cidades massas enormes de proletários e contribuiu para destruir a antiga indústria doméstica. É necessário que nos detenhamos um instante a examinar esse elemento da acumulação primitiva.

Houve época em que a mesma família campesina trabalhava, em primeiro lugar, para consumir diretamente, pelo menos em grande parte, os víveres e as matérias-primas, produto do seu trabalho. De simples valores de uso que eram, ao converterem-se em mercadorias, essas matérias-primas eram vendidas às manufaturadoras, e os objetos que, graças a ela, eram elaborados no campo, transformavam-se em artigos de manufatura, aos quais o campo servia de mercado. Desde então desapareceu a indústria doméstica dos rudes. Essa desaparição é a única que pode dar ao mercado interior de um país a extensão e a constituição que exigem as necessidades da produção capitalista.

Não obstante, o período manufatureiro propriamente dito não consegue tornar radical essa revolução. Se, com efeito, destrói, em certos ramos e em determinados pontos, a indústria doméstica, também lhe dá vida em outros. Esse período contribui para a formação de uma classe de pequenos lavradores, para quem o cultivo da terra é uma operação secundária, e o trabalho industrial, cujo produto vendem às manufaturas diretamente ou por mediação do comerciante, a ocupação principal. A indústria moderna é a que separa definitivamente a agricultura da indústria doméstica dos campos, arrancando as suas raízes, que são o fiado e o tecido à mão.

Dessa separação fatal datam o desenvolvimento necessário dos poderes coletivos do trabalho e a transformação da produção dividida, rotineira, em produção combinada, científica. A indústria mecânica, acabando essa separação, é a primeira que entrega ao capital todo o mercado interior de um país.

## Capítulo XXVII
# ORIGEM DO CAPITALISTA INDUSTRIAL

> A acumulação primitiva efetuou-se pela força. Regime colonial, dívidas públicas, sistema protecionista.

### A ACUMULAÇÃO PRIMITIVA EFETUOU-SE PELA FORÇA

Não resta dúvida de que muitos chefes de grêmios, artífices independentes e ainda operários assalariados, se fizeram desde logo pequenos capitalistas, e que, pouco a pouco, mercê de uma exploração sempre crescente de trabalho assalariado, seguida de uma acumulação correspondente, saíram por fim da sua concha transformados em capitalistas da cabeça até aos pés.

Sem dúvida, essa transformação lenta do capital não correspondia de maneira alguma às necessidades comerciais do novo mercado universal, criado pelos grandes descobrimentos do século XV.

Porém, a Idade Média havia legado duas espécies de capital que prosperaram sob os mais diversos regimes da economia social, e que, antes da época moderna, ocuparam por si só a categoria de capital. Tais são o *capital usurário* e o *capital comercial*. Assim, portanto, a constituição feudal dos campos e a organização corporativa das cidades – barreiras que impediam ao capital-dinheiro, formado pelo duplo caminho da usura e do comércio, transformar-se em capital industrial – acabaram por desaparecer.

O descobrimento das minas de ouro e prata da América, a sepultura nelas de seus habitantes reduzidos à escravidão ou ao extermínio, as lutas de conquistas e de saque nas Índias Orientais, a transformação da África em território de caça para a captura de negros, tais foram os processos suaves da acumulação primitiva em que assinalou a sua aurora a era capitalista. Imediatamente depois estala a guerra mercantil, que chega a ter o mundo inteiro por teatro. Começando pela rebelião da Holanda contra a Espanha, adquire proporções gigantescas na cruzada da Inglaterra contra a Revolução Francesa, e prolonga-se até nossos dias em expedições de piratas como as famosas *guerras de ópio* contra a China.

Alguns dos diferentes métodos de acumulação primitiva como regime colonial, dívidas públicas, fazenda moderna, sistema protecionista etc., assentam no emprego da força; todavia todos, sem exceção, exploram o poder do Estado, a força concentrada e organizada da sociedade, a fim de precipitar violentamente o passo da ordem econômica feudal à ordem econômica capitalista, e abreviar os períodos de transição. Com efeito, a força é a parte de toda a velha sociedade em vésperas de feliz parto; a força é um agente econômico.

## REGIME COLONIAL, DÍVIDAS PÚBLICAS, SISTEMA PROTECIONISTA

O regime colonial deu um grande impulso à navegação e ao comércio, e produziu as sociedades mercantis, às quais os governos concederam monopólios e privilégios, meios poderosos para efetuar a concentração dos capitais.

O dito regime proporcionava mercados às nascentes manufaturas, cuja facilidade de acumulação se duplicou, graças ao monopólio do mercado nas colônias. Os tesouros diretamente usurpados, fora da Europa, pelo trabalho forçado dos indígenas reduzidos à escravidão pelo roubo e o assassinato volviam à mãe pátria para funcionar ali como capitais.

Nos nossos dias, a superioridade industrial indica a superioridade comercial; todavia, na época manufatureira propriamente dita a superioridade comercial é que dá a superioridade industrial. Daqui provém o importante papel que desempenhou naquela época o regime colonial.

O sistema das dívidas públicas, cuja aplicação Veneza e Genova iniciaram na Idade Média, invadiu de maneira definitiva a Europa durante a época manufatureira. A dívida pública, ou, em outros termos, alienação do Estado, quer este seja despótico, constitucional ou republicano, é o que dá o caráter à era capitalista. A única parte da chamada riqueza nacional que entra efetivamente na posse coletiva dos povos modernos é a sua dívida pública.

A dívida pública age como um dos agentes mais enérgicos da acumulação primitiva. Com facilidade mágica dota o dinheiro improdutivo de virtude procriadora, transformando-o assim em capital, e sem que por isso se ache exposto a sofrer os riscos inseparáveis do seu emprego industrial e ainda os da usura privada.

Em verdade, os que emprestam ao Estado não dão nada, pois o seu capital, transformado em títulos públicos de fácil circulação, continua funcionando entre as suas mãos como se fosse numerário. Mas, pondo de lado a classe de juristas ociosos assim criada e a fortuna improvisada dos banqueiros intermediários entre o governo e a nação, a dívida pública deu impulso às sociedades por ações, ao comércio de toda a classe de papéis negociáveis, às operações duvidosas, à agiotagem, em resumo, aos jogos da Bolsa e à moderna soberania da banca.

Desde a sua criação, os grandes bancos engalanados de títulos nacionais não são mais que associações de especuladores privados, que se estabelecem ao lado dos governos e que, mercê dos privilégios que estes lhes concedem, chegam a emprestar-lhes ainda o dinheiro ao público.

Como a dívida pública está baseada na renda pública, a qual tem que satisfazer os interesses anuais daquela, o sistema moderno das contribuições é a consequência obrigada dos empréstimos nacionais. Os empréstimos que permitem aos governos atender as despesas extraordinárias sem que os contribuintes se ressintam delas imediatamente produzem, no final, uma elevação nas contribuições; por outro lado, o agravo de impostos, causado pela acumulação das dívidas sucessivamente contraídas, obriga os governos, em caso de novas despesas extraordinárias, a recorrer a novos empréstimos.

O sistema fiscal moderno, que assenta antes de tudo nos impostos sobre os artigos de primeira necessidade, e produz, por consequência, a elevação do seu preço, vê-se arrastado pelo seu próprio mecanismo a tornar-se cada vez mais pesado e insuportável. O agravo excessivo das taxas é o início, não um incidente, do dito sistema, o qual exerce uma ação expropriadora sobre o lavrador, o artífice e demais elementos da classe média.

A grande parte que toca à dívida pública e ao sistema fiscal correspondente à capitalização da riqueza e à exploração das massas, leva a multidão de escritores a ver nesse fato a causa primordial da miséria dos povos modernos.

O sistema protecionista, com a ajuda dos direitos protetores, dos prêmios de exportação, dos monopólios de venda no interior etc., foi um meio de criar fabricantes, de expropriar trabalhadores independentes, de transformar em capital os instrumentos e condições materiais do trabalho, de abreviar à viva força o passo do antigo sistema de produção ao sistema moderno. O processo de fabricação de fabricantes simplificou-se ainda em certos países onde Colbert formou escola: a fonte misteriosa de onde o capital primitivo chegava diretamente aos especuladores em forma de adiantamento e ainda de donativo foi, minuciosamente, o tesouro público.

Regime colonial, dívidas públicas, dilapidações fiscais, proteção industrial, guerras comerciais etc. adquiriram um desenvolvimento gigantesco durante a primeira juventude da indústria moderna. Em resumo, assim é como o trabalhador se tem divorciado das condições do trabalho, e como estas se têm transformado em capital e a massa do povo em assalariados. O capital veio ao mundo suando sangue e lama por todos os seus poros.

# Capítulo XXVIII
# TENDÊNCIA HISTÓRICA
# DA ACUMULAÇÃO CAPITALISTA

> Supressão, pela propriedade capitalista, da propriedade privada baseada no trabalho pessoal. A transformação da propriedade capitalista em propriedade social.

## SUPRESSÃO, PELA PROPRIEDADE CAPITALISTA, DA PROPRIEDADE PRIVADA BASEADA NO TRABALHO PESSOAL

Pelo que ficou exposto, compreende-se que o que há no fundo da acumulação primitiva e no da sua formação histórica é a expropriação do produtor imediato, a desaparição da propriedade fundamentada no trabalho pessoal do seu possuidor. A propriedade privada como oposição à propriedade coletiva só existe então onde os instrumentos e demais condições exteriores do trabalho pertençam a particulares; todavia, quer sejam trabalhadores ou não trabalhadores, a propriedade privada muda de aspecto.

A propriedade privada do trabalhador que possui os meios para pôr em exercício a sua atividade produtiva acompanha a pequena indústria agrícola ou manufatureira, que é a escola onde se adquire a habilidade, a destreza engenhosa, e a livre individualidade do trabalhador. É certo que esse modo de produção se encontra no meio da escravatura, da servidão e de outros estados de dependência; porém, não prospera, nem desenvolve toda a sua energia, nem reveste a sua forma completa e clássica senão onde o trabalhador é proprietário livre das condições de trabalho que ele próprio põe em exercício, o lavrador do solo que cultiva e o artífice da ferramenta que maneja, como o artista o é do seu instrumento de trabalho.

Semelhante regime industrial de pequenos produtores independentes, que trabalham por conta própria, supõe a divisão da terra e o fracionamento dos demais meios de produção. Assim como exclui a concentração desses meios, exclui também a cooperação em grande escala, a divisão do trabalho na oficina e no campo, a maquinaria, o domínio inteligente do homem sobre a natureza, o livre desenvolvimento das potências sociais do trabalho e a comunhão e a unidade no fim, nos meios, e nos esforços da atividade coletiva, sendo só compatível mesmo com um estado restrito da produção e da sociedade. Perpetuar semelhante regime, se fosse possível, equivaleria – como disse Pecqueur perfeitamente – a "decretar a mediania em tudo".

Mas quando chega a certo grau, ele próprio começa a gerar os agentes materiais da sua dissolução. A partir desse momento, as forças e paixões que comprime começam a agitar-se no seio da sociedade. Está condenado a ser, e será, com efeito, aniquilado. O seu movimento de eliminação consiste em transformar os meios de produção individuais e dispersos em meios de produção socialmente concentrados e em converter a diminuta propriedade da maior parte em propriedade colossal de uns tantos, por meio da dolorosa e terrível expropriação do povo trabalhador; e aí está qual é a origem do capital, que implica toda uma série de processos violentos, de que só temos mencionado os mais notáveis ao investigar os métodos de acumulação primitiva.

A expropriação dos produtores imediatos leva-se a cabo com um cinismo implacável, aguilhoado pelos motivos mais infames, pelas paixões mais sórdidas e mais aborrecidas no meio da sua pequenez. A propriedade privada, baseada no trabalho pessoal, essa propriedade que adere, por assim dizer, o trabalhador isolado e autônomo às condições exteriores do trabalho, foi suplantada pela propriedade privada capitalista, fundada na exploração do trabalho alheio, no regime do salário.

## A TRANSFORMAÇÃO DA PROPRIEDADE CAPITALISTA EM PROPRIEDADE SOCIAL

Desde que esse movimento de transformação decompôs de alto a baixo a velha sociedade; desde que os produtores se converteram em proletários, e os seus meios de trabalho em capital; desde que o regime capitalista se mantém pela força econômica das coisas, a socialização futura do trabalho, assim como a transformação progressiva da terra e dos demais meios de produção em instrumentos socialmente explorados e comuns, em suma, a eliminação futura das propriedades privadas, vai revestir uma nova forma. Não é o trabalhador independente a quem agora há que expropriar, mas sim o capitalista, o chefe de um exército ou de uma esquadra de assalariados.

Essa expropriação tem lugar pela ação das leis da própria produção capitalista as quais tendem à concentração dos capitais. Ao mesmo tempo em que a centralização – que é a expropriação da maioria dos capitais pela minoria – se desenvolve, cada vez em maior escala dão-se a aplicação da ciência à indústria, a exploração sistemática e organizada da terra, a transformação da ferramenta em instrumentos poderosos apenas de uso comum, e por consequência a economia dos meios de produção e as relações de todos os povos no mercado universal; de onde procede o caráter internacional que leva impresso o regime capitalista.

À medida que diminui o número dos potentados do capital que usurpam e monopolizam todos os benefícios desse período de evolução social, aumenta a miséria, a opressão, a escravidão, a degradação, a exploração; todavia, também aumenta a resistência da classe operária, cada vez mais numerosa e melhor disciplinada, unida e organizada pelo próprio mecanismo da produção capitalista. O monopólio do capital chegou a ser um obstáculo para o sistema atual de produção, que cresceu e prosperou com ele. A socialização do trabalho e a centralização das suas forças materiais chegaram a um ponto em que não podem já se conterem na envoltura capitalista. Essa envoltura está próxima a romper-se: a hora em que se há de prostrar a sociedade capitalista soou já; por sua vez, os expropriadores vão ser expropriados.

A apropriação capitalista, conforme o modo de produção capitalista, também constitui a primeira negação da propriedade privada resultante do trabalho independente e individual. Porém, a mesma produção capitalista engendra a sua própria negação com a fatalidade que preside às evoluções da natureza. Essa produção tende a restabelecer não a propriedade privada do trabalhador, mas sim a propriedade do mesmo fundamentada nos progressos realizados pelo período capitalista na cooperação e posse comum de todos os meios de produção, inclusive a terra. O que a burguesia capitalista produz, antes de tudo, à medida que a indústria moderna se desenvolve, são as suas próprias sepulturas; a eliminação daquela e o triunfo do proletariado são igualmente inevitáveis.

Naturalmente, para transformar a propriedade privada e fracionada, objeto do trabalho individual, em propriedade capitalista, necessitou-se tempo, esforços e sacrifícios, que não serão precisos para transformar em propriedade social a propriedade capitalista, a qual assenta já de fato em um sistema de produção coletiva. No primeiro caso, trata-se de expropriação da massa por alguns usurpadores; no segundo, trata-se da expropriação de uns tantos usurpadores pela massa.

## Capítulo XXIX
# TEORIA MODERNA DA COLONIZAÇÃO

A necessidade das condições reconhecidas como indispensáveis à exploração capitalista aparece claramente nas colônias. Confissões da economia política.

**A NECESSIDADE DAS CONDIÇÕES RECONHECIDAS COMO INDISPENSÁVEIS À EXPLORAÇÃO CAPITALISTA APARECE CLARAMENTE NAS COLÔNIAS**

A economia política burguesa não se preocupa em examinar se tal ou qual fato é verdadeiro, mas sim se é benéfico ou nocivo ao capital. Portanto, trata de manter uma confusão sumamente cômoda entre dois gêneros de propriedade privada completamente distintos: entre a propriedade privada baseada no trabalho pessoal e a propriedade capitalista baseada no trabalho alheio, e esquece intencionalmente que esta última só cresce sobre o túmulo da primeira.

Nos nossos países, na Europa ocidental, a acumulação primitiva, isto é, a expropriação dos trabalhadores, acha-se em parte terminada, ou porque o regime capitalista tenha se apoderado de toda a produção nacional ou, ainda, porque ali onde as condições econômicas estão menos adiantadas age, pelo menos de maneira indireta, sobre as formas sociais que persistem a seu lado, porém que saem pouco a pouco juntamente com o modo de produção atrasado que representam.

Nas colônias, onde quer que se encontre um solo virgem colonizado por emigrantes livres, ocorre tudo ao contrário.

O modo de produção e de apropriação capitalista tropeça ali com a propriedade fruto do trabalho pessoal, com o produtor que, dispondo das condições exteriores do trabalho, consegue enriquecer em vez de enriquecer o capitalista. A pugna entre esses dois modos de apropriação que a economia política nega entre nós demonstra-se ali com os fatos, com a luta.

Quando se trata das colônias, o economista entra no terreno das confusões e assegura que, ou há que renunciar ao desenvolvimento das potências coletivas do trabalho, ou à cooperação, à divisão manufatureira, ao emprego em grande escala das máquinas etc., ou buscar algum expediente para conseguir que os trabalhadores, privados dos meios de trabalho, se vejam obrigados a venderem-se, por supostamente estarem em condições de dependência indispensáveis; em suma, que há que descobrir um meio de fabricar assalariados.

O economista descobre então que o capital não é outra coisa senão uma relação social entre as pessoas, relação que se estabelece por mediação das coisas. Um negro é um negro; só em determinadas condições se converte em escravo. Uma fiandeira, por exemplo, não é mais que uma máquina de fiar algodão, e só em certas condições é que se converte em capital. Fora dessas condições, não é mais capital o ouro que por si mesmo é moeda; o capital é uma relação social de produção.

Descobre, além disso, o economista que a posse de dinheiro, produtos, máquinas e outros meios de produção não fazem de um homem um capitalista se não dispõe do complemento, que é o assalariado, isto é, de outro homem que se vê obrigado a vender-se voluntariamente: os meios de produção e de subsistência não se transformam em capital quando não se utilizem como meios de explorar e dominar o trabalho. O caráter essencial de toda a colônia livre é o de que cada colono pode-se apropriar da parte da terra que lhe serve de meio de produção individual, sem que isso obste a que façam outro tanto os colonos que cheguem depois dele.

Ali onde todos os homens são livres e onde cada qual pode adquirir uma porção de terreno, é difícil encontrar um trabalhador, e se se encontra, é a preço muito elevado. Quando o trabalhador pode acumular para si próprio, e pode fazê-lo quando é proprietário dos seus meios de produção, a acumulação e a apropriação capitalista são impossíveis, pois lhes falta a classe salariada, da qual não podem prescindir. A perfeição suprema da produção capitalista consiste não somente em reproduzir sem cessar o assalariado como assalariado, mas também em criar por si mesma assalariados supranumerários, mercê dos quais mantém a lei da oferta e da procura do trabalho na rotina conveniente, fazendo que as oscilações do mercado tenham lugar dentro dos limites mais favoráveis à exploração, que a submissão tão indispensável do trabalhador ao capitalista esteja garantida, e por último, perpetuando a relação de dependência absoluta que, na Europa, o economista farsante disfarça, enganando-a enfaticamente com o nome de livre contrato entre mercadores igualmente independentes, ou seja, um que vende a mercadoria-capital e o outro a mercadoria-trabalho. Nas colônias desvanece-se o doce erro economista.

Desde o momento em que um assalariado chega a ser artífice ou lavrador independente, a oferta de trabalho não é nem regular nem suficiente. Essa contínua transformação de assalariados em produtores livres, que trabalham por sua própria conta e não pela do capital, que se enriquecem em vez de enriquecer os senhores capitalistas, influi, com efeito, de uma maneira funesta sobre o estado do mercado do trabalho e, por consequência, sobre o tipo do salário.

### Confissões da economia política

Nessas circunstâncias, o grau de exploração não só baixa de uma maneira ruinosa, como também o assalariado perde, além disso, juntamente com a dependência real, todo o sentimento de docilidade a respeito do capitalista. Assim, o economista Merivale declara que "dependência *deve criar-se* nas colônias por meios artificiais".

Por outro lado, M. de Molinari, livre cambista *enragé* diz: "Nas colônias onde a escravatura foi abolida sem que o trabalho forçado fosse substituído por uma quantidade equivalente de trabalho livre, operou-se o *inverso do fato que se realiza diariamente entre nós. Vêm-se os simples trabalhadores explorarem por sua vez os empresários industriais*, e exigir deles salários que não estavam em proporção com a parte legítima que lhes correspondia no produto".

Não é a lei sagrada de oferta e procura? Se o empresário na Europa cerceia do operário a sua parte legítima, porque é que este, nas colônias, favorecendo-o as circunstâncias, em vez de o prejudicar, não há de cercear também a parte do empresário? Vamos, preste-se um pouco de auxílio governamental a essa pobre lei de oferta e da procura, que só a alguns se permite fazer funcionar livremente.

O segredo que a economia política do antigo mundo descobriu no novo, segredo inocentemente descoberto pelas lucubrações sobre as colônias, é que o sistema de produção e de acumulação capitalista e, por consequência, a propriedade privada capitalista supõem o aniquilamento da propriedade privada baseada no trabalho pessoal cuja base é a expropriação do trabalhador, pois não podem se dispor dos assalariados indispensáveis, submetidos e disciplinados, senão quando não podem trabalhar para si próprios, quando não possuem os meios de produção.

Este livro foi impresso pela Gráfica Santa Marta
em fonte Garamond Premier Pro sobre papel Pólen Bold 70 g/m²
para a Edipro no inverno de 2019.